高等院校通识教育"十三：

U0686018

大学生职业发展 与就业指导

陈君丽 李向民 ■主编

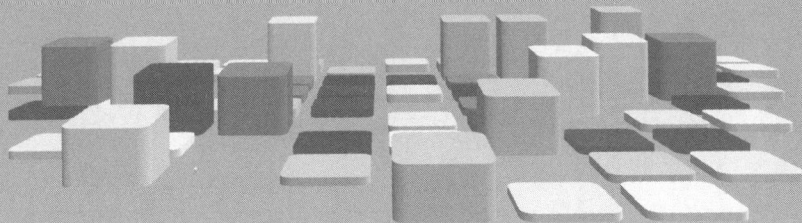

人民邮电出版社

北　京

图书在版编目（CIP）数据

大学生职业发展与就业指导 / 陈君丽，李向民主编
. —— 北京：人民邮电出版社，2019.8（2023.9 重印）
高等院校通识教育"十三五"规划教材
ISBN 978-7-115-51437-0

Ⅰ. ①大… Ⅱ. ①陈… ②李… Ⅲ. ①大学生－职业
选择－高等学校－教材 Ⅳ. ①G647.38

中国版本图书馆CIP数据核字(2019)第114730号

内 容 提 要

本书依据《大学生职业发展与就业指导课程教学要求》编写，分为职业生涯规划篇和就业指导篇。主要内容包括职业及生涯概述、认识自我、认识职业世界与职业环境、职业决策与生涯规划拟订、管理学业与生涯规划、全面提升综合素质、大学生就业形势与政策、大学生就业准备、大学生就业心理分析、大学生就业途径与求职方式、大学生求职技巧与礼仪、大学生就业权益与保障。全书内容丰富、系统、全面，讲解通俗、易懂、清晰。

本书适合作为高等院校"职业生涯规划与就业指导"相关课程的教材，也可以作为相关教职人员的参考书。

◆ 主　　编　陈君丽　李向民
　　责任编辑　王　平
　　责任印制　焦志炜

◆ 人民邮电出版社出版发行　　北京市丰台区成寿寺路 11 号
　　邮编　100164　电子邮件　315@ptpress.com.cn
　　网址　http://www.ptpress.com.cn
　　北京联兴盛业印刷股份有限公司印刷

◆ 开本：787×1092　1/16
　　印张：14.5　　　　　　　　2019 年 8 月第 1 版
　　字数：361 千字　　　　　　2023 年 9 月北京第 7 次印刷

定价：39.80 元

读者服务热线：(010)81055256　印装质量热线：(010)81055316
反盗版热线：(010)81055315
广告经营许可证：京东市监广登字 20170147 号

前言

FOREWORD

随着经济全球化和科技的不断发展，当今世界产生了巨大变革，每一位大学生都要面临激烈的竞争，同时也拥有无限的发展机遇。每年有数百万的大学生走出校门、步入社会，有的大学生想找一份稳定的工作，有的大学生努力实现着自己的创业梦想。不管怎样选择，如何成就自己的人生，是很多大学生的困惑所在。

党的二十大报告指出："就业是最基本的民生。强化就业优先政策，健全就业促进机制，促进高质量充分就业。"如何有效地帮助大学生成功就业呢？编者认为，这不仅需要政府和全社会的共同努力，更需要大学生树立正确的择业观念，提高自身的就业能力。因此，高校加强对大学生的就业指导就显得尤为迫切和重要。

本书融入了编者多年从事就业指导教育的实践工作经验，于2023年7月进行了修订，融入了当前就业相关政策及法律法规，希望能够帮助大学生认清当前的就业形势、树立正确的就业观念、做好职业生涯规划、调整好就业心态、了解大学生就业政策等知识、掌握求职择业的方法和技巧，使大学生顺利就业、适应社会、走向成功。

本书具有以下特点。

（1）内容切合实际。本书在当前大学生就业形势较为严峻的环境下，从大学生的职业规划、能力要求、心理素质、角色转换等方面进行全面阐述，引导大学生树立职业生涯规划意识，提升就业能力。

（2）知识分布合理。本书包括职业生涯规划篇和就业指导篇，其中职业生涯规划篇为第一～六章，主要介绍职业及生涯规划概述、认识自我、认识职业世界与职业环境、职业决策与生涯规划拟订、管理学业与生涯规划、全面提升综合素质等内容，让大学生从知识、技能等方面做好充足的就业准备；第七～十二章为就业指导篇，主要介绍大学生就业形势与政策、大学生就业准备、大学生就业心理分析、大学生就业途径与求职方式、大学生求职技巧与礼仪、大学生就业权益与保障等内容，通过全面系统的讲解帮助大学生成功就业。

（3）案例丰富具体。本书附有大量案例，这些案例具有很强的可读性和参考性，大学生可以从中得到感悟。

本书由陈君丽和李向民任主编。具体编写分工如下：陈君丽负责编写第一、二章，李向民负责编写第四、十章，侯海舰负责编写第三、十一章，张万仓负责编写第六、七章，卫辰翔负责编写第五、八章，周琳琳负责编写第九、十二章。本书在编写过程中参阅和使用了有关资料，在此谨向各位作者致谢，并对书中不足向各位读者致歉。

编者

2023年7月修订

目 录

CONTENTS

目 录

CONTENTS

职业生涯
规划篇

CHAPTER 01

第一章 职业及生涯规划概述

本章导读

　　职业生涯的成功与否，与职业目标和人生目标密切相关。对职业生涯进行科学系统的规划，依此描绘出人生向往的蓝图，并实实在在地朝着这个方向努力，充分发挥目标的导向作用才是让事业和人生走向成功的关键。

　　大学作为职业生涯规划的第一站，大学生首先要树立正确的职业目标，一旦确定了职业目标，就可根据职业目标来规划自己的学习和生活，并为获得理想的职业和生活积极地准备相关事宜；其次，通过科学的认知方法和手段，对自己的兴趣、气质、性格和能力等进行全面认识，分析优势与专长、劣势与不足。在进行职业生涯规划之前，让我们一起了解与职业生涯相关的知识理论。

第 一 节　职业概述

　　有关调查表明，大学生在选择职业时对职业的基本知识了解甚少，出现了诸如"冲动选择""猜测选择"的情况，在现实与理想之间产生了较大的认知差距，有的大学生甚至因此而丧失了努力工作的动力。因此，大学生要成功选择职业，必须对职业基础知识进行必要的了解。

一、职业的产生

　　社会分工的细化是职业产生的基础。在原始社会氏族公社初期，生产力极为低下，劳动的过程只是简单的自然分工，谈不上什么职业。随着生产力的发展，人类出现了3次具有重大意义的社会分工，即游牧业同农业的分离，手工业同农业的分离，工业和商业的产生，从而也就出现了最初的职业，如农夫、工匠、商人等。

随着科学技术的进步，生产工具的不断更新换代促使社会分工愈加细化，专业化程度越来越高，职业门类也就越来越多。例如，在中世纪初期的英国，职业达三万多种，时至今日，职业在科技突飞猛进地带动下种类愈加繁多。职业对人们的任职要求越来越高，并不是任何一项职业都适合每一个人。一方面，每项职业都要求从事的人员具备一定的相关知识与技能、思想品德和心理素质等；另一方面，各种不同的职业也会有各自的特殊需求与选择，于是就产生了职业对人的选择和人对职业的选择。

二　职业的概念及特征

职业由职业主体、职业客体、职业技术和职业报酬4个因素构成。职业主体与职业客体是相对而言的，如果职业主体指的是提供工作岗位的单位或组织，那么职业客体便是各个工作岗位的从业者，二者之间以职业技术作为桥梁，并以职业报酬作为纽带联系在一起。

（一）什么是职业

职业作为我们谋生的手段，在一定程度上体现了个体在社会分工中所处的层次，它在赋予每个人权利的同时，也要求我们承担与之对应的社会责任和义务。我们可以从以下3个角度对职业进行理解。

（1）历史角度。随着人类社会的不断发展，人们从事不同的社会劳动，于是产生了不同的社会分工，进而形成了不同的职业。因此，从历史角度来看，职业是人类发展到一定阶段，社会出现分工后的产物。

（2）社会角度。职业活动不仅维持个人的生活，而且为社会发展提供了基本的物质基础。因此，从社会角度来看，职业活动对促进社会的稳定运行有积极的作用。

（3）个人角度。从个人角度来看，职业既是人们谋生的手段，又是实现个人价值的平台，因此，职业对个人来说有重大意义。

从上面可以看出，职业是社会发展到一定阶段的产物，是人们开始参与社会分工，利用自身的知识和技能为社会创造物质和精神财富，并获取一定报酬，实现自我价值的工作过程。职业是社会的重要组成部分，上述3个角度能帮助我们更好地理解职业是什么。

阅读材料

运用"PLACE"方法了解职业信息

如果想具体完整地获取某个职业的全部信息，比如了解该职业的工作环境、薪资待遇等情况，可以采用一种叫作"PLACE"的方法进行了解。

（1）P：职位（Position）。一个人在确定职业生涯规划方向时，往往需要对具体方向所包含的所有职位进行评估。有些职位虽然属于同一个职业方向，但是所需要的专业技能和职业能力却不大相同，比如，就"新闻媒体从业人员"这一职业方向来说，它所包含的职位有总编、主编、编导、记者、摄像和后期制作等。

（2）L：工作地点（Location）。工作地点指根据自己的生活经验和日常了解，对职业的工作环境、工作地理位置及其变化性等因素有大概的认识。比如，作为一名采购人员就要经常出差，工作地点变化性较大，需要在全国各地确认供应商的情况。如果职业是教师，则一般是在学校里工作，办公地点是教室和办公室，工作地点的变化性较小。

（3）A：升迁状况（Advancement）。升迁状况包括该职位的升迁渠道与速度等。比如，会计从业人员的典型晋升渠道：会计→总账会计→主管会计→财务部负责人→财务经理→财务总监→财务副总。其升迁速度适中。升迁速度较快的一般为生产和销售从业人员。

（4）C：雇用状况（Condition of employment）。雇用状况指该职位被雇用的时候可以获得的薪资福利、学习机会、工作时间和社会保障等。不同地区的雇用状况受到当地经济水平发展的影响，同一职位在不同地区的雇用状况各不相同。

（5）E：雇用条件（Entry requirement）。雇用条件指要获得该职位所需要具备的诸如受教育程度、职业能力、工作经验、价值观等条件。如想要从事教育工作，一般需要师范专业和本科以上学历，其次还需要考取教师资格证与普通话等级证书。

通过运用"PLACE"方法可以帮助我们很好地认识一个职位的各种信息，并结合自身条件，对照每条内容，看自己是否能接受该职位。若能接受，再结合自己的兴趣爱好、价值观等，将该职位作为自己就业时的首选或备选职位目标；若不能接受，则再运用"PLACE"方法去认识其他的职位，直到找到自己能接受的职位为止。

（二）职业的特征

职业作为一种特殊的劳动体现，有其自身的特点。其具体特点如下。

（1）社会性。职业是社会发展到一定阶段的产物，在出现社会分工后，各种职业应运而生，可以说，没有社会分工就没有职业的产生。并且，各个职业之间都是相互联系的，没有任何一个职业能独立存在于社会之中，每个职业都处在为社会服务的一个体系中。因此我们可以看出，职业具有十分明显的社会性。

（2）经济性。不管是对个人还是对整个社会来说，都需要有一定的经济效益。对于个人来说，职业能给个人带来收入，能维持日常生活的开支并积累一定的经济基础。对于社会来说，每个人各司其职能维持整个社会的有效运转，能够促进社会经济发展，同时反过来提高人们的生活水平。所以说，职业具有经济性。

（3）稳定性。判断一种活动是否是职业，需要看它是否具有稳定性。临时、短期的活动都不能称为职业。职业必须是人们在一定时期内从事的同一种工作，具有一定的周期性。不过在当今社会，一些职业随着科学技术水平的发展而不断变化，甚至有些职业逐步消失，其稳定性较从前有所降低。

（4）技术性。每个职业都有其必备的知识和技能。在社会中没有哪一种职业是不需要知识或技能就能做下去的。尤其是在 21 世纪的今天，全球步入了知识经济时代，职业对高层次人才的需求变得更加旺盛，对从业人员的知识和技能水平要求更高。这更加突出了当今社会职业的技术性这一特点。

（5）专业性。如今的社会分工朝着精细化方向发展，对专业型人才的需求和要求也高了，尤其是诸如医生、工程师等对专业知识要求较高的职业。同时，一些传统型职业，看似对知识技能要求不高，但其实随着社会的不断发展，对它们的专业性也有了一定的要求。如现在做环卫工，不仅需要从事体力劳动，而且需要掌握一定的垃圾分类的相关知识。

（6）群体性。职业具有一定的规模性，没有哪一种职业是只由个体来从事的，且同一职业的从业人员之间存在着一定的联系，从业者通过团队合作来共同承担职业任务目标的完成和相应的社会责任。团队内部通过分工合作，明确各个从业人员的岗位职责和工作范围，大家共同朝着目标奋斗，通过团队的齐心协力来完成职业的目标。因此，职业具有群体性。

（7）规范性。每一种职业都有相应的从业规范标准和职业道德要求，即每种职业都对从业人员有专业知识、技能水平和职业能力的要求，并且规定了从业人员的责任与义务，以及所需遵守的职业道德规范。

（8）时代性。任何事物都是在不断变化、发展的。新事物不断地产生，旧事物不断地消亡。职业也同样如此，每个时代都有自己的特色职业，如 20 世纪八九十年代十分热门的寻呼职业，现在已经告别历史舞台。

（9）多样性。由于职业朝着精细化方向发展，必然会导致其产生多样性的特点。现代职业对从业人员的专业性要求越来越高，所需的知识技能水平越来越深，因此个人必须在自己所从事的领域不断地钻研，以此来提高自身的职业能力。

（10）发展性。职业的发展性体现在两个方面：第一，职业是社会化的产物，随着社会的发展而不断变化与发展，社会中每出现新技术、新知识和新变革的时候，势必会造成新职业的产生；第二，个人的发展离不开职业的平台，个人将自己的智慧与劳动奉献给了职业，通过职业来完成个人价值的实现，职业在变化发展的过程中，会对个人不断提出新的要求和挑战，个人则需要提升自身能力来适应这些新的变化。

三 职业的分类

职业分类是运用一定的科学方法和手段，通过对社会全体从业人员所从事的各类经济性活动进行分析和研究，按照其活动的不同性质、对象、内容、形式、功用和结果进行的类型划分和归纳。在经济全球化的今天，我们需要对国内外的职业状况有所了解，从而进一步对职业的总体概况有清晰的认识。

（一）国外的职业分类

职业是依据社会分工来分类的，在分工体系的每个环节上，劳动对象、劳动工具以及劳动的支出形式都各有特殊性，这种特殊性便是各种职业之间的主要区别。由于世界各国的国情不同，各国划分职业的标准也有差异。结合西方学者提出的相关理论，国外一般从以下 3 个方面来进行分类。

❶ 按脑力劳动和体力劳动的性质、层次进行分类

这种分类方法把工作人员划分为白领和蓝领两类。白领称谓始于 20 世纪 20 年代，主要指从事专业性和技术性工作的人，如行政管理人员、销售人员和办公室人员等；蓝领称谓始于 20 世纪 40 年代，主要指从事手工艺及类似工作的人，如非运输性的技工、运输装置工人和服务性行业的工人等。

❷ 按心理的个别差异进行分类

这种分类方法是根据美国著名职业指导专家霍兰德创立的"人格-职业"类型匹配理论来分类的，把职业人格类型划分为 6 种，即现实型、研究型、艺术型、社会型、企业型和传统型。

❸ 依据各个职业的主要职责或工作领域进行分类

国际劳工组织依据各个职业的主要职责或工作领域对职业进行了分类，并制定了《国际标准职业分类》，为各国的职业分类提供了统一的准则。1958 年《国际标准职业分类》初版发行，经 1968 年、1988 年、2008 年 3 次修订，形成目前的最新版本《国际标准职业分类（2008）》，它将职业分为以下 10 大类。

（1）管理者。

（2）专业人员。

（3）技术和辅助专业人员。

（4）办事人员。

（5）服务与销售人员。

（6）农业、林业和渔业技术员。

（7）工艺和相关行业人员。

（8）机械操作人员与装配人员。

（9）非技术工人。

（10）军人。

（二）我国的职业分类

经济发达国家都非常重视对职业分类问题的研究，这不仅是对产业结构概念的认识，而且是进行产业结构、产业组织和产业政策研究的前提。我国在职业分类上的研究起步较晚，但发展较快。职业的分类不仅关系到对职业岗位的考查，而且影响各行业阶层人员对职业方向的把握，同时也是相关行业机构进行职业技能培训的重要根据，我国现行的职业分类方式主要有以下两个分类标准。

① 《中华人民共和国职业分类大典》

《中华人民共和国职业分类大典》颁布于 1999 年。由于社会经济的不断发展，我国的职业构成发生了很大变化，为适应发展需要，2010 年年底，人力资源和社会保障部会同国家质量监督检验检疫总局、国家统计局牵头成立了国家职业分类大典修订工作委员会及专家委员会，启动修订工作。2015 年 7 月 29 日，国家职业分类大典修订工作委员会召开全体会议审议，表决通过并颁布了 2015 年版《中华人民共和国职业分类大典》，如图 1-1 所示。新修订版本职业分类如下。

（1）党的机关、国家机关、群众团体和社会组织、企事业单位负责人：该职业分类修订参照我国政治制度与管理体制现状，对具有决策和管理权的社会职业依组织类型、职责范围层次和业务相似性、工作复杂程度和所承担职责大小等进行划分与归类，包括 6 个中类、15 个小类、23 个职业。

（2）专业技术人员：该职业分类修订着重考量职业的专业化、社会化和国际化水平，包括 11 个中类、120 个小类、451 个职业。

图 1-1 《中华人民共和国职业分类大典》

（3）办事人员和有关人员：该职业分类修订主要依据我国公共管理与社会组织中从业者的实际状态进行分类。修订后的第 3 大类强化公共管理、企事业管理等领域的行政业务、行政事务属性，包括 3 个中类、9 个小类、25 个职业。

（4）社会生产服务和生活服务人员：该职业分类修订主要参照国民经济行业分类和我国服务业发展现状，特别关注新兴服务业的社会职业发展，主要按照服务属性归类职业。修订后的第 4 大类包括 15 个中类、93 个小类、278 个职业。

（5）农、林、牧、渔业生产及辅助人员：该职业分类修订以农、林、牧、渔业生产环境、生产技术和产业结构的变化，现代农业生产领域中生产技术应用、生产分工与合作的现状为依据，参照国民经济行业进行分类。修订后的第 5 大类包括 6 个中类、24 个小类、52 个职业。

（6）生产制造及有关人员：该职业分类修订按照国民经济行业分类和生产制造业发展状态，以工艺技术、工具设备、主要原材料、产品用途、服务和技能等级水平相似性进行分类。修订后的第 6 大类包括 32 个中类、171 个小类、650 个职业。

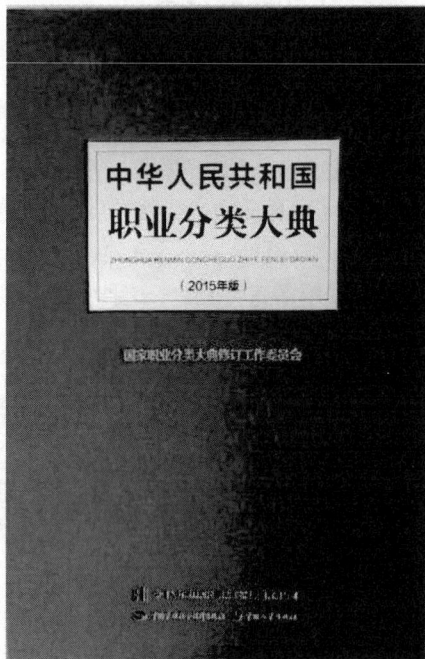

（7）军人：该类职业包括 1 个中类、1 个小类、1 个细类。

（8）不便分类的其他从业人员：该类职业包括 1 个中类、1 个小类、1 个细类。

2015 年版《中华人民共和国职业分类大典》还结合时代的变化新增了一些新兴行业的职业，包括网络与信息安全管理员、快递员、文化经纪人、动车组制修师、风电机组制造工等，同时取消收购员、平炉炼钢工、凸版和凹版制版工等职业。2022 年 9 月，《职业分类大典（2022 年版）》发布。新版国家职业分类大典中，净增职业 158 个；共标注了 97 个数字职业，占职业总数的 6%。标注数字职业是我国职业分类的重大创新，对推动数字经济、数字技术发展以及提升居民数字素养，具有重要意义。

通过以上对《中华人民共和国职业分类大典》的了解，能大体掌握我国的职业分类状况，这对职业发展趋势的了解和分析有很高的参考价值。

❷ 《国民经济行业分类》

《国民经济行业分类》主要依据我国近年来经济发展状况和趋势，对门类、大类、中类、小类做出了相应的调整和修改。其门类划分如下。

（1）农、林、牧、渔业。

（2）采矿业。

（3）制造业。

（4）电力、热力、燃气及水生产和供应业。

（5）建筑业。

（6）批发和零售业。

（7）交通运输、仓储和邮政业。

（8）住宿和餐饮业。

（9）信息传输、软件和信息技术服务业。

（10）金融业。

（11）房地产业。

（12）租赁和商务服务业。

（13）科学研究和技术服务业。

（14）水利、环境和公共设施管理业。

（15）居民服务、修理和其他服务业。

（16）教育。

（17）卫生和社会工作。

（18）文化、体育和娱乐业。

（19）公共管理、社会保障和社会组织。

（20）国际组织。

四、职业的重要意义

一切与职业相关的内容，都关系着人们的切身利益。因此，个人价值的体现是围绕职业的发展进行的。认识职业的意义，可以为大学生职业生涯的规划和管理起到积极的引导作用。

（一）职业是满足个人需求的媒介

美国著名心理学家马斯洛（Maslow）将人的需求由低层次向高层次进行分层概括，即生理需求、安全需求、社会需求、尊重需求和自我实现需求，从而提出需求层次理论，如图 1-2 所示。

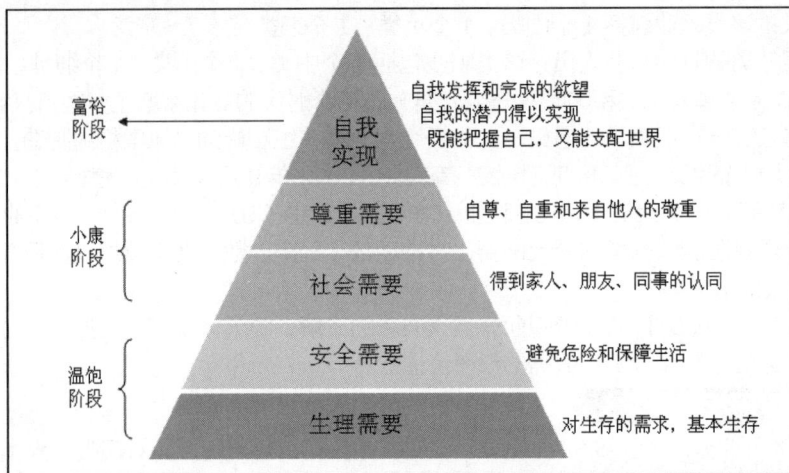

图 1-2　马斯洛需求层次理论

职业是满足个人需求的媒介，只有真正意义上的自我实现，职业的效力才能得到最大的发挥和满足，可见个人潜能的发挥及自我实现与职业发展有密切的联系。职业在满足个体生存需要的同时，对个体潜在能力的发挥、人生价值的实现，以及社会进步等方面都有重大的意义。作为自我实现的重要途径，职业具有以下 5 个方面的重要意义。

❶ 提供生活保障

通过工作获得报酬，以此换取人们生活所需的各种物品，如衣服、食物、住房等，从而满足人们维持生活的需要。

❷ 建立安全感

稳定的工作在满足基本需要的同时，还能为人们提供医疗保险、失业保障和退休金等福利，减少人身安全、疾病等生活方面的困扰与担忧。这也是继生理需求得到满足后，人们最关心的问题。

❸ 提供人际关系和社会交往

在职业发展或追求共同目标的过程中，往往需要扩大个人的生活圈子，从而建立广泛的人际交往关系。人际关系和社会交往的扩展与职业的发展是相互促进的，而工作的场所便是除家庭以外最重要的人际交往场所。

❹ 赢得他人尊重

每个人在工作和生活中都有获得尊重的需要，不管是受人尊重还是自尊，都可以通过做出让社会认可和自己满意的成绩来实现，而工作便是实现这一目的的最好途径。

❺ 实现自我价值，感悟人生意义

在全身心投入工作的同时，人们可以感受到最大限度的快乐。在实现个人理想、抱负和发挥个人能力的过程中，能履行或达到自己的意愿，便是自我实现。自我实现的动力源自内心，通过努力开发自身潜力，使自己成为自己所期望的样子。只要用心投入，在平凡的工作中也能创造出闪耀夺目的成绩，绽放出让人景仰的光芒。

个人需求特别是高层次需求的满足，与个人所从事的职业对社会的贡献紧密相关。但是，由于每个人都有各自的特性，在具体的需求上有不同程度的差异，加之每个人在职业需求上的独特倾向，便导致了每个职位存在不同的潜在价值。这对大学生职业价值观的形成和职业生涯的具体规划有重大的影响。

（二）个体与职业的联系

随着社会分工的不断细化，社会财富的分配方式成了职业发展过程中关键的问题。从个体角度来看，社会个体与职业之间包含以下4个方面的关系。

（1）个人与社会的关系。职业的结构是通过个人参与社会分工来表现的，职业多样性代表个人与社会之间作用形式的多样性。

（2）个人知识技能与创造的关系。通过职业劳动，人们利用专业知识技能创造物质财富和精神财富，以满足自身的需求。

（3）创造财富和个人获得报酬的关系。当人们为社会创造出了物质和精神上的财富时，便有资格获得与之相对应的报酬。

（4）个人工作和生活的关系。人们通过工作获得报酬，以满足个人物质生活和精神生活的需求。

五、职业的发展趋势及影响

在社会需求的推动下，科学技术和经济在不断地发展变化，新的职业不断产生。随着现代科学技术的广泛应用，职业分工越来越细，种类越来越多，知识、信息、科学技术含量高的现代职业将迅速发展。与此同时，现代职业对从业人员的任职要求也将越来越高。在当代职业迅速发展的客观环境下，职业的发展趋势对大学生就业影响越来越大。大学生在进行就业准备时，不仅要考虑个人职业发展意愿，而且要充分考虑职业发展的趋势，对职业发展趋势做出合理正确的判断，这样才能更好地把握未来的就业机会与方向。

（一）新兴职业不断产生，扩大了大学生的择业范围

从职业分类的角度看，适宜大学生从事的职业主要是专业性较强的职业，所以在择业中就不能不考虑"专业对口"，但由于职业发展加快，新职业种类不断增加，所谓与专业"对口"的职业种类当然也相应增多。这就要求大学生在择业时应当解放思想，开阔视野，跳出以往传统职业种类的狭小范围。比如，我国以服务业为主的第三产业具有非常大的发展前景与空间，随着第三产业的不断发展，相应的职业规模还会继续扩大，这为大学生提供了大量的职业与岗位。

阅读材料

理想职业与职业理想

小李就读于某大学计算机专业，上学期间就常听学长们说，IT行业不仅好找工作，而且薪水也不错，小李听后很是心动，打算毕业后就从事IT方面的工作。转眼就到了毕业季，小李也如愿以偿地应聘上一家软件公司的软件工程师。但工作没多久，小李就有点撑不住了。首先，这个行业要经常加班，上班时间解决不了的问题都需要通过加班进行改进和完善。其次，软件工程师还要能够坐得住，有时一坐就是一整天，这让耐不住性子的小李有点受不了。最重要的是小李缺乏耐心，每天面对重复的调试和修改程序工作，小李显得有点不适应。没过多久，小李就发现自己真不适合干这一行。虽然他一直认为这一行既赚钱又体面，但"深入虎穴"后才发现自己真的不是那块料。

分析：其实，像小李这样的毕业生不少。他们渴望的是高薪且体面的理想职业，但是他们对这些职业并未真正做到了解和认识，自然就不可能把工作做好，更不可能树立一个客观、合理的职业理想。

做一个能工巧匠

在新华网访谈室与网友在线交流时，被誉为新时期产业工人杰出代表的许振超说："咱当不了科学家，但可以做一个能工巧匠。"许振超出生在一个贫穷的工人家庭，1974年初中毕业后，他到青岛港当了一位码头工人，操作当时最先进的机器之一——门机，并在勤学苦练之后，快速掌握了方法，成为一起学习的工人中第一个独立操作门机的。为了提高工作效率，他先后练就了"一钩准""一钩清"的绝活，降低了装卸工们的劳动强度。

随着改革开放、对外贸易的发展，许振超成了青岛港第一批吊桥司机中的一员，他又继续钻研，并将自己的作业效率提高了1/4。后来，许振超不仅自学成才，研究吊桥构造、帮助维修，还带出了一支"技术精、作风硬、效率高"的优秀团队，先后8次刷新集装箱装卸世界纪录，成为青岛港在世界航运市场的一面金字招牌。

分析： 对于个人来说，职业生涯的发展与个人的能力、性格、价值取舍息息相关，因此大学生一定要对自我有清晰而准确的认识。案例中的许振超，正是因为对自我的深刻认识，才在"能工巧匠"这个方向上不断追求卓越，在职业生涯中能够不断提升自己的能力，实现自我的价值。

（二）职业的发展导致同一职业或职位对就业者的要求不断提高

从目前的就业情况分析，岗位对人员的要求越来越严格，过去单一技能就能胜任的岗位，现在则需要更多的专业知识与复合技能。究其原因，在于现在科学技术水平的飞速发展，出现了许多需要高知识技术的职业。这些职业对人员的要求高于传统职业，而且更加青睐跨专业的复合型人才，加上高新技术产业的相关职业往往需要人运用自身主观能动性来推动产业发展，人的智力、创新能力、技术水平的高低决定了产业的发展空间高度，因此职业的专业化与技术化的要求程度不断加深，要求从业人员具备良好的综合职业能力，从业者需要不断提升自我来适应现代职业的需求。

（三）职业的发展和国家劳动人事制度的改革，为人才的合理流动创造了条件

大学生毕业后的首次就业并不意味着选择了终身不变的职业，随着各种条件的变化，已就业的大学生，也可能面临第二次、第三次择业，所以大学生就业时应从发展的角度看待自己的初次就业。

毫无疑问，每个人都有自己的职业梦想，这个梦想将引导我们做出人生的选择。当我们在展望未来职业生涯的时候，首先要进行正确的自我认识，明确自身的生活需求。然后结合实际情况，有针对性地对职业环境进行分析。毕竟每个人在兴趣、爱好、经历、能力、家庭背景、受教育程度、所处的环境、经济地位等方面存在着不同程度的差异。同时，同学们在就业的时候，可以搭乘职业发展趋势的"顺风车"，参与那些适应时代潮流变化趋势的工作岗位，不断完善职业生涯发展规划，再通过努力，就一定会取得职业生涯的成功。所以，大学生在对职业目标进行追求和规划时，需要对职业发展趋势有清晰的判断和把握。

第二节　职业环境及其发展趋势

对职业生涯规划外部环境的探讨归根结底是对经济形势的把控，进而对人力资源市场和

用人单位的发展趋势进行前瞻性的考量。随着近年来经济的高速发展，科学技术的日新月异，市场竞争日趋激烈，用人单位的要求变得越来越高，相关的职能部门也在加大对市场的管理和调控作用，这些因素对个人职业发展方向的把握有着重大的影响。因此，大学生在了解职业发展状况的同时，还要从职业环境的发展趋势和职业环境的影响因素等方面进行更多的了解和认识。

一、职业环境

对职业环境及其发展趋势进行了解和分析，可进一步掌握职业发展趋势和就业形势，从而对职业生涯进行科学合理的规划，最终确立与自身匹配度最高的职业发展方向。我们所说的职业环境包括社会环境、行业环境、学校环境和家庭环境4个方面。在对职业环境进行认识与分析的过程中我们会发现，职业环境与就业环境相互关联，这对就业环境和就业形势的把握有积极的意义。在同学们的学习和成长过程中，应该逐步养成对职业环境进行探索和预测的习惯，加大对自身的管理力度，以期毕业后职业生涯能够健康发展。关于职业环境的具体内容，我们将会在第三章中具体讲解。

二、职业环境的发展趋势

职业环境指某职业在社会大环境中的发展状况、技术含量、社会地位和未来发展趋势等。进行职业环境分析是为了了解职业发展对职业环境的要求、影响和作用，综合各方面的影响因素加以衡量、评估，并做出正确的反应和判断。

随着社会经济的发展，职业在不断分化的过程中也在逐渐趋于完善，人们的职业期望也呈现出多元化的态势。任何一种职业的选择都要受社会环境、自身素质和其他社会因素的制约。一个人的职业期望能否变成现实，与职业环境和就业环境的实际情况是分不开的。我们所面临的职业环境发展趋势主要包括以下4个方面。

（1）市场经济竞争激烈。

（2）多元经济共同发展。

（3）现代化建设任重道远。

（4）知识经济初见端倪。

职业是社会分工的结果，是人类社会生产和生活进步的标志。科学技术等因素引领着社会不断进步，从而使社会职业的数量、种类、结构、要求也不断发生变化。职业环境主导着职业的未来发展方向，职业市场必将更加专业化和多元化，综合型人才的作用将越来越大，社会分工将朝着精细化的方向发展。

第 三 节　职业生涯规划概述

职业生涯，是一个人一生的工作经历，是人生中最主要和最重要的身心历程，决定着个体追求自我和实现自我的内容。在职业、职位的变动及工作理想实现的过程中，需要对职业生涯进行具体的设计，以实现个人职业生涯的合理规划。职业生涯贯穿每个人的生命历程，而职业生涯规划，则是对这一过程的策划、管理与经营。在进行职业生涯规划之

我在哪里？
我该去向何方？

前，我们有必要对职业生涯规划有细致且全面的认识。

一、职业生涯规划的含义与目标定位

职业生涯规划（Career Planning）简称生涯规划，又叫职业生涯设计，指个人结合自身条件和现实环境，确立职业目标，选择职业路线，制订相应的培训、教育和工作计划，并按照规划实施具体行动，完成职业目标的过程。职业生涯规划的基本内容包括：设定职业生涯目标、明确职业意向、分析职业素质、决定职业选择，如图1-3所示。

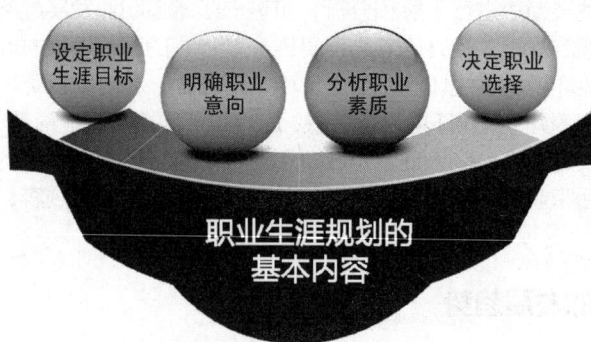

图1-3   职业生涯规划的基本内容

设定职业生涯目标是职业生涯规划的第一步，只有确立了明确的目标和发展的方向，才能有计划地朝着目标努力。大学生因为长期处于校园中，不能真实体验到职业环境，可能会使目标的订立偏理想化。因此，要特别提醒大学生，目标设定要恰到好处，保证目标明确、具体，但不能因为追求"宏大"而不切实际。同时，职业目标与环境联系紧密，可能因为各种因素而发生变化。因此，大学生在整个职业生涯规划的过程中还需要时刻关注内外环境的变化，调整步伐，不断地修正职业生涯目标，使自己立于不败之地。大学生通过职业生涯规划，可以减少在人生道路、前途选择上的徘徊犹豫。

二、职业生涯规划的特点与原则

凡事预则立，不预则废。规划是必需的，尤其是对职业的规划。大学生只有设计出合理的、可行的职业生涯规则，才能离目标越来越近，少走弯路。因此，大学生在制订职业生涯规划时，需要把握职业生涯规划的特点和原则，为职业生涯的规划理清思路，寻找合理的航行方向。

（一）职业生涯规划的特点

职业生涯规划应有具体的内容或措施，如设立具体的职业目标和制订实现目标的途径。我们需要考虑目标的合理性、方向的准确性，把相关的条件和问题梳理清楚。因此，良好的职业生涯规划应该具备的特点如下。

（1）可行性：即规划是根据实际情况（自己的能力、兴趣、性格等）做出的，而非脱离实际的幻想。

（2）适时性：即确定的目标符合当时的情况，所进行的各种活动都有实施的措施与时间规划。

（3）适应性：即适当地考虑职业环境的变化因素，规划应有一定的弹性和伸缩性。

（4）持续性：即职业生涯规划过程中的各种活动应持续连贯，在不同年龄阶段有不同的发展目标与步骤，需根据具体的情况和需要逐一完成。

专业不对口，不就白学了吗？

谢静是某重点大学工商企业管理专业的应届毕业生。她的目标是毕业后进入知名企业从事管理工作，她认为那样的单位不仅待遇较高，而且受人尊敬。为此，她努力学习，读书期间成绩也很理想，还拿过两次奖学金。从大四开始，她就陆陆续续向各大企业投递简历，并参加各种现场和网络招聘会。投出的简历也有近百份了，但很少有回复，只有两家公司通知她面试，但都没有录取她。虽然有几个其他单位愿意录取她，但她觉得所从事的工作与自己所学专业完全不对口，都一一拒绝了。谢静心想，毕竟学了几年的管理，到头来放弃专业，岂不浪费了这几年所投入的人力、物力和财力？

大学生在择业时要结合市场需求和个人专长，适时进行择业的调整。高校培养大学生，除了专业知识外，还有各种辅修课以及其他综合素质的培养，当专业与职业发生冲突时，大学生可以结合自身的特点和优势，来寻找能够发挥个人专长，又能够在一定程度上发挥专业优势的职业，把眼光放长远一点，而不是一味地追求专业对口。

（二）职业生涯规划的原则

职业生涯规划对大学生而言，就是在自我认知的基础上，根据专业特长和知识结构，结合社会环境与市场环境，对所要从事的职业以及职业目标做出指向性的方案。如果一个人从事的是自己喜欢的事情，同时也是自己擅长的领域，并且觉得做这件事很有价值，这就具备了成功的基本条件。若该领域有很好的发展前途，自己又能找准努力的方向并为之坚持不懈，这将会是成功的保障，能为获得长久的发展奠定基础。因此，大学生在制订职业生涯规划的具体方案时，可以从以下 8 个方面进行考虑。

（1）实践性原则：个人职业生涯规划的目的在于指导自身的职业实践，如果个人没有积极的实践，规划本身就变得毫无意义。大学生确定了职业目标后，就应为之不懈努力。大学生在制订职业生涯规划时，坚持实践性原则，在制订职业生涯规划时就能客观地审视内外条件、清醒地认识自我、敏锐地感知社会需求，从而"量身定做"出切实可行的职业生涯规划。

（2）适应性原则：随着社会的不断变化，职业岗位的数量和需求也会随之改变，有的新兴行业出现了新的岗位，有的岗位可能会自然消亡。因此，大学生在制订职业生涯规划时，一定要分析社会需求，必须把社会需求与个人愿望有机结合，这样才能顺利实现自己的职业目标。

（3）清晰性原则：各阶段的目标与措施要清晰，实现目标的步骤和方法要明确得当。

（4）一致性原则：发展目标要与个人意愿相一致，实际行动也应遵循生涯规划的方案。

（5）变动性原则：目标与措施应具有弹性和缓和性，可根据环境的变化进行调整。

（6）合作性原则：个人的目标与他人的目标应具有适当的合作性与协调性。

（7）整体性原则：职业生涯规划要兼顾整个生命发展历程，为人生做全程的量化考虑。

（8）可评估原则：职业生涯规划的设计应具备相应的时间限制和评估标准，以便能实时进行检查并掌握情况，并以此作为修正职业生涯规划的参考依据。

三、职业生涯规划的作用和意义

职业生涯将伴随我们大部分的人生历程，其对人生进行规划和管理的重要性不言而喻。大学生要做出优质的职业生涯规划，需要明确职业生涯规划的作用和意义，以便在职业生涯探索过程中更好地把握职业方向和探寻人生价值。职业生涯规划对个人的成长和发展产生的作用和意义归纳为如下 8 个方面。

（一）有利于自我定位

认识自我是职业生涯规划的前提。充分了解和认识自我，便能根据自身的能力和需要对职业发展方向进行探索，而不盲目从众、随大流。职业生涯规划中的认识自我，需要对自身进行深层次的剖析，以便对自己的能力、优势和劣势加以掌控，根据生活中掌握的经验，解析出未来工作的方向，从而彻底解决"我想干什么"和"我能干什么"的问题。在此基础上，通过对就职要求、就业渠道、工作内容和职业发展前景，以及行业的薪资待遇等相关因素的了解和认识，找到自我的职业和人生定位，理性分析所具备的能力和资本，从而做出长远打算，这是人生规划得以实现的理论依据，正所谓"知己知彼，百战不殆"。

（二）有助于个人确定职业发展的目标

事业成功在于能尽早地明确职业生涯的目标，并且为之坚持和奋斗。英国哲学家罗素说过："选择职业是人生大事，职业决定着一个人的未来。"事实上，明确的目标能激励人们积极地去创造条件，并为这一目标的实现而努力。大学生在进行职业生涯规划时，首先要对自己进行了解，分析自身的长处和兴趣所在，同时发现缺点与不足，然后结合社会的发展变化和环境特征，制订符合个人实际情况且切实可行的目标。如果一个人缺少对职业生涯的规划，便不能明确自己的理想，失去职业方向的引导，导致浪费宝贵的时光，造成职业生涯的延误甚至是人生的失败。若有了明确的职业生涯规划的指引，我们便能在朝着职业目标努力的道路上，充分发挥自己的才能，从而增加事业和人生成功的筹码。

（三）激励个人努力工作

职业生涯规划的制订，不仅需要我们对自己的未来有明确的看法，而且需要对自己有全面透彻的认识。每个人对未来都有憧憬和幻想，要将职业目标和人生愿望变为现实，就需要结合自身情况制订具体的行动计划，并努力工作，克服出现的困难，为早日实现目标而奋斗。一般来说，职业目标都会对个人有强烈的吸引力，要获得职业生涯发展的成功，只有靠自己脚踏实地去完成。对此，我们需要懂得在学习和工作中珍惜时间，不断地完善自我，朝着自己的目标迈进。

（四）有助于挖掘个人的潜能

每个人都有自己的潜能。潜能大多数时间都是沉睡着的，甚至人们自己都不了解自己的潜能。通过对职业生涯的规划，憧憬未来、实现理想的强烈愿望便在人们心中扎根，在努力奋进的过程中，一个人若能克服困难险阻，坚持信念，持之以恒地拼搏下去，即使不能取得令人瞩目的成就，也能把自己的潜能激发出来，获得可喜的成绩。当人们专注于自己热衷的事情时，潜能和优势便会得到进一步的开发与发挥，同时也将增加职业生涯发展前进的动力。

（五）有助于个人抓住生活重点

合理的职业生涯规划需要我们处理和安排好日常学习、工作和生活中各项事务之间的关系，集中精力去做必须做的事，将生活的重心偏向有助于实现和发展职业目标的事务上。有了合理的学习安排，生活就会越发充实，理清头绪，职业目标也会随之变得形象具体。通过职业生涯规划，会使我们明确生活和学习的重点，从而进行科学合理的安排，提高学习效率，增加职业生涯成功的可能。

（六）有利于实现人与职业的和谐发展

职业生涯规划的目的是促进个人健康、持续、协调和全面发展，将人与职业的发展有机结合起来，从而在人职和谐的基础上，将职业发展作为实现人生价值的内容和工具，让个人的发展成为推动和促进职业发展与进步的主导力量，达到职业与自我的双赢。个体的人生目标是多样的，如生活目标、职业发展目标、社会地位目标、人际环境目标等，所有目标构成的体系中，各目标之间相互交叉影响。而职业发展目标是整个目标体系中最核心的部分，它的实现与否，直接关系着人们对成功与挫折、愉悦与遗憾的感受，影响着生命的宽度和质量，人与职业的和谐发展也是事业成功的保证。

（七）有助于评估自身的收获和成绩

评价人们学习和工作成绩的状况，需要有相对明确的参照物。通过职业生涯规划的前后分析，人们对自己目前学习和工作的状况便能有评估和比较的标准。我们可以根据规划实施的进程来评价当前的学习和工作成效，分析自身的收获和不足，并有针对性地进行修正。如果学习和工作成绩与预期的效果和花费时间相适应，这便是最好的肯定，在处理后续的学习和工作任务时，会更加目标明确并拥有信心。若当前的学习和工作成绩与目标有差距，则需要找出原因，结合实际情况做出适当的调整，以便接受新任务的挑战。缺少职业生涯的合理规划，必然会缺少对自身取得的进展进行评估的标准，往往难以感知到进步和不足，得不到激励，或进展缓慢，或半途而废，最终会导致职场的平庸和人生的碌碌无为。

（八）有利于寻找实现理想的通道

职业生涯规划能引导我们树立明确的发展目标，它不仅是个人成长过程中的指明灯，而且能促使每个人去探索适合各自情况的发展方案。通过围绕职业目标去学习和提升，即使目标与实际情况还不够协调，也会使人朝着既定的需求方向前行，这个方向便是实现理想的通道。实现目标的意愿会转变成实际行动所需要的动力，意愿越大，动力就会越加强烈和持久，成功的机会也随之增加。因此，职业生涯规划连接着铺设人生理想的道路，同时又为人生旅程设定阶段目标和铺设通道，指引着我们通往成功的彼岸。确立人生奋斗目标后，围绕这一中心，人们的行为将会变得更有效率和价值。

四、职业生涯规划的步骤

职业生涯规划最主要的目的是帮助个人真实全面地了解自己，从而引导个人寻找最合适的方式和方法，最终实现人生目标。特别是当代大学生，在为自己订下事业大计，筹划未来，拟订人生职业道路时，需结合主观条件和客观条件设计出科学可行的职业生涯发展方案。在朝着目标奋斗的过程中，需明确把握发展方向，制订相应的培训、教育和工作计划，并按照职业生涯发展的方案实施具体的行动，把达到目标作为人生的核心任务。由于职业生涯贯穿人的一生，因此，对职业生涯进行规划，即是给自己的未来绘制理想蓝图的过程。职业生涯规划的步骤如下。

（1）对职业生涯及其规划有清楚的认识。

（2）对外界环境有相对透彻的分析。

（3）了解自己的特质，尤其是优势与长处。

（4）通过沟通、分析、心理测评找到自己感兴趣的职业方向。

（5）进行全方位的综合素质与个人职业能力的精确评估，确定自己的发展方向，并最终确定自己的职业定位。

（6）围绕人生理想、愿望和价值观取向，确立人生及职业目标。

（7）对职业生涯进行具体的解析和明确的管理，设计出最优发展途径，并在实施过程中，结合实际情况对目标和发展方向进行适当调整。

（8）进一步发掘自己的特质和优势，提高自己的职业适应能力。

（9）扮演好自己的社会角色，为职业生涯的成功坚持奋斗。

职业生涯规划最明显的作用是有利于引导个人完成职业生涯发展过程中的阶段性任务，并为后续阶段发展做出预先策划和准备。按计划的时段完成人生各个阶段的生涯发展目标和任务，即是"生涯成熟"的表现。对大学生而言，参照自身的目标完成情况，评估出职业生涯实际的成长状态，采取行之有效的对策和行动，是职业生涯的主要发展任务。

第四节　职业生涯规划的指导理论

20 世纪初，美国在职业生涯规划方面兴起了大范围的辅导运动，职业生涯辅导领域开始建立并逐渐形成了丰富的理论模型，为个人在职业和生活方面做出正确决策提供了大量的理论支持。每一套理论都试图通过各自的观点来指导人们进行合理的职业生涯规划和发展，对人们进行职业生涯规划有现实性的参考意义。这里主要介绍对职业生涯的探索和实践具有较大影响的 5 个理论，在感受职业生涯理论发展历程的同时，我们需要对这些理论进行借鉴和参考，以辅助自身建立起关于职业生涯规划的完整概念。

一、帕森斯特质因素论

特质因素论是职业选择与职业指导领域中经典的指导性理论。1909 年，美国波士顿大学教授帕森斯（Parsons）在《选择一个职业》一书中提出个人和职业都具有稳定的特征，职业选择就是在这二者之间进行适当的取舍，即"人与职业相匹配是职业选择的焦点"的观点。

帕森斯的特质因素论明确阐述了职业选择的 3 大要素：第一要素是个人特质，应清楚地了解自己的兴趣、能力、态度、价值观和其他身心特征；第二要素是外界条件，应把握好职业选择成功的条件、所需知识以及自己在不同职业工作岗位上的优势和劣势、机会和前途；第三要素则是上述两者的平衡，帕森斯认为职业选择的关键在于个人特质与职业的匹配。只有个人特质与外界条件和环境相协调，才是个人和职业的最佳搭配形式，并且使个人和用人单位最大限度受益。由这个理论出发，发展出了职业选择和生涯规划的 3 大基本原则。

（1）了解自我：即对自我进行探索，包括了解个人的性格、能力、资源、优势和劣势等内容。

（2）了解工作：了解职业能力素质和知识经验、工作环境、薪酬、晋升机会及发展前途等相关因素。

（3）协调匹配：将资料进行综合分析，得出个人特质与外界条件相协调和匹配的最佳职业。

二、霍兰德职业兴趣理论

20 世纪 60 年代，美国著名职业指导专家霍兰德（Holland）在帕森斯观点的基础上，提出了职业兴趣理论，将职业与兴趣做出了更为直接的关联。经过近 60 年的实践验证，职业兴趣理论已发展成为影响力较大的理论。

霍兰德把人格与兴趣结合起来研究，将个人特质分为实际型、研究型、艺术型、社会型、企业型和传统型。同样，他把人所处的外界环境和工作条件也进行了归类，划分出对应的 6 种职业环境类型，即实际型、研究型、艺术型、社会型、企业型和传统型。实际型职业指通常运用手工工具或机器进行熟练的手工工作和技术工作，如木匠、铁匠、机械工人等；研究型职业主要指科学研究和实验室工作，如自然科学家、计算机程序编程者、电子技术工作人员等；艺术型职业指艺术创作方面的职业，包括音乐、文学等方面；社会型职业指为别人办事的工作，包括教育和社会福利方面的工作；企业型的职业主要指那种劝说、指派他人去做某事的工作，包括管理、销售等方面的职业；传统型职业通常指各部门主管日常事务的办公室工作。每一种个人特质在对应的职业环境类型中工作协调和匹配，由此获得的职业满意度、职业稳定性与职业成就感就高。职业生涯规划的首要目标便是寻求这种个人特质与职业环境类型的适配与一致。

无论是个人特质还是职业环境类型，它们并不是孤立存在的。这 6 种类型，按实际型、研究型、艺术型、社会型、企业型、传统型的顺序依次围成六边形，各类型相互之间存在 3 种关系：相邻、相隔、相斥，如图 1-4 所示。

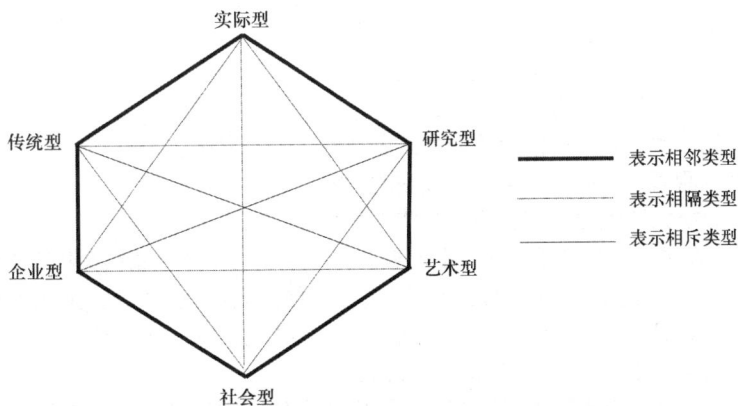

图 1-4 霍兰德的六边形模型

> 提醒
>
> 从图1-4中可以看出，在六边形上相邻的两类职业类型相似性最大，如实际型和传统型。六边形内处于对角的两类职业类型相似性最小，可视为二者相互抵触，如艺术型和传统型。

三、克朗伯兹的职业决策社会学习论

社会学习论原本是由班杜拉（Bandura）所创的，主要强调的是个人的学习经验对人格的形成和行为方式的影响。克朗伯兹（Krumboltz）在对个人职业决策进行研究的过程中，将这一理论引用到职业生涯发展与规划领域，并把影响职业选择的因素归纳为以下 4 个方面。

◆ 遗传因子与特殊能力：包括身体素质、音乐天赋和艺术能力等。

◆ 环境情况与特殊事件：技术的进步、社会环境变化和家庭状况的变动等因素。

◆ 学习经验：个体在行为、认知、学习和观察学习的过程中获得的经验。

◆ 工作取向技能：个体的工作目标、职业价值观（应对工作的方式）以及情绪的反应和表达方式。

受到社会学习理论的启发，克朗伯兹提出并逐步建立起职业决策的完整模式，将职业决策划分为以下 7 个步骤。

◆ 界定问题：认识自我并理清自己的需求，分析个人的优势与不足，在此基础上，制订明确的目标和实现目标的时间表。

◆ 拟订行动计划：在明确自身需求的基础上，思考并拟订行动计划。

◆ 找到可能的选择：搜集资料，列出可能实现目标的各种行动方案，拟订达成目标的方法和途径。

◆ 理清价值取向：整理并弄清楚个人的选择标准，将自己的实际需要作为衡量方案的依据。

◆ 评价各种可能的选择：依据自己的选择标准和评分标准，逐一评价各种可能的选择，找出可能的结果。

◆ 系统地删除：有根据系统地删除不合适的方案，挑选最合适的选择。

◆ 开始行动：开始执行选定的行动方案，并对自身进行经营和管理。

随着对社会学习理论的研究，克朗伯兹开始注意到，在进行职业决策的过程中，个人可能会面临诸多的问题与困难，他将其总结为以下 5 种类型。

◆ 人们在辨认已有或可解决的问题上存在问题。

◆ 人们不努力做决策或想办法解决问题。

◆ 由于错误的原因，人们可能会将潜在或满意的选择方案排除。

◆ 由于错误的原因，人们可能会选择较差的方案。

◆ 在感到没有能力达到目标时，可能会使人饱受焦虑和痛苦。

在进行职业决策时，我们需要重视以上困难，特别是克服不努力做决策和不积极解决问题的困难；只有勇于面对，通过自身的努力寻求解决方法才能找到最适合自己的选择和出路。职业决策社会学习论在个人特质和外界条件的研究基础之上，将职业生涯中的潜在问题进行了详细的分析，这便为我们生涯规划的评估和维护指明了方向。

职业决策社会学习论主要侧重于研究社会因素和遗传因素对个人决策的影响，同时指出在做决策时不仅要明确个人目标，而且要考虑个人的兴趣和能力等因素。该理论还特别强调学习的重要性和经验对职业选择的影响，把职业决策视为一种可学习的技能，主张职业决策能力是可以通过教育和职业辅导课程加以引导和提升的。克朗伯兹在职业决策社会学习论的成长和发展过程中，较为全面地将职业生涯规划过程中涉及的影响因素、决策方式和面临的困难类型进行了归纳与总结。

四、舒伯职业生涯发展论

自 20 世纪 50 年代起，舒伯（Super）以新的方式对生涯发展进行思考，经过不断研究，最终确立了一套围绕生涯这一过程的彩虹理论，该理论较好地概括了人生的职业发展历程。舒伯指出，职业发展是人生成长的一部分，除了职业角色，个体在生活中还扮演着孩子、学生、休闲者、公民、持家者、配偶、伴侣、退休者、父母或祖父母等角色。由此，他将职业生涯发展分为成长阶段、探索阶段、建立阶段、维持阶段与衰退阶段 5 个主要阶段。

（一）成长阶段

成长阶段是 4～14 岁，该阶段的孩童逐渐发展起"自我"的概念，尝试以各种不同的方式来表达自身的需要，通过对现实世界不断地摸索和探究，开始试图对自身角色加以修饰。这个阶段发展的任务是塑造自我形象，形成对工作世界的正确态度并开始了解工作的意义。该阶段共包括 3 个时期。

（1）幻想期（4～10 岁）：个体主要考虑"需要"方面的因素，是对幻想中的角色进行扮演的时期。

（2）兴趣期（11～12 岁）：个体主要考虑"喜好"方面的因素，这决定着个体的抱负和理想的方向。

（3）能力期（13～14 岁）：个体主要考虑"能力"方面的因素，能力逐渐发展成为主导力量。

（二）探索阶段

探索阶段是 15～24 岁，该阶段的青少年，从学校、社会等活动中，逐步对自我能力及所扮演的社会角色有了尝试性的探索和了解，因而扩展了在职业生涯规划上的选择弹性。这一阶段的发展任务是使职业偏好逐渐趋于明确和具体并将其实现，共包含以下 3 个时期。

（1）试探期（15～17 岁）：个体尝试考虑将需要、兴趣、能力与机会等因素相结合，并在幻想和讨论的过程中加以尝试。

（2）过渡期（18～21 岁）：个体进入专业技能培训或就业市场，更加重视实际，并力图实现自我观念，将一般性的选择转为特定的选择。

（3）试验期（22～24 岁）：个体的生涯概念初步形成，并对其成为长期职业生活的可能性加以验证，若不适合则可能再经历上述各时期以确定方向。

（三）建立阶段

建立阶段是 25～44 岁，经过上一阶段的验证和新的尝试，不合适者会谋求改变或做其他探索。因此，个体在该阶段通常能明确整个职业生涯中适合自己的目标和属于自己的位置，并逐步建立自己的地位，在 40～44 岁这段时期，开始考虑如何保住这个"位子"，并使之坚固。该阶段发展的任务是稳固并求上进，可细分为以下两个时期。

（1）试验稳定期（25～30 岁）：个体趋于安定，也可能因生活或工作上的变动而尚未感到满意。

（2）建立期（31～44 岁）：个体致力于工作上的稳固，极具创造性价值，资历渐深，业绩优良。

（四）维持阶段

维持阶段是 45～65 岁，个体在面对新生力量挑战的同时，仍希望继续维持属于自己的工作和职位，因而这一阶段发展的任务就是维持既有的成就和地位。

（五）衰退阶段

衰退阶段是 65 岁以上，由于生理与心理机能的衰退，个体不得不面对现实开始逐步隐退。这一阶段往往注重新角色的开辟和发展，通过寻求不同的生活方式来替代和满足原有的身心需求。

通过舒伯的生涯发展理论，个体可以清楚地看到自己所处的生涯发展阶段。大学生在生涯发展的探索阶段，经历了试探期、过渡期，即将迈入试验期，因此，在这一阶段一定要对自己进行充分探索，同时积累足够的社会实践经验，才能在以后顺利地实现个人与职业的合理匹配。

随着研究的深入和时间推移，舒伯认为，生涯发展的阶段与阶段之间的任务是环环相扣的，前面任务的完成状况将会影响后续阶段任务的具体实施。所以，各个阶段都需要达到相应的发展水准或成就。舒伯通过对各个阶段都会面临的成长、探索、建立、维持和衰退问题进行研究，进而提出了"成长—探索—建立—维持—衰退"的循环式发展任务理论，如表 1-1 所示。

表 1-1 循环式发展任务表

生涯阶段	青年阶段	成年阶段	中年阶段	老年阶段
成长阶段	发展适合的自我概念	学习与他人建立关系	接受自身的限制	发展非职业性的角色
探索阶段	从许多机会中学习	寻找心仪的工作机会	辨识问题并设法解决	寻找适合的退隐处所
建立阶段	在选定的领域中起步	投入选定的工作	发展新的技能	从事未完成的梦想
维持阶段	确定目前所做的选择	致力维持工作的稳定	巩固自我，防备竞争	维持生活乐趣
衰退阶段	减少休闲活动时间	减少体能活动时间	专注于必要的活动	减少工作时间

　　1976—1979 年，舒伯在英国开展了一系列的跨文化研究活动，随后提出了一个更为广阔的新观念——生活空间与广度的生涯发展观。除了综合原有的发展阶段理论，舒伯还引入了"角色理论"概念，并将生涯发展阶段与角色之间交互作用的状况，描绘成一幅伴随角色成长的生涯发展综合图形。这个涉及生活广度与生活空间的生涯发展图形，舒伯将它命名为"生涯彩虹图"，如图 1-5 所示。

　　生涯彩虹图的构建以生涯的成长阶段、探索阶段、建立阶段、维持阶段和衰退阶段为发展前提，构建出一个随着成长过程而延伸的"生活空间"，并将个人在不同成长时期扮演的角色，包括子女、学生、休闲者、公民、工作者、配偶、持家者等角色内容植入其中。从图中可以看出，各个角色时期之间并非孤立存在，而是相互涵盖、相互作用的。一个角色的成功，特别是早期角色的成功，如学生角色做得出色，便可为其他角色的发展提供良好的基础。若在某一角色扮演上花费的时间或精力过多，如休闲过度，则会对其他角色的发展和成功造成严重的影响。

　　从生涯彩虹图的阴影区中也可以看出，成长阶段最显著的是子女角色和学生角色。随着年龄的增长，担任的社会角色会随之增多，内容也逐渐变得广泛；到 25 岁以后，大学毕业，学生角色暂告段落，开始正式以工作者的身份进入社会；到 30 岁以后，开始操持家业，独当一面，职业生涯也正式搭建成型并逐渐趋于稳定；到 45 岁左右可能会出现"中年危机"，工作者角色可能会突然中断，主要精力再次恢复到学生角色上，同时持家者的角色比重增大，暗示此时需要再进行学习和调整，从而处理好职业与家庭生活所面临的问题。

　　将职业生涯的实际发展过程参照生涯彩虹图进行分析可知，角色在成长、转变、发展和消长的过程中，除了受到年龄增长、社会经济对个人发展的影响，往往还与个人在各个角色上所花的时间、精力和感情的投入程度有关。这就为大学生职业生涯规划的总体构建指明了道路和方向。

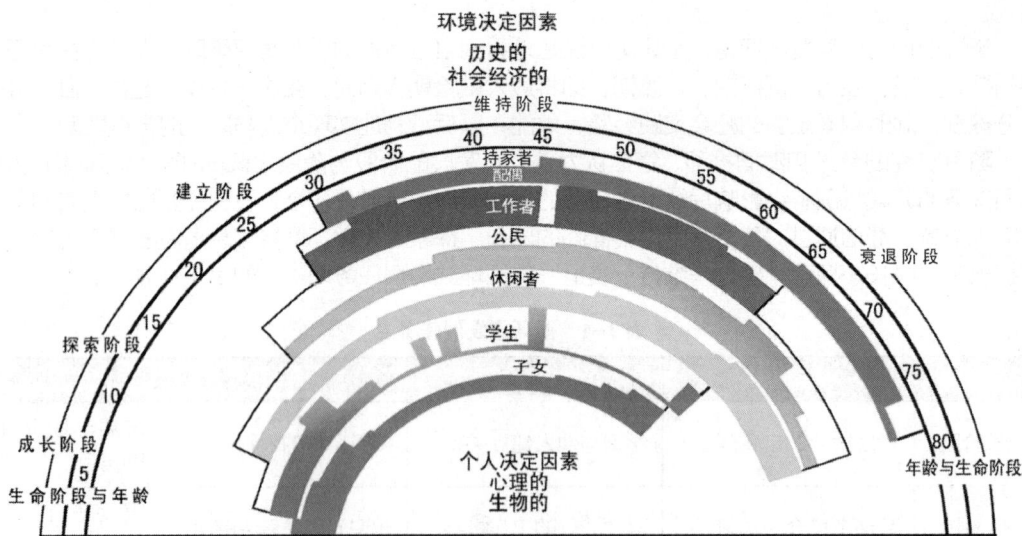

图 1-5　生涯彩虹图

五、认知信息加工理论

　　从前面的学习和认识过程中我们了解到，职业生涯规划的相关理论都会对生涯决策的模式进行强调。然而，即使个人充分掌握了自身的内在特质和外部环境的信息，也未必就能做出好的决定，同时，在人的整个生涯发展过程中，会不断面临各种重大决定，因此，决策能力是整个生涯发展过程中最重要的能力。

1991 年，盖瑞·彼得森（Gary Peterson）、詹姆斯·桑普森（James Sampson）和罗伯特·里尔登（Robert Reardon）合著了《生涯发展和服务：一种认知的方法》（Career Development and Services: A Cognitive Approach）一书，该书围绕认知信息加工金字塔模型展开，如图 1-6 所示，经过后续的信息加工与处理，最终发展成完整的认知信息加工理论。

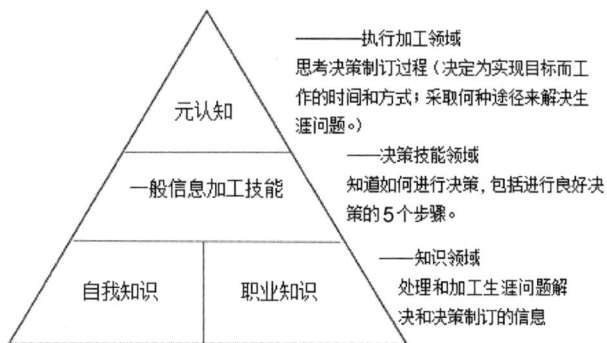

图 1-6　认知信息加工金字塔模型

在认知信息加工金字塔模型中，中间部位被称为决策技能领域，是良好决策的方法，即 CASVE 循环。CASVE 循环是一种职业生涯规划决策技术，包括沟通、分析、综合、评估和执行 5 个步骤（CASVE 是这 5 个步骤英文首字母大写的组合），如图 1-7 所示。各步骤之间有着层层递进的顺承关系。

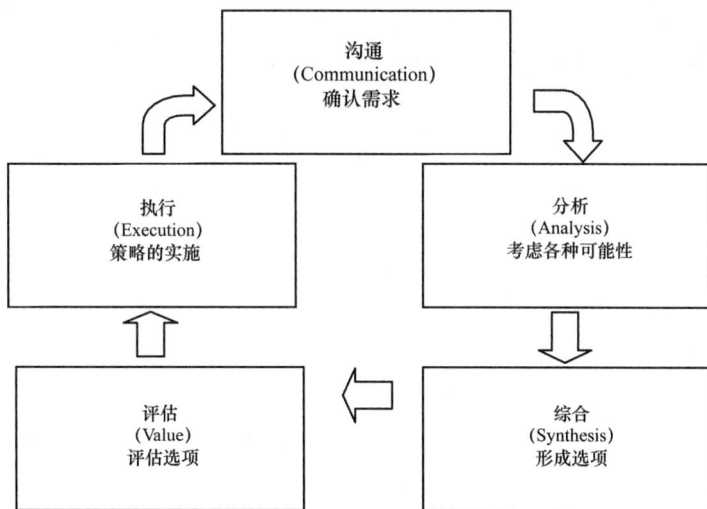

图 1-7　CASVE 循环示意图

（1）沟通（Communication）（确认需求）：意识到问题的存在，并着手探索需求。

（2）分析（Analysis）（考虑各种可能性）：对所有的信息进行整理。

（3）综合（Synthesis）（形成选项）：综合分析，寻找可能解决问题的方法。

（4）评估（Value）（评估选项）：评估各选项的优劣，选出最优方案并做出适应性调整。

（5）执行（Execution）（策略的实施）：依照方案行动。

从认知信息加工金字塔模型和 CASVE 循环示意图中可看出，认知信息加工理论重点关注的是职业生涯的决策问题。作为职业生涯规划的向导理论，它能够帮助我们判断出生涯决策过程中具体的位置和需求指向，引导大学生做出科学合理的选择和判断，从而为职业生涯的健康发展提供保障。在本书后面职业决策方法的介绍中，将对 CASVE 循环进行详细的介绍。

CHAPTER 02

第二章　认识自我

学习要点

掌握认识自我的内容与途径
了解生理因素、性格、兴趣、能力、
价值观与职业选择的关系
学会分析自身的兴趣、性格、能力
和职业价值观

本章导读

我们发现部分大学生在大学期间对自己了解得不够充分，也不知道究竟要怎样去规划自己的职业生涯，从而对工作抱有随遇而安的态度，这就导致了自己的职业成长相当被动。

在这种情况下，大学生应该对自己有充分的认识。认识自我对认知并协调个人与外界环境、养成正确的人生观念、激发上进心和成功欲具有积极的催化作用。大学生通过认识自我，进而对自己的内在需求进行分析，便可合理地安排学习和生活，很多个人的困惑和就业问题都能迎刃而解。可以说，认识自我，是职业生涯健康发展的基础，也是大学生迈出职业生涯规划的第一步。下面让我们一起了解与认识自我相关的知识理论。

第 一 节　认识自我概述

《道德经》里讲："知人者智，自知者明。"（见图 2-1）。这告诉我们：真正聪明的人，既要善于认识他人，又要能正确地认识自己。由此可见，在历史发展的长河中，人们对于认识和了解自己达成了共识，先贤哲人早已将认识自己提升到了哲学的高度。

当代大学生，有一部分人直到毕业时仍然会有"我不知道自己想干什么"的困惑，对自己的认识处于朦胧状态。未进入职场的大学生，需要对自己进行深刻的分析和认识。认识自我

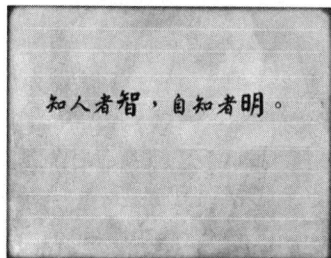

知人者智，自知者明。

图 2-1 《道德经》节选

的目的就是更好地了解自己，只有全面了解了自身特点，才能对自己的职业做出正确的选择，才能选定适合自己发展的职业生涯路线。

一、认识自我的内容

认识自我建立在个体自我观察与自我分析的基础上，是对自身条件和状态的全面评估，这些因素影响个体对待自身和外界的方式与态度。人们需要认识和了解自身的内容很多，主要包括性别、年龄、健康、兴趣、性格、能力和价值观等方面。

在对职业生涯进行规划的过程中，通过对自我的认识，可以将个体从"我想干什么"转变到"我能干什么"，这一过程需要运用适当的途径和方法，以达到正确认识自身优点与不足的目的，从而实现对个人能力的管理与监督。因此，要认识自我，就必须运用科学合理的方法对自我进行剖析，心理学家将认识自我的内容划分为 4 个部分，并以橱窗的形式展现出来，如图 2-2 所示。

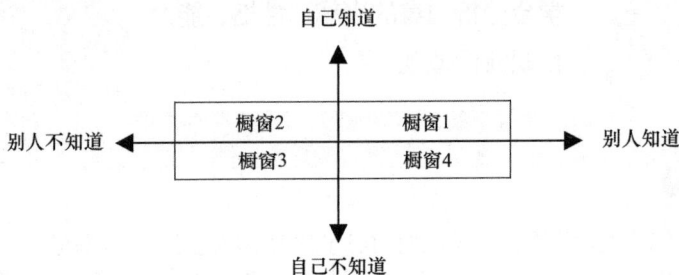

图 2-2　橱窗分析

（1）橱窗 1："公开我"，即自己知道，别人也知道的部分，指个人的外在表现。
（2）橱窗 2："隐私我"，即自己知道，别人不知道的部分，指个人的内在隐私。
（3）橱窗 3："潜在我"，即自己不知道，别人也不知道的部分，指个人未经开发的部分。
（4）橱窗 4："背脊我"，即自己不知道，别人知道的部分，指个人对自己认识的盲区。

个体对自身的认识是有据可依的，通过橱窗展示的形式，可以更好地对"公开我""隐私我""潜在我"和"背脊我"进行分类和认识，这将促进我们对个人能力的管理和运用。

二、认识自我的特性

每个人都生活在社会大环境当中，个体与个体之间、个体与环境之间都有不断变化发展的千丝万缕的联系，这就要求个体的发展需随着环境变化不断地进行调整。虽然自我的形成和发展是一个相对的变化过程，但根本特性是不变的，那么自我认识有什么特性呢？

（一）社会依托性

自我认识是以社会为依托的。作为个体的人，自我认识的产生、发展和变化与社会环境的作用是分不开的。个体自我认识的过程，也是个体社会化的历程。每个人在社会活动中都需要根据实际情况调整和塑造自己，加深对自我的认知和了解。若脱离了社会环境这个舞台，个体就不需要有自我认识，甚至连自我意识都变得没有意义。所以，自我认识需要以社会大环境为前提，任何人都不能抛开社会因素单独谈自我。

（二）自我能动性

个体可以自主进行自我认识。人们往往能通过对自己言行或得失的分析与评价，在不知不觉中对自身进行认识和剖析，包括从局部到整体、由浅入深、从感性到理性的综合考量，同时，有选择、有目的地调节和控制自身的情感和行为，并对自身进行监督、管理与批评，从而达到完善和提升自我的目的。

（三）客观性

个体对自我的认识是客观存在的。在认识自我的过程中，人们除了根据自己的认知体系对自身进行认识和判断外，还会收到其他个体的看法和社会的反馈并加以利用。首先，个体对自我认识的发生、发展、变化是通过与他人进行比较或自身前后对照形成的。虽然这一过程是从自身角度出发的，但却是以客观条件或事实为主导的；其次，他人的观点或看法同样是以客观依据为基础的。一般而言，以他人的眼光和角度来对自身加以认识，能得到更为真实的答案。不管怎样，认识自我是为自身的成长和发展服务的，越是客观真实的认识，就越能把握真实的自我，对个体的发展也越有利。

> 提醒　"人贵有自知之明"。正确地认识自己，对待人接物和处理问题方面大有裨益。若一个人不能客观地评价自己，就会产生心理障碍，对事物表现出极端的态度，或对自我不满和排斥，变得消极待物；或盲目自大，变得目中无人。二者都是个人成长和发展道路上的障碍。

（四）形象性

形象性指个体对自身的认知是建立在具体化的形象之上的。个人在认识自我的过程中，除了公开的外在形象，还有个体对自我的认知形成的意识形象，以及根据他人评价生成的评价形象，三者随着个体对自我认识的变化而相互影响和转换。比如，一个人在某些方面存在缺陷，个人的意识想象就会加剧自卑心理，从而影响外在形象的表现，他人的评价自然就会大打折扣。若他人对自己的评价持赞赏态度，就会产生自尊心理，从而更有利于"真实我"的发展。

三、认识自我的途径

认识自我的途径很多，除了自己进行分析外，征询他人的意见或看法是认识自我最有效的方法之一。大学生可以采取与家人、朋友和同事等交流的方式来进行探究，进而加深对自身的了解，并把个体表现出来的各种特定习惯、能力、思想和观点等组织起来，更好地进行职业生涯的规划。

（一）自我反省

自我反省是通过自我反思、自我总结、自我比较的方法来了解自己、认识自己。曾子说过："吾日三省吾身。"古希腊的大哲学家苏格拉底也说过："未经反省的生活是不值得过的。"通过对自己成长过程的回顾，总结做什么事情使自己感觉快乐，做什么事情会让自己觉得痛苦，从而可发现自己的职业兴趣和能力优势等。

（二）自我比较

自我比较指与过去的自己相比，自己是进步了、成熟了，还是退步了、又犯错误了；与理想中的自我相比，自己还有哪些差距等。前者可以发现自己的成绩和进步，提高自尊和自信；后者可以明确努力的方向，进一步完善自我，但理想中的自我要切合自己的实际。

（三）他人评价

我们可以通过他人评价来认识自己。"以铜为镜，可以正衣冠；以人为镜，可以明得失"。通过他人对自己的评价，可以促进个人了解他人眼中的自己，也就是前面橱窗分析法中所说的"背脊我"，从而对自身有客观中肯的认识。这将有助于我们客观清醒地认识自己的优点与不足，从而找到改善的方法和进步的方向。

（四）与他人比较

一个人对自己价值的认识，是通过与他人的能力和条件的比较而获得的。在与他人比较的过程中，应注意比较的参照系和立足点。其一，跟别人比较的应该是行动后的结果，而不应该是行动前的条件；其二，跟别人比较要有标准，而且标准应该是相对标准而不应该是绝对标准，应该是可变的标准而不是不可变的标准。例如一个人的容貌与出身是不可更改的，若以此为标准同别人比较是没有意义的；其三，比较的对象应该是与自己的条件类似的人。此外，大学生要努力拓宽生活范围，增加生活阅历，积极参加社会实践和社交活动，这样会有助于我们找到正确的参照系来了解自己。

（五）职业测评法

职业测评法是心理测评在职业测评上的具体运用。这种方法就是使用一些心理量表进行心理测验，用个人处理问题的方式对心理特征进行推断，也就是从个体的外在行为模式推知内在心理特征。为了发挥测评的最大效用，需要选用权威性较高的心理测量工具，这样才能较客观、全面地认识自己。

四、认识自我的意义

正确认识自我，可促使个体对自身能力、特长、兴趣和性格进行认识和管理，对才能的发挥和性格的发展有积极的意义。通过自我认识，可以找到控制自身情绪的有效方法和途径，避免或减少因外界的干扰而迷失、夸大或产生过度的反应。因此，对自己身心状态进行认知、体察和监控，可实现对情绪的良好管理和控制，从而加强自省和自控能力。对认识自我意义的了解，可以让个人特质更好地为职业生涯规划服务。

（一）有利于正确认识自己的优缺点

卡耐基在《人性的弱点》和《人性的优点》中写道："人是一个神奇的物种，优点与弱点共存，只能看哪一个占优势。"古语也说道："金无足赤，人无完人。"也就是说，每个人都有阴沉、消极的一面，同时也有光明、积极的一面。只有正确地认识自己的优缺点，寻找到人生的自我平衡点，才能更好地规划自己的发展目标，最终找到最合适自己的位置。

（二）有助于打造个人核心竞争力

当今大学生，只有充分认识自我，才能正确地面对自身、环境和社会。这需要我们根据自己的特点，打造出自己满意、社会需要的核心竞争力。通过提高自身的实力资本，找到一条切实可行的发展道路，才能最终走向成功。如果缺少客观、正确的自我认识，一味地逃避现实、放任自流，沉醉于主观情感世界的幻想当中，便会陷入自寻烦恼、无心进取的恶性循环。

（三）有助于提升个人的进取心

认识自我和把握自己的能力、个性倾向以及自己的优点、弱点，是选择和确定职业发展方向、开创未来事业的基础。人作为主体的根本特征，在于人的劳动和实践活动具有自觉的能动性、创造性和自主性。大学生更应该在大学时清楚地认识自我，这样才能将能动性、创造性和自主性的效用最大化地发挥。

（四）有利于个人对自身的长远把握

自我认识不是一朝一夕的事，而是一个长期的过程。这一过程随着各种内外条件的变化而变化，需要不断地进行再认识，从而塑造一个真实完整的自我。

（五）有利于促进思想独立

大学生只有认识到了自我，才能成为一个自立、自强、自觉的人，才能管理和控制认识与实践的主观能动性。

> **提醒**　认识自我指从生理和心理层面认识自己。生理层面比较直观，也相对容易分辨和理解。心理层面包含的内容较多，如兴趣、性格、能力和心理品质等方面，心理品质又包括意志、毅力、心胸、情绪等基本情况。这些因素对个人职业生涯规划都有不同程度的影响。通过客观科学的自我评价，更准确和全面地认识自我，才能为职业生涯的规划提供参考依据。

第二节　生理因素与职业的关系

生理因素即个人生理方面的属性，主要指外在的生理特征和健康状况，包括性别、年龄、外貌以及体质的强弱等内容。生理因素是人与人之间最主要的区别，也是认识自我的基本内容。每个人都是独一无二的，学会正视和接受自己的不完美，处理好生理因素与职业发展之间的关系，才是实现自我价值的关键。

一、性别与职业的关系

当今时代，性别差异仍然限制着人们的思维和行为方式，即便是市场经济蓬勃发展的今天，两性在职业选择上依然存在着明显的差异。因此，性别对个人的发展际遇有重要的影响，要淡化职业性别色彩，实现真正意义上的男女平等，需要人们在职业生涯发展的过程中尽可能多地争取各自的权利。尤其是当代大学生，在经济和制度发生巨大变化的时代潮流下，更应该兼顾思想观念的变革，以适应职业环境的发展趋势。

一项关于职业意向与性别关系的调查报告显示，两性都比较愿意从事薪金待遇、工作成就感等方面都令人满意的管理工作，以及专业性和实用性较强且需求量较大的技能型工作。由于男性喜欢挑战和擅长理性思维的特点，更倾向机械操作类、计算机类、市场营销类等挑战性强的工作；女性细致温和，擅长沟通交流，偏好文秘、财务和翻译等类型的工作。可以看出，实际生活中，男性与女性在职业领域的选择方面有大致相同的倾向，又有各自不同的需求。对大学生来说，应该结合职业发展的相关要求，在规划职业和生活的过程中，设计出符合自身实际的发展道路，处理好职业与性别的关系，使职业生涯得到平衡发展。

二、年龄与职业的关系

职业生涯规划是一个长期过程。在生涯发展过程中，时间和精力的投入是事业成功的必要条件，而年龄与个人职业生涯的成功同样有密切的关系。比如，年轻人更容易获得好的发展机遇，有更多的时间和精力经营事业。因此，对时间的管理即是对职业生涯的投资，每个人都应该考虑：怎样利用、拓展职业和事业的年龄优势期？怎样投资时间才能获得最佳的发展和回报？

大学生处于职业生涯的初步学习阶段，在规划职业生涯时，应该对生涯的发展进行时间段的划分，以便在学习和生活中合理安排和充分利用时间。年龄对职业生涯发展的局限性是很大的，若我们能在最有精力、最具活力的大学时代，充分发挥年龄的优势，积极安排和谋划职业生涯的发展，将有更大的可能把握和创造人生机遇，以实现人生理想。

三、外貌与职业的关系

人的外貌主要是由遗传基因决定的，是人与人之间相互区别的显著特征。同时，外貌与个人的发展亦有微妙的联系。不可否认，出众的外貌在就业等诸多方面往往具有明显的优势，尤其在供大于求的人力资源市场。在电视主持、演艺等行业，身高和长相等外貌因素已经成了员工录用的重要指标。

然而，外貌因素并不能决定一个人的实际成就，优越感太强反而容易丧失向上的动力。每个人都有自己独特的个人魅力，不管先天外形条件优秀与否，关键是不能迷失自我。要在激烈的人才竞争中取得胜利，健全的心理和坚韧的毅力是关键。提高个人专业技能和综合素质，是增加个人才能和获得就业主动权的重要举措。大学生应该注重个人能力的全面发展，合理规避和利用个人的外貌特点，科学规划职业生涯，以降低不必要的职业风险。

四、健康与职业的关系

健康状况是影响职业生涯的因素中最主要的一项生理属性，它的作用方式并不像性别、年龄和外貌表现得那样直观，却能潜移默化地影响每个人的能力发挥和事业发展。

"身体是革命的本钱"，良好的健康状况能为事业和人生的发展提供基础保障。重视生命与关注健康对执着追求职业生涯成功的人群有积极的作用和影响。事实证明，对待健康问题的态度与职业生涯的长远规划是密切相关的。

健康在职业选择问题上占据十分重要的位置，几乎所有的职业都需要有强健的体魄。若一个人身体虚弱又缺少锻炼，甚至不能做任何需要体力的工作，那他的职业生涯选择范围就会非常狭窄，事业的发展也就会因此受到限制。这就要求我们要正视健康问题，加强锻炼，做好职业生涯的后勤保障。大学生在学习专业技能之余，应该把健康放在个人生活的首要位置，制订相应的饮食方案和锻炼计划，为事业的拼搏和奋斗打下身体基础。

第 三 节　性格与职业的关系

人的性格类型与职业之间具有一定相关性：一方面是不同的性格类型适应不同的职业要求；另一方面是从事某种特定职业的人员，会按照职业的要求不断巩固或调整原有的性格特征，甚至影响职业原有的一些特点。大学生在选择职业时，个人性格是一个重要的考虑因素。

一、性格与职业选择

性格指个人对客观现实稳定的态度和与之相适应的习惯化的行为方式，如有的人总是热情周到，有的人总是沉默寡言。这种对人对己稳定的态度和习惯化的行为方式所表现出来的心理特征，就是这个人的性格。性格的形成是一个长期的、复杂的过程，不仅受遗传因素的影响，也是一个人生活环境和生活经历的综合反映。性格具有一定的稳定性，也就是说，在相近的情形下，人的态度和行为具有一致性。虽然人的本性是比较难改的，但可以在一定程度上改善自己的性格。

（一）内向型性格和外向型性格

人的性格与职业具有一定的相关性，不同的职业需要不同的职业个性。比如，司机需要小心谨慎的性格，销售人员需要热情的性格，医生需要胆大心细的性格。按不同的分类方法可以将性格分成多种不同的类型，其中最基础、最直观、最传统的是瑞士心理学家荣格的划分，他按照个人心理能量倾向将性格分为内向型性格和外向型性格，并对这两种性格特征和其适合的职业进行了初步的归纳总结，如表 2-1 所示。

表 2-1   内向型和外向型的性格特征和其适合的职业参考表

性格类型	性格特征	较适合的职业
内向型	感情比较深沉，待人接物小心谨慎，喜欢单独工作，喜欢思考，具有自我分析和自我批判精神；但不善于表达自己的思想、不善社交、对新环境的适应不够灵活	较适合从事有计划的、稳定的、不需要与人过多交往的职业，如自然科学家、技术人员、会计师、打字员、程序设计员、统计员、资料管理人员、一般事务性工作人员等
外向型	活泼开朗、善于交际、心直口快、感情外露、待人热情，与人交往时随和、不拘小节，适应环境的能力较强；但注意力不稳定、兴趣容易转移、活动不能持久	较适合从事与外界广泛接触的职业，如管理人员、律师、推销员、警察、记者、教师、人力资源工作者等

提醒   需要注意的是，具有典型外向型性格或典型内向型性格的人并不多，大多数人都属于混合型。而性格的内向与外向是相对而言的，只有从表现程度来进行比较分析才有一定的参考意义。

（二）9 种典型职业性格

近年来，一些教育学和心理学研究人员根据我国的实际情况，将职业性格总结为 9 种基本类型，其主要特征及其较适合的职业如表 2-2 所示。

表 2-2   9 种典型职业性格参考表

性格类型	性格特征	较适合的职业
变化型	在新的或意外的活动或工作情境中感到愉快，喜欢多样化的工作，善于转移注意力	记者、推销员、演员等
重复型	适合连续从事同样的工作，按固定的计划或进度办事，喜欢重复的、有规律的、有标准的工作	纺织工、机床工、印刷工、电影放映员等
服从型	愿意配合别人或按别人的指示办事，而不愿意自己独立做出决策、担负责任	办公室职员、秘书、翻译等
独立型	喜欢计划自己的活动与指导别人活动，喜欢对未来的事情做出决定，在独立负责的工作情境中感到愉快	管理人员、律师、警察、侦察员等

续表

性格类型	性格特征	较适合的职业
协作型	在与人协同工作时感到愉快，善于引导别人，并想得到同事们的喜欢	社会工作者、咨询人员等
劝服型	通过谈话或写作等方式使别人认同自己的观点，对别人的反应有较强的判断力，善于影响别人的态度和观点	辅导员、行政人员、宣传工作者、作家等
机智型	在紧张和危险的情况下能自我控制与沉着应付，发生意外和差错时能不慌不忙出色地完成任务	驾驶员、飞行员、消防员、救生员等
自我表现型	喜欢表现自己的爱好和个性，根据自己的感情做出选择，通过自己的工作来表现自己的思想	演员、诗人、音乐家、画家等
严谨型	注重工作过程中各个环节与细节的精确性。愿意按一套规划和步骤工作，希望尽可能做得完美，倾向于严格、努力地工作以看到自己出色完成工作的效果	会计、出纳员、统计员、校对员、图书档案管理员、打字员等

（三）麦尔斯-伯瑞格斯类型指标

麦尔斯-伯瑞格斯类型指标（Myers-Briggs Type Indicator，MBTI）是卡尔·琼和凯瑟林·伯瑞格斯、依莎贝尔·伯瑞格斯·麦尔斯根据瑞士心理学家荣格的心理类型理论建立的，该理论根据4组维度8个向度，即外向（E）-内向（I）、感觉（S）-直觉（N）、思维（T）-情感（F）、判断（J）-知觉（P），将人的性格分为16种类型。其主要特征及较适合的职业如表2-3所示。

（1）外向（E）-内向（I）：指我们与世界相互作用的方式和能量的疏导方式。

（2）感觉（S）-直觉（N）：指接受信息的方式。

（3）思维（T）-情感（F）：指做决策的方式。

（4）判断（J）-知觉（P）：指日常的生活方式。

表2-3　MBTI性格类型对照表

性格类型	性格特征	较适合的职业
ISTJ型（内向、感觉、思维、判断型）	安静、严肃，通过全面性与可靠性分析获得成功；有责任感，决定有逻辑性，并一步步地朝着目标前进，不易分心；喜欢将工作、家庭和生活都安排得井井有条；重视传统和忠诚	首席信息系统执行官、天文学家、数据库管理员、会计、房地产经纪人、行政管理、信用分析师
ISFJ型（内向、感觉、情感、判断型）	安静、友好、有责任感和良知，坚定地致力于完成他们的义务；全面、勤勉、精确、忠诚、体贴，留心人的细节，关心他人的感受；努力把工作和家庭环境营造得有序而温馨	内科医生、营养师、图书管理员、档案管理员、室内装潢设计师、特殊教育教师、酒店管理者
INFJ型（内向、直觉、情感、判断型）	寻求思想、关系、物质等的意义和联系，希望了解能够激励人的方法，对人有很强的洞察力；有责任心，坚持自己的价值观；在对目标的实现过程中有计划且果断坚定	建筑设计师、培训经理、培训师、职业策划咨询顾问、心理咨询师、作家
INTJ型（内向、直觉、思维、判断型）	在实现自己的想法和目标时有创新的想法和非凡的动力；能很快洞察到外界事物间的规律并形成长期的远景计划；一旦决定做一件事就会开始规划直到完成为止；对自己与他人的能力和表现要求都非常高	首席财务执行官、知识产权律师、设计工程师、精神分析师、心脏病专家、媒体策划员、网络管理员

续表

性格类型	性格特征	较适合的职业
ISTP 型（内向、感觉、思维、知觉型）	灵活、忍耐力强，是个安静的观察者，一旦有问题发生，就会立即行动，找到实用的解决方法；善于分析事物运作的原理，能从大量的信息中很快地找到关键症结所在；对原因和结果感兴趣，用逻辑的方式处理问题，重视效率	信息服务业经理、计算机程序员、警官、软件开发员、律师助理、消防员、私人侦探、药剂师
ISFP 型（内向、感觉、情感、知觉型）	安静、友好、敏感、和善，享受当下，喜欢有自己的空间，喜欢能按照自己的时间表工作；有责任心；不喜欢争论和冲突，不会将自己的观念和价值观强加到别人身上	按摩师、客户服务专员、服装设计师、厨师、护士、牙科医生、旅游管理者
INFP 型（内向、直觉、情感、知觉型）	理想主义，忠诚于自己的价值观和觉得重要的人，希望外部的生活和自己内心的价值观是统一的；好奇心重，能很快看出事情的可能性，能够加速想法的实现；善于理解别人并乐于帮助他们开发潜能；适应力强，灵活，善于接受，除非是有悖于自己的价值观的	心理学家、人力资源管理者、翻译人员、大学教师（人文学科）、社会工作者、服装设计师、编辑、网站设计师
INTP 型（内向、直觉、思维、知觉型）	对于自己感兴趣的任何事物都寻求合理的解释；喜欢理论性和抽象的事物，热衷于思考而非社交活动；安静、内向、灵活、适应力强；对于自己感兴趣的领域有超凡的精力与深度解决问题的能力；多疑，有时会有点挑剔，喜欢分析	软件设计师、风险投资家
ESTP 型（外向、感觉、思维、知觉型）	灵活、忍耐力强，为人实际，注重结果；觉得理论和抽象的解释非常无趣，喜欢采取积极的行动解决问题；注重当下，自然不做作，享受和他人在一起的时刻；喜欢物质享受和时尚；认为学习新事物最有效的方式是亲身感受和练习	企业家、股票经纪人、保险经纪人、土木工程师、职业运动员/教练、电子游戏开发员、房产开发商
ESFP 型（外向、感觉、情感、知觉型）	外向、友好、接受力强，热爱生活、人和物质上的享受；喜欢和别人一同将事情做成功；在工作中讲究常识和实用性，并使工作显得有趣；灵活、自然不做作，对于任何新事物都能很快适应；认为学习新事物，最有效的方式是和他人一起尝试	幼教老师、公关专员、职业策划咨询师、导游、促销员、演员、海洋生物学家、销售人员
ENFP 型（外向、直觉、情感、知觉型）	热情洋溢、富有想象力，认为人生有许多可能性；能很快地将事情与信息联系起来，自信地根据自己的判断解决问题；需要得到别人的认可，也给他人赏识和帮助；灵活、自然不做作，有很强的即兴发挥的能力，言语流畅	广告客户管理、平面设计师、艺术指导师、公司团队培训师、心理学家
ENTP 型（外向、直觉、思维、知觉型）	反应快、睿智，有激励人的能力，警觉性强、直言不讳；在解决新的、具有挑战性的问题时机智而有策略；善于找出理论上的可能性，然后用战略的眼光分析；善于理解别人；不喜欢例行公事，很少用相同的方法做相同的事情，倾向于发展不同的新爱好	投资银行家、广告创意总监、文案策划者、广播主持人、电视主持人、大学校长

续表

性格类型	性格特征	较适合的职业
ESTJ 型（外向、感觉、思维、判断型）	为人实际、现实主义；果断，一旦下决心就会立即行动；善于将项目和人组织起来完成任务，并尽可能用最有效率的方法得到结果；注重日常的细节；有非常清晰的逻辑标准，系统性地进行遵循，并希望他人也能同样遵循；在实施计划时强而有力	公司首席执行官、军官、预算分析师、药剂师、教师（贸易/工商类）、物业管理者
ESFJ 型（外向、感觉、情感、判断型）	热心肠、有责任心、喜欢合作；希望周边的环境温馨和谐；喜欢和他人一起精确并及时地完成任务；事无巨细都能保持忠诚；能体察到他人在日常生活中的需要并通过帮助他人来得到满足；希望自己能受到他人的认可和赏识	零售商、理货员、采购员、按摩师、运动教练、饮食业管理者
ENFJ 型（外向、直觉、情感、判断型）	热情、为他人着想、易感应、有责任心，非常注重他人的感情、需求和动机；善于发现他人的潜能，并乐于帮助他们开发出来；能成为个人或群体成长与进步的催化剂；忠诚，对于赞扬和批评都会积极地回应；友善、好社交，在团体中善于帮助他人，并有鼓舞他人的领导能力	广告客户管理、杂志编辑、公司培训师、电视制片人、记者、市场专员
ENTJ 型（外向、直觉、思维、判断型）	坦诚、果断，有天生的领导能力，能很快看到公司、组织程序或政策中的不合理性和低效能性，发展并实施全面有效的系统来解决问题；善于设定长期的计划和目标；通常见多识广，博览群书，喜欢拓展自己的知识面并将此分享给他人；在陈述自己的想法时强而有力	管理咨询顾问、教育咨询顾问、投资顾问、法官

了解自己的性格

通过前面的学习，我们知道了性格的含义及其对职业的影响，但大多数人对自己的性格认识不够清晰。下面我们就借助一些测试来认识自己的性格，当然这些测试只能作为参考。

测试一　性格测试

〖测试说明〗阅读表 2-4～表 2-7 中每一对描述，选择其中在大多数情况下符合你的那一个。你必须设想最自然状态下的自己，或你在没有别人观察的情况下的举止。

第一部分：下面是关于情感和内心的描述，E 代表外向开放，I 代表内向内敛。

表 2-4　关于情感和内心的描述

E	I
喜欢行动和多样性	喜欢安静和思考问题
喜欢通过讨论来思考问题	喜欢在讨论之前先进行思考
采取行动迅速，有时不做过多的思考	在没有搞明白之前，不会很快地去做一件事
喜欢观察别人是如何做事的，喜欢看到工作的结果	喜欢理解这项工作的道理，喜欢一个人或很少的几个人一起做事
很注意别人是怎么看自己的	为自己设定标准

第二部分：下面是一些关于处理信息的方式，S代表感觉，N代表直觉。

表2-5 关于处理信息的方式

S	N
主要通过过去的经验来处理信息	通过分析，用逻辑思维去处理信息之间的关系
愿意用眼睛、耳朵和其他感官去观察、感受事物	喜欢用想象去发现新的做事方法和新的可能性
讨厌出现新问题，除非存在标准的解决方法	喜欢解决新问题，讨厌重复地做一件事
喜欢用已会的技能去做事，而不愿意学习新知识	相比练习旧技能，更愿意运用新技能
对于细节很有耐心，但当出现复杂情况时则开始失去耐心	对细节没有耐心，但不在乎复杂的情况

第三部分：下面描述的是做出决定的方式，T代表思维判断，F代表情感判断。

表2-6 做出决定的方式

T	F
喜欢根据逻辑做出决策	喜欢根据个人感受和价值观做决策，即使它们可能不符合逻辑
愿意被公平、公正地对待	喜欢被表扬，喜欢讨好他人，即使在不太重要的事上也是如此
可能会不知不觉地伤害别人的感情	了解和懂得别人的感受
更关注道理或事情本身，而非人际关系	能够预计到别人会如何感受
不需要和谐	不愿看到争论和冲突，珍视和谐

第四部分：下面描述的是日常生活方式，J代表判断，P代表知觉。

表2-7 日常生活方式

J	P
喜欢预先制订计划，提前把事情落实下来	喜欢保持灵活性，避免做出固定计划
总让事情按"它应该的样子"进行	轻松地应付计划与意料外的突发事件
喜欢先完成一件工作后，再开始另一件	喜欢开始大量的工作，但是总不能完成它们
对人和事的处置很果断	在处理人和事时，总愿意先收集较多的信息
可能过快地做出决定	可能做决定太慢
在形成看法和做决策时，务求正确	在形成看法和做决策时，务求不漏掉任何因素
按照不轻易改变的标准和日程表生活	根据出现的问题不断改变计划

测试分析

综合前面的4个部分，把更接近自身特点的字母代号选出来，然后参照MBTI性格类型对照表进行解读。这种自我测试主要倾向顺从和迎合的性格与个性，虽然人的性格是各种特征的混合体，但通过对自然倾向的解读，能给我们的职业决策提供很高的参考价值。

三、性格与现实的冲突

性格作为人的一种心理特性，具有一定的稳定性，但又不是一成不变的，客观环境的变化和个人的主观调节都会使性格发生改变，所以性格与职业的顺应也并非是绝对的。在现实中应发挥自己的性格优势，找准适合自己性格的职业。若某项职业不能百分之百适合我们的性格，也可以根据自己的职业方向来培养并发展相适应的职业性格。

阅读材料

职业性格的实际运用

罗乐是新闻专业的毕业生，毕业后在一家报社当记者，他的业务能力受到大家的一致认可，但罗乐工作得并不顺心，因为他们报社的记者出去采访往往是两个人写一篇稿子。罗乐的性格属于9种职业性格中的自我表现型，在MBTI性格分类中属于INFJ型（内向、直觉、情感、判断型）。基于这种性格类型，罗乐在写稿子的过程中不喜欢与他人合作，而是想让别人服从他的想法，这样就容易与同事产生分歧。要想继续从事记者工作，他该怎么办呢？

从这个例子中我们可以看出，罗乐的这种性格更适合从事作家之类的职业，而不是记者，但既然已经选择了做记者，就应该往外向、直觉等性格方向进行培养，努力让自己的性格适合从事该工作。

第四节　兴趣与职业的关系

人们常说"兴趣是最好的老师"，兴趣可以为一个人所从事的职业提供持久的动力，是影响一个人职业选择和发展非常重要的情感性倾向因素之一。清楚地了解自己的兴趣所在，对于提高自我认识、进行职业生涯规划都有非常重要的意义。

一、兴趣与职业兴趣

兴趣和职业兴趣存在一定的差别，兴趣是人们力求认识和掌握某种事物，并经常参与该种活动的心理倾向。职业兴趣指人们对某种职业或工作所抱的积极性态度，是有关职业偏好的认识倾向。比如，娱乐休闲兴趣一般只是业余兴趣，不一定能发展成为职业兴趣，但又或多或少与职业生涯存在一些联系。

在第一章中，我们已经对霍兰德的职业兴趣理论有了基本的认识，人们一般倾向于寻找与其个性类型相协调的职业类型，追求能充分施展个人能力和价值观、承担令人愉快的工作和角色。我们可以根据相关手段对人的行为进行预测，包括职业的选择、工作的变化、业绩的达成、受教育的方式和社会行为等。然而，人的行为和个人特质受到职业兴趣类型的限制，通过对个人行为和特质的分析，霍兰德把人的个性特点、适宜的职业环境和匹配度较高的典型职业进行了整理和归纳，如表2-8所示。

表 2-8　霍兰德职业兴趣理论对照表

类型名称	特点	职业环境	典型职业
实际型（R）	此类型的人通常具有较好的身体技能。他们可能在自我表达和向他人表达方面感到困难，不善于与人打交道。他们喜欢在户外活动，喜欢使用和操作工具，尤其是操作大型机械。他们愿意从事操作性工作，偏好于具体任务，动手能力强，做事手脚灵活，动作协调 他们遵守规则，对新观点和新变化兴趣不大。这种类型的人不善言辞，喜欢独立做事	喜欢使用工具、机器，需要基本操作技能的工作，倾向于需要技能、体力和合作等方面的职业	计算机硬件人员、飞机检修工、汽车驾驶员、工地检查员、钳工、建筑工、制图员、机械装配工、木匠、厨师、技工、修理工等
社会型（S）	此类型的人关心社会的公正和正义，比较看重社会义务和社会道德，责任感强，关心社会问题、渴望发挥自己的社会作用，具有较强的人道主义倾向，社会适应能力强 他们善于表达，善于与周围的人相处，追求广泛的人际关系网，喜欢处于集体的中心地位，喜欢通过与他人交流讨论来解决存在的难题。他们不喜欢需要剧烈的身体运动的工作，不喜欢与机器打交道，具有与他人相处共事的能力	喜欢参加提供信息、启迪、帮助、咨询、培训、开发、治疗、教学和各种理解、帮助他人的活动，倾向于需要人际交往技能方面的、与人打交道的工作	教师、学校校长、临床医师、导游、营业员、教育行政人员、咨询人员、公关人员、临床心理学家、就业指导顾问、护士和律师等
企业型（E）	此类型的人通常精力充沛、热情洋溢，做事有较强的目的性、喜欢竞争、富有冒险精神、自信、支配欲强、有野心和抱负 他们喜欢争辩，总是力求使别人接受自己的观点，通常追求权力、财富、地位，有领导才能，为人务实，习惯以利益得失，如权利、地位、金钱等来衡量做事的价值	善于辞令，爱好商业或与管理人有关的职业，倾向于要求具备经营、管理、监督和领导才能的工作，适合做推销工作和领导工作	经理、推销员、主持人、宣传人员、营销管理人员、企业领导、法官、律师和社会活动家等
传统型（C）	此类型的人通常谨慎保守、忠诚、尽职尽责，忠实可靠、自我控制能力强，尊重权威和规章制度，喜欢按计划办事，细心、有条理，习惯接受他人的指挥和领导，不喜欢冒险和竞争，缺乏创造性，富有自我牺牲精神 他们既不喜欢从事笨重的体力劳动，也不喜欢在工作中与别人形成过于紧密的联系，对于明确规定的任务可以很好地完成，喜欢关注实际和细节情况，不喜欢模棱两可的指示，希望能精确地了解自己所要做的事情	倾向于规则较多、高度有序性的工作，包括语言方面和数量方面等规范性较强的工作，倾向于要求注意细节、精确度、有系统、有条理的职业	秘书、计算机操作员、办公室人员、统计员、打字员、记事员、会计、行政助理、出纳员、投资分析员、审计员、图书管理员、税务员和交通管理员等
研究型（I）	此类型的人抽象思维能力强，求知欲强，善于思考，对科学研究和科学探索有热情，并表现出对工作的极大热情，对周围的人并不感兴趣。他们习惯通过思考来解决所面临的难题，而并不一定实现具体的操作 他们常常具有非传统的观念，倾向于创新和怀疑。此类型的人知识渊博，不善于领导他人，考虑问题理性，做事喜欢精确，喜欢逻辑分析和推理，并不断探讨未知的领域	喜欢各种与生物、物理科学有关的活动，不喜欢那些必须遵循许多固定程式的任务，倾向于需要认知能力、独立和富有创造性的工作	科学研究人员、工程师、计算机编程人员、医生、系统分析员、工程设计、生物学研究人员、社会科学研究人员、实验研究工作者、物理学研究人员、气象学者等

续表

类型名称	特点	职业环境	典型职业
艺术型（A）	此类型的人天资聪慧，喜欢具有较多自我表现机会的艺术环境，不喜欢从事粗重的体力活动和高度规范化和程式化的任务，喜欢单独活动，有强烈的自我表现欲望，往往过于自信	具有语言、美术、音乐、戏剧或写作等方面的技能，爱好能发挥创造才能的职业，倾向于需要艺术修养、创造力、表达能力和直觉性的工作，不善于事务性工作	艺术家、艺术设计师、雕刻家、建筑师、摄影家、广告制作人、画家、作家、作曲家、歌唱家、戏剧导演、诗人、记者、演员、音乐演奏家、剧作家等
	他们的独立性、自主性、自发性、非传统性和创造性都较强，好表现，不拘小节，自由放任，不受常规约束，情绪变化大，比较敏感		

二、职业兴趣与职业环境的联系

霍兰德在职业兴趣六边形的基本假设中提到，人和职业环境都可以大致分成6种类型。但是每个人和每种职业环境都比较复杂，不会是单一的某种类型，所以在霍兰德的理论中，人的职业兴趣和职业环境特点一般是用3个类型的字母来表示的，第一个字母为主类型，这3个字母的组合就是他的职业类型，如你的职业兴趣编码是RIA，那么牙科医生、陶工等职业就符合你的职业兴趣，另外，你还可以寻找与R、I、A编码所对应的职业，如IAR等，这些职业也较符合你的兴趣。

阅读材料

职业的匹配让人顺心工作

李强是计算机应用专业的毕业生，目前在一家软件公司做软件开发工作，这本来是一个较稳定且待遇不错的工作，但李强一直都做得不开心。经过测评，发现李强的兴趣类型是CIS型，此类型的人喜欢按计划办事，喜欢与人打交道的工作，注重工作对人的影响。而他目前所从事工作的霍兰德代码为IRC，这个工作需要的是喜欢独立、创造性强的人员。经过分析，他找到了问题所在，当公司软件售后服务缺少技术人员时，李强主动要求调整工作岗位，到了新岗位李强觉得工作顺心多了。

从这个例子中不难看出，我们应该尽量从事与自己职业兴趣相匹配的工作，若与职业匹配度不高，在工作中就无法获得满足感和成就感，从而产生不良情绪，甚至会对工作产生厌恶的感觉。

三、了解自己的职业兴趣

通过前面的学习我们已经了解到职业兴趣的含义及其重要性，但许多人并不清楚自己的职业兴趣是什么，那就可以通过下面的测试来对自己的职业兴趣进行初步的认识。

测试二　职业兴趣测试

〖测试说明〗 请根据自己的实际情况对以下问题作答，不要花时间去揣摩答案。回答时如果符合，得 1 分；不符合，得 0 分，回答结束后将分数填入表 2-9。

1. 我喜欢不时地夸耀一下自己取得的成就。　　　　　　　　　　　1（　） 0（　）
2. 在工作中我喜欢独自筹划，不愿受别人干涉。　　　　　　　　　1（　） 0（　）
3. 我喜欢在做事情前对事情做出细致的安排。　　　　　　　　　　1（　） 0（　）
4. 我喜欢做广告、音乐、歌舞等方面的工作。　　　　　　　　　　1（　） 0（　）
5. 每次写信我都要反反复复，不能一挥而就。　　　　　　　　　　1（　） 0（　）
6. 我经常不停地思考某一问题，直到想出正确的答案。　　　　　　1（　） 0（　）
7. 我喜欢小心谨慎地做每一件事。　　　　　　　　　　　　　　　1（　） 0（　）
8. 我喜欢抽象思维的工作，不喜欢动手的工作。　　　　　　　　　1（　） 0（　）
9. 我喜欢成为人们注意的焦点。　　　　　　　　　　　　　　　　1（　） 0（　）
10. 良好的人际关系对我来说非常重要。　　　　　　　　　　　　　1（　） 0（　）
11. 在集体讨论中，我常常积极主动，表现活跃。　　　　　　　　　1（　） 0（　）
12. 当我一人独处时，会感到不舒服。　　　　　　　　　　　　　　1（　） 0（　）
13. 我曾经渴望有机会参加探险。　　　　　　　　　　　　　　　　1（　） 0（　）
14. 我喜欢修理机械的工作。　　　　　　　　　　　　　　　　　　1（　） 0（　）
15. 我不喜欢参加各种各样的聚会。　　　　　　　　　　　　　　　1（　） 0（　）
16. 我喜欢说服别人依计划行事。　　　　　　　　　　　　　　　　1（　） 0（　）
17. 音乐能使我陶醉。　　　　　　　　　　　　　　　　　　　　　1（　） 0（　）
18. 我办事总是瞻前顾后。　　　　　　　　　　　　　　　　　　　1（　） 0（　）
19. 我喜欢经常请示上级。　　　　　　　　　　　　　　　　　　　1（　） 0（　）
20. 我喜欢需要运用智力的游戏。　　　　　　　　　　　　　　　　1（　） 0（　）
21. 那种需要持续集中注意力的工作我很容易做到。　　　　　　　　1（　） 0（　）
22. 我喜欢亲自动手制作一些东西，并从中得到乐趣。　　　　　　　1（　） 0（　）
23. 我的动手能力很强。　　　　　　　　　　　　　　　　　　　　1（　） 0（　）
24. 和不熟悉的人交谈对我来说毫无困难。　　　　　　　　　　　　1（　） 0（　）
25. 和别人谈判时，我不轻易放弃自己的观点。　　　　　　　　　　1（　） 0（　）
26. 我很容易结识同性别的朋友。　　　　　　　　　　　　　　　　1（　） 0（　）
27. 对于社会问题，我很少持中庸的态度。　　　　　　　　　　　　1（　） 0（　）
28. 当我开始做一件事情后，碰到再多的困难，我也要执着地做下去。　1（　） 0（　）
29. 我是一个沉静而不易动感情的人。　　　　　　　　　　　　　　1（　） 0（　）
30. 当我工作时，我喜欢避免干扰。　　　　　　　　　　　　　　　1（　） 0（　）
31. 我的理想是当一名科学家。　　　　　　　　　　　　　　　　　1（　） 0（　）
32. 与推理小说相比，我更喜欢言情小说。　　　　　　　　　　　　1（　） 0（　）
33. 我有时候太倔强，明明知道对方是对的，也要和他们对着干。　　1（　） 0（　）
34. 我爱幻想。　　　　　　　　　　　　　　　　　　　　　　　　1（　） 0（　）

35. 我总是主动地向别人提出自己的建议。　　　　　　　　　　1 (　　)　0 (　　)
36. 我喜欢使用锤子一类的工具。　　　　　　　　　　　　　　1 (　　)　0 (　　)
37. 我乐于解除别人的痛苦。　　　　　　　　　　　　　　　　1 (　　)　0 (　　)
38. 我愿意冒一点险以求进步。　　　　　　　　　　　　　　　1 (　　)　0 (　　)
39. 我喜欢按部就班地完成工作。　　　　　　　　　　　　　　1 (　　)　0 (　　)
40. 我不希望经常换不同的工作。　　　　　　　　　　　　　　1 (　　)　0 (　　)
41. 我总留有充裕的时间去赴约会。　　　　　　　　　　　　　1 (　　)　0 (　　)
42. 我喜欢阅读自然科学方面的书籍和杂志。　　　　　　　　　1 (　　)　0 (　　)
43. 如果掌握一门手艺，并能以此为生，我会感到非常满意。　　1 (　　)　0 (　　)
44. 我不希望当一名汽车司机。　　　　　　　　　　　　　　　1 (　　)　0 (　　)
45. 听到别人说"家中被盗"一类的事，我会感到同情。　　　　1 (　　)　0 (　　)
46. 如果待遇相同，我宁愿当商品推销员，而不愿当图书管理员。1 (　　)　0 (　　)
47. 我喜欢跟各类机械打交道。　　　　　　　　　　　　　　　1 (　　)　0 (　　)
48. 我小时候经常把玩具拆开，把里面看个究竟。　　　　　　　1 (　　)　0 (　　)
49. 当接受一项新任务后，我喜欢以自己独特的方法去完成它。　1 (　　)　0 (　　)
50. 我有文艺方面的天赋。　　　　　　　　　　　　　　　　　1 (　　)　0 (　　)
51. 我喜欢把一切安排得整整齐齐、井井有条。　　　　　　　　1 (　　)　0 (　　)
52. 我喜欢做一名教师。　　　　　　　　　　　　　　　　　　1 (　　)　0 (　　)
53. 在大家面前，我总能找到恰当的话来说。　　　　　　　　　1 (　　)　0 (　　)
54. 看情感影片时，我常常禁不住眼圈湿润。　　　　　　　　　1 (　　)　0 (　　)
55. 我喜欢学物理。　　　　　　　　　　　　　　　　　　　　1 (　　)　0 (　　)
56. 在实验室时独自做实验会令我很高兴。　　　　　　　　　　1 (　　)　0 (　　)
57. 对于急躁、爱发脾气的人，我仍能以礼相待。　　　　　　　1 (　　)　0 (　　)
58. 遇到难解答的问题时，我常常能坚持到底。　　　　　　　　1 (　　)　0 (　　)
59. 大家公认我是一名勤劳踏实、愿为大家服务的人。　　　　　1 (　　)　0 (　　)
60. 我喜欢在人事部门工作。　　　　　　　　　　　　　　　　1 (　　)　0 (　　)

表 2-9　得分汇总表

类型	对应的题号及得分	合计得分
实际型（R）	2 (　) 3 (　) 14 (　) 22 (　) 23 (　) 36 (　) 43 (　) 44 (　) 47 (　) 48 (　)	
传统型（C）	5 (　) 7 (　) 18 (　) 19 (　) 29 (　) 39 (　) 40 (　) 41 (　) 51 (　) 57 (　)	
企业型（E）	11 (　) 13 (　) 16 (　) 24 (　) 25 (　) 28 (　) 35 (　) 38 (　) 46 (　) 60 (　)	
社会型（S）	10 (　) 12 (　) 15 (　) 26 (　) 27 (　) 37 (　) 45 (　) 52 (　) 53 (　) 59 (　)	
研究型（I）	6 (　) 8 (　) 20 (　) 21 (　) 30 (　) 31 (　) 42 (　) 55 (　) 56 (　) 58 (　)	
艺术型（A）	1 (　) 4 (　) 9 (　) 17 (　) 32 (　) 33 (　) 34 (　) 49 (　) 50 (　) 54 (　)	

续表

类型	对应的题号及得分			合计得分
得分最高的 3 项	（1）	（2）	（3）	
得分最低的 3 项	（1）	（2）	（3）	

测试分析

测验完毕后，计算得分最高的 3 种类型，并按分数高低依次排列，此排列便是你的霍兰德兴趣编码。据此编码对照二维码中的表，便可查找出与自己性格匹配度较高的职业。当然，这个测试只是对自身局部的探索，要想进一步明确职业方向，还需要在此基础上综合其他方面的能力，通过学习和实践来进一步明确。

扫一扫

职业兴趣-类别
索引表

四、兴趣与现实的冲突

兴趣的重要性是毋庸置疑的，能够从事自己感兴趣的工作是我们保持工作热情的动力，但也不能片面地强调兴趣的意义，不能将兴趣作为"跳槽"的借口，更不能将"没有兴趣"的心态带到已经从事的工作中去。职业选择除了兴趣，还有多种因素需要考虑。不是所有的兴趣都可以发展成自己的职业，我们在进行职业目标选择时还需要考虑各种现实可能性，比如自己有无该项能力、行业的整体情况等，同时还需要明白职业兴趣是可以在工作中逐渐培养的。

阅读材料

兴趣与现实的冲突让冯可找不到如意的工作

冯可从营销专业毕业后，并不想从事营销类的工作，而是想要找一份自己感兴趣的工作。冯可最想从事两种工作，第一种和电子游戏相关，第二种是当星探。对于第一个兴趣，他试过一份游戏测试的工作，但由于专业不对口，也没有专门的知识技能来满足职位要求，只能作罢。对于想当星探这一兴趣，显然有点不太现实，因为这一行业在我国还没有发展到规模化的需求，也不具备发展成为专门职业的条件，并且他对这一行业的了解只停留在想象阶段，因此也就欲投无门。虽然他找过几份和销售相关的工作，但最终都以"没有兴趣"而辞职。就这样，冯可一直没有找到"称心如意"的工作。

从例子中可以看出，想要找一份"称心如意"的工作，除了要考虑价值观、兴趣，还要考虑个人能力和行业的状况等多方面的因素。冯可屡屡辞掉工作，已经不是没有兴趣的问题了，而是缺乏必要的职业素养。另外，并不是所有兴趣都可以发展成职业。就冯可好逸恶劳的兴趣取向而言，他需要多花工夫来了解自身的能力和分析现实的环境才行。

第五节　能力与职业的关系

能力是目前用人单位对求职者最关心的问题，也是我们最需要证明的。在职场中我们可以把能力看作是自身的资产与本钱，它决定着我们能否胜任工作。

一、什么是能力

能力是人们解决问题的个性心理特征，是完成任务或达到目标的必备条件。能力直接影响活动的效率，是活动顺利完成的重要内在因素。能力中有天赋的部分，也有后天训练的技能。一个人的能力可以从各个角度去描述，如观察力、注意力、记忆力和理解力等。心理学家们在关于能力的研究中，根据个人能力特点与职业成就之间的规律，将职业成就和职业满意度相关的能力分为以下3种。

（1）知识性能力：它是与工作内容相关的，是具体、专业化、针对某一特定工作的基本能力。了解自己这方面的能力并不困难，在学校学习的具体科目，如计算机编程、质量检测等，就是为了培养学生的知识性能力。它的特点是不容易迁移到其他工作中去，一般需要经过有意识的、专业的培训，并通过记忆掌握一些特殊的词汇、程序和学科。如你拥有计算机编程的能力，但你无法做一名服装设计师。

（2）适应性能力：它是人们进行自我管理的能力，也被称为情商，指的是个人的特质。适应性能力包括自我觉察、情绪管理、自我激励、认知他人情绪和理解他人情绪这5大能力。这种能力能帮助我们更好地适应周围环境，以及在环境中更好地调整自己。适应性能力可以从日常生活领域迁移到工作领域。

（3）可迁移能力：它是在日常活动中就能够获得或改善的，并对所有工作都适用的有价值的能力，一般用行为动词来描述，如沟通、组织、计划、决策、装配、修理、调查和操作等。这种能力可以从一项活动迁移到其他工作中去。比如，你拥有了沟通的能力，那么在其他工作中你也具备该项能力。

要想胜任一项工作仅仅拥有知识性能力是不够的，所以择业时还要考虑适应性能力和可迁移能力是否能够胜任此项工作，另外，对于自己哪一方面能力不足，还需要进一步培养，也要做到心中有数。

二、提升自己的能力

前面我们已经讲了能力的分类，知识性能力主要通过在学校学习专业知识来获得，除此之外的其他能力是我们在生活中获得的。那么如何提升自己的能力呢？下面有几点可供同学们进行参考。

（1）要为自己的生活和工作设立目标。目标是给自己树立标杆，使自己有个奋斗的方向。有个明确的目标能够让我们清楚地认识自身与目标之间的差距，从而去努力提升自己的能力缩小差距，提高自己的学习能力。

（2）积极组织参与各种校内外活动。在活动中可以提高自己的组织管理能力和人际交往能力等。

（3）积极竞选班级或学生会的干部。在平时的管理班级或者学生会的工作中，能让自己的工作能力、组织协调能力等得到充分培养。

总的来说，能力的提升方式是多种多样且不固定的。只有当你发现在某种能力上有所欠缺的时候，你才能有针对性地去提升这种能力。所以，在我们平时的生活当中，应该不断地对自己进行反思和总结，及时发现自己能力的不足，完善自我。只有这样，才能在日后的就业过程中提升自己的就业竞争力，使自己在众多的求职者中脱颖而出。

阅读材料

成功经理人十二项自我管理能力

1. 自我心态管理能力

在我们不断塑造自我的过程中，影响最大的莫过于是选择积极的态度还是消极的态度。自我心态管理是个人为要达到人生目标进行心态调整以达到实现自我人生目标、实现最大化优化自我的目的的一种行为。成功经理人善于进行自我心态管理，随时调整自我心态，持续地保持积极的心态！

2. 自我心智管理能力

主观偏见是禁锢心灵的罪魁祸首，经理人的见识、行为总是受制于它。心智模式是人们在成长的过程中受环境、教育、经历的影响，而逐渐形成的一套思维、行为的模式。每个经理人都有自己的心智模式，但每个经理人的心智都会存在一定的障碍。经理人要善于突破自我，要善于审视自我心智，要善于塑造正确的心智模式。

3. 自我形象管理能力

作为经理人，你的身上吸引了许多人的目光，所以，形象很重要。经理人懂得如何更加得体的着装，如何适应社会对商务礼仪的要求，可以让经理人更有魅力！加强自身形象，自身修养，举动，谈吐等方面的形象管理，是每一个经理人都应该重视的。

4. 自我激励管理能力

在我们每个人的生命里，潜藏着一种神秘而有趣的力量，那就是自我激励。人的一切行为都是受到激励而产生的，善于自我激励的经理人，通过不断地自我激励使自己永远具有前进的动力。自我激励是一个人事业成功的推动力，其实质则是一个人把握自己命运的能力，经理人要有健康的心理，善于运用一定方法自我激励。

5. 自我角色认知能力

经理人的角色夹插于公司、上级、同级及部属、客户之间，若在定位上没有一套正确的认知能力，往往会落到上下难做人、里外不是人的地步。如何正确认知自己的角色，是经理人走向成功的重要环节！

6. 自我时间管理能力

每个经理人都同样地享有每年365天、每天24小时。可是，为什么有的经理人在有限的时间里既完成了辉煌事业又能充分享受到亲情和友情，还能使自己的业余生活多姿多彩呢？他有三头六臂吗？他们会分身术吗？时间老人过多地偏爱他们吗？关键的秘诀就在于成功经理人善于进行自我时间管理。

7. 自我人际管理能力

有人说"成功＝30%知识＋70%人脉"；更有人说"人际关系与人力技能才是真正的第一生产力。"因为人的生命永远不孤立，我们和所有的东西都会发生关系，而生命中最主要的，也就是这种人际关系。由此看来，经理人要想成功，就应该加强自我人际管理能力。

8. 自我目标管理能力

生命的悲剧不在于目标没有达成，而在于没有目标！目标有多远，我们就能走多远。目标指引经理人工作的总方向。经理人每天的生活与工作，其实都可以理解为：一个不断地提出目标，不断追求目标并实现目标的过程。

9. 自我情绪管理能力

情绪能改变人的生活，有助于改善人际关系和说服他人，情商高的人可以控制、化解不良情绪。在成功的路上，最大的敌人其实并不是缺少机会，或是资历浅薄；成功的最大敌人是缺乏对自己情绪的控制。愤怒时，不能遏制住火，使周围的合作者望而却步；消沉时，放纵自己的萎靡，把许多稍纵即逝的机会白白浪费。成功经理人必须善于管理自我情绪。

10. 自我行为管理能力

根据社会伦理和组织所要求的行为规范，每个人的行为都可以分为正确的行为和错误的行为。经理人职业行为就是成为经理人要坚守的正确行事规范。经理人如何具有职业化的行为，如何对自我行为进行管理已达到职业化行为规范的要求？这是每个经理人都应该重视的事情。因为只有进行自我行为管理，坚守职业行为，就是经理人职业化素质的成熟表现。

11. 自我学习管理能力

学习是人类生存与发展的推动力。人不是生而知之，而是学而知之，知识和能力不是天上掉下来的，而是从学习和实践中来的。经理人最重要的能力是什么？是学习能力，经理人的竞争力就表现在学习力上。我们处在一个激励竞争的时代，具备"比他人学得快的能力"是经理人唯一能保持的竞争优势。

12. 自我反省管理能力

反省是成功的加速器。经理人经常反省自己，可以去除心中的杂念，可以理性地认识自己，对事物有清晰的判断；也可以提醒自己改正过失。经理人只有全面地反省，才能真正认识自己，只有真正认识了自己并付出了相应的行动，才能不断完善自己。因此，每日反省自己是不可或缺的。"反省自己"就应该成为经理人工作的一个重要组成部分。不断地检查自己行为中的不足，及时地反思自己失误之原因，就一定能够不断地完善自我。

第 六 节　价值观与职业的关系

有很多人认为，价值观跟自己想从事的职业没有关系，其实这是个错误的观点。价值观对个人动机有导向的作用，动机的目的方向受到价值观的支配，只有那些经过价值判断并被认可的价值观，才能转换为具体的动机，并以此为目标引导人们的行为。这就解释了为什么有的人在旁人羡慕的职位做得好好的，结果却跳槽或辞职，这其实是价值观在起作用。下面就让我们一起来学习价值观及其与职业的关系，并对自身的价值观加以了解和分析。

一、价值观与职业选择

价值观是基于个体思维和感受做出的评价、判断、理解或选择，主要以潜在的方式对我们的思想和行为进行主导和影响。价值观具体表现为对事物的看法、对是非的判别和对利益与道德的取舍等方面。价值观在职业选择上的体现叫作职业价值观，在考虑对职业的认识、职业目标的追求与向往、乐趣、收入和工作环境等问题时，对这些职业因素的判断和取舍，便是职业价值观的具体表现。

我们了解价值观的含义，但我们的价值观是怎么形成的呢？研究表明，有40%的价值观是由遗传得来的，其他部分是受环境影响后天形成的。影响因素主要包括民族文化、父母行为、教师教导、朋友影响和社会环境等。价值观一旦形成，是相对持久且稳定的，并会在人的行为中表现出来，推动人做出与价值观相符的行为，甚至突出表现为一定的行为模式。

职业研究机构和职业专家通过调查对职业价值观进行了详细的研究，我国学者阚雅玲将职业价值观分为以下 12 类。

（1）收入与财富：通过工作能够明显有效地改变自身财务状况，将薪酬作为选择工作的重要依据。工作的目的或动力主要来源于对收入和财富的追求，并借此改善生活质量，显示自己的身份和地位。

（2）兴趣特长：以自己的兴趣和特长作为选择职业最主要的因素，能够扬长避短、趋利避害、择己所爱，能从工作中得到乐趣和成就感。有此类价值观的人通常会拒绝做自己不喜欢、不擅长的工作。

（3）权力地位：有较强的权力欲望，希望能影响或控制他人，使他人按照自己的想法行动。希望拥有权力地位而受人尊重，从中可以得到强烈的成就感和满足感。

（4）自由独立：希望工作有弹性，不想受太多的约束，可以充分掌握自己的时间和行动，自由度高。

（5）自我成长：要求工作能提供受培训和锻炼的机会，使经验与阅历能够按照自己的意愿丰富和提高。

（6）自我实现：看中工作提供的机会和平台，使自己的专业和能力得以全面运用和施展，实现自身价值。

（7）人际关系：将工作单位的人际关系看得非常重要，渴望能够在一个和谐、友好的环境中工作。

（8）身心健康：工作安全、劳逸适当、无紧张感和恐惧感，使自身身心健康不受工作影响。

（9）环境因素：看中的是舒适安逸的工作环境，或对工作地域有特别的要求。

（10）工作稳定：工作相对稳定，不用担心裁员和被辞退，免于经常奔波找工作。

（11）社会需要：愿意根据组织和社会的需要响应号召，为集体和社会做贡献。

（12）追求新意：希望工作的内容经常变换，有丰富多彩的工作和生活。

当然，每个人的条件和需求不同，表现出的职业价值观实际上是多样性的，以上类型都十分具有代表性，为我们分析自己的职业价值观指明了方向，对职业生涯规划有积极的意义。

阅读材料

以自我实现为主导的价值观

赵刚大学毕业后，先后在几家公司工作过，后来在一家软件公司做技术支持，工作环境、待遇都不错。赵刚踏实肯干，领导很喜欢他，提升他做了技术部门的管理职位，他却热衷于考公务员，虽然多次没考上，但他仍坚持不懈地学习，只要看到"公招"考试的信息便会报考。他的朋友、同学都很不理解，觉得赵刚工作得好好的，收入也不低，公务员薪资还达不到这个水平，并且也已升职了，以后还有更大的发展空间。大家都劝他别浪费时间，应该把心思放在现在的工作上，争取继续升职。

从这个例子中我们可以看出，首先，赵刚能在技术部门升任管理岗位，说明他有相当不错的处事和领导能力；其次，他是一个有政治追求的人，虽然他各方面的状况都不错，在公司也升了职，但在他看来这还达不到他的职业目标，他寻求的是可以施展政治抱负的空间和平台。

二、了解自己的职业价值观

前面我们讲了职业价值观的含义，也讲了价值观对职业的影响，但很多人对自己的职业价值观并没有清晰的认识。下面我们将对职业价值观进行探索。探索职业价值观通常需要 3 个阶段。第一个阶段，选择一个职业价值观。在这个阶段你可以自由选择一个职业价值观，不考虑他人所给予的压力，也不考虑其他的价值观，然后思考选择的后果。第二个阶段，正视你的职业价值观，也就是说愿意在合适的时候向他人公开声明自己的选择。第三个阶段，依照你的职业价值观行动。只有我们在做出符合我们职业价值观的行为后，谈论这样的职业价值观才能对我们的职业选择起到帮助作用。

任何一种职业要满足我们所有的职业价值观都是非常难的，下面将通过测试来探索我们的职业价值观，以排出各种价值观在我们意识中的优先次序。比如，我们可能既有"高收入"的价值诉求，又有"舒适悠闲"的价值诉求，显然同一个职业很难满足这两个要求。只有搞清各个价值诉求的主次需要，才能有效地帮助我们进行职业决策。

测试三　价值观与职业的筛选

〖测试说明〗写下的这些要素就是你择业时体现的价值观，然后将你认为较能满足你内心需要的几种价值观列出来。如果一种职业不能同时满足这几项，将放弃的划掉，重复这一步骤，直到不放弃为止，最后分析出必须坚持的价值观和对应的职业。

好工作　　　　　　　　　　　　　价值观

1. _____ ; _____ 。
2. _____ ; _____ 。
3. _____ ; _____ 。
4. _____ ; _____ 。
5. _____ ; _____ 。
6. _____ ; _____ 。
7. _____ ; _____ 。
8. _____ ; _____ 。
9. _____ ; _____ 。
10. _____ ; _____ 。

必须坚持的价值观：_____ 。
对应的职业：_____ 。

测试四　职业价值观测试

〖测试说明〗本测试共有 40 个题目，代表 10 种职业价值观，每个题目需根据自身实际的愿望或要求进行衡量。为了便于统计分析，请将分值填入表 2-10 中对应的题号后。

（非常符合—5 分，比较符合—4 分，基本符合—3 分，不太符合—2 分，非常不符—1 分。）

1. 在工作中你能接触到各种不同的人。
2. 你的工作赋予你高于别人的权力。
3. 你的工作时间比较富有弹性。
4. 只要努力，你的工资会高于其他同龄的人，或升级、加工资的可能性比其他工作大得多。
5. 你的工作能为社会福利带来看得见的效果。
6. 你的工作奖金很高。

7. 你的工作单位的同事和领导人品较好，相处比较随便。

8. 你能在你的工作中自由发挥你的才能。

9. 在别人的眼中，你的工作是很重要的。

10. 你的工作在体力上比较轻松，在精神上也不紧张。

11. 你的同学朋友都非常羡慕你的工作。

12. 你的工作成果常常能得到上级、同事或社会的肯定。

13. 你的工作使你感觉到你是团体中的一分子。

14. 无论你干好还是干坏，你总能和大多数人一样晋级和加工资。

15. 你的工作使你很有成就感。

16. 你的工作使你有可能结识各行各业的知名人物。

17. 在工作中，你的新想法总能得到试行。

18. 在工作中，你不会因为身体或能力等因素被人瞧不起。

19. 你在工作时需要组织和计划别人的工作。

20. 在工作中，你不必担心会因为所做的事情使领导不满意而受到训斥或经济惩罚。

21. 你能从工作的成果中知道自己做得不错。

22. 你的工作需要经常出差，参加各种集合或活动。

23. 你从事的工作，经常在报刊、电视中被提到，因而你在人们的心目中很有地位。

24. 只要你干上这份工作，就不会再调到其他意想不到的单位或工种上去。

25. 在你的工作中，不会有人常来打扰你。

26. 你的工作可以使你获得较多的额外收入，如常发实物、常可以购买打折的食品、常发购物券或有机会购买进口产品等。

27. 你的工作要求你把一切事情管理得井井有条。

28. 你的工作单位有舒适的休息室、更衣室、浴室及其他设备。

29. 你的工作有数量可观的夜班费、加班费、保健费或营养费等。

30. 你在工作中，和同事都能建立良好的关系。

31. 你的工作使你常常能帮助别人。

32. 你的工作作风使你被别人尊重。

33. 你的工作会使许多人认识你。

34. 在工作中，你为他人服务，使他人感到满意，你自己也就感到高兴。

35. 在工作中，你是不受别人差遣的。

36. 在工作中，你能和领导有融洽的关系。

37. 你可以看见你努力工作的结果。

38. 经常有许多人由于你的工作来感谢你。

39. 你的工作场所很好，比如有适度的灯光、舒适的座椅，安静、清洁的环境，以及宽敞的工作空间等。

40. 在工作中，你是一个负责人，虽然可能只领导几个人，但你也很乐意。

表 2-10　职业价值观测试得分表

职业价值观类型	对应的题号及得分				合计得分
高收入	6 (　　)	4 (　　)	26 (　　)	29 (　　)	
社会声望	9 (　　)	11 (　　)	23 (　　)	32 (　　)	
独立性	8 (　　)	17 (　　)	25 (　　)	35 (　　)	
奉献性	5 (　　)	31 (　　)	34 (　　)	38 (　　)	

续表

职业价值观类型	对应的题号及得分				合计得分
稳定性	14 (　)	18 (　)	20 (　)	24 (　)	
多样性	1 (　)	16 (　)	22 (　)	33 (　)	
领导性	2 (　)	19 (　)	27 (　)	40 (　)	
成就感	12 (　)	15 (　)	21 (　)	37 (　)	
舒适性	3 (　)	10 (　)	28 (　)	39 (　)	
人际关系	7 (　)	13 (　)	30 (　)	36 (　)	
得分最高的3项	(1)	(2)	(3)		

　　从得分最高的3项中可以看出你的喜好，从而可以得出职业价值观倾向，在择业时就可以考虑这些倾向。如果你倾向于多样性和高收入，营销工作就是一个不错的选择；如果你倾向于帮助他人而不太看重收入，教师这个职业就是一个很好的选择。所以一个人的价值观在选择职业时起着重要的作用，只有客观地认识它，才能在就业时做出合理的选择。

测试分析

　　对表2-10的各行进行分数汇总，将得分最高的3项参照下列分析进行解读，即能对自己的职业价值取向有一个大致的了解和掌握。

　　（1）高收入：工作的目的和价值在于获得优厚的报酬，使自己有足够的财力去获得想要的东西，让生活过得较为富足。

　　（2）社会声望：工作的目的和价值在于所从事的工作在人们心目中有较高的社会地位，从而得到别人的尊重。

　　（3）独立性：工作的目的和价值在于能充分发挥自己的独立性和主动性，按自己的方式、想法去做，不受他人的干扰。

　　（4）奉献性：工作的目的和价值在于能直接为大众的幸福和利益尽一份力。

　　（5）稳定性：希望在工作中有一个安稳的局面，不会调动工作或受到领导训斥。

　　（6）多样性：工作的目的和价值在于与人交往，建立比较广泛的社会联系和关系。

　　（7）领导性：工作的目的和价值在于获得对他人或某事物的管理支配权，能指挥和调遣一定范围内的人或事物。

　　（8）成就感：工作的目的和价值在于不断创新，不断取得成就，不断得到领导与同事的赞扬，不断实现自己想要做的事。

　　（9）舒适性：工作的目的和价值在于追求比较舒适、轻松、自由、优越的工作条件和环境，将工作作为一种消遣、休息或享受的方式。

　　（10）人际关系：希望一起工作的大多数同事和领导品格较好，在一起相处感到愉快、自然，认为这就是很有价值的事。

三、价值观与现实的冲突

　　价值观对于我们选择职业有非常重要的影响。从本质上讲，价值观用于解决"为什么活着"这样的终极命题，涉及人的理想和追求。可在现实中，并不是所有的理想都能够实现。因为在现实生活环境中，除了要遵从价值观外，还需要承担起各种责任，如对家人与社会的责任。这种时候我们只能暂时放下我们的理想，将它延后实现。

阅读材料

秦东的选择

秦东在大学毕业后找了一份专业对口的技术性工作，待遇各方面都不错。虽然每天踏踏实实地工作，受到了单位领导的好评，但秦东内心深处非常惆怅。因为从小生长在偏僻落后山区的他，之所以能够走到今天这一步，一是靠他父母坚定只有读书才有出路的信念，二是他的小学老师对他的影响，所以现在他最想从事的职业就是去偏远的山村当一名人民教师，去帮助更多像他一样需要帮助的人。然而，由于他自己家里也非常贫困，还有两个妹妹在上学，家里在经济上需要依靠他，因此秦东无法去实现自己的理想，只能继续在单位认真做好工作。

从这个例子中我们可以看出，秦东最重要的职业价值观就是帮助他人，但如果他选择符合自己价值观的山村教师为职业，收入将会比现在的工作低得多，而他的家庭却非常需要他的这一份收入。这时他只有选择承担起对家庭的责任，暂时放下他的价值观与理想，等到以后条件允许再考虑自己的价值追求。所以当价值观与现实发生冲突时，我们可以选择暂时将其放下。

CHAPTER 03

第三章　认识职业世界与职业环境

学习要点

了解认识职业世界的意义

了解不同用人单位相关知识

了解职业发展通道相关知识

了解职业环境要素分析

本章导读

　　很多大学生，尤其是那些刚毕业的大学生，只要看到有工作机会就广撒网，到处投简历，也不管那份工作自己喜不喜欢，适不适合，他们觉得只要广撒网就拥有更多的就业机会，其实这样做是不正确的。求职是一件很辛苦的事情，很消耗人的精力与体力，因此，我们要把精力与体力用在重要的事情与机会上面。而且广撒网可能会面临接二连三被拒的情况，求职心态肯定会受到影响，产生不自信等消极心理。就算在广撒网的求职中获得了就业机会，但是在试用的过程中，发现自己不喜欢或者不适合这个工作，只能放弃重新开始求职，这样不仅浪费大学生有限的精力与体力，还加重了其就业成本。因此，同学们在求职前，除对自身做一个全面的认识以外，还需要对职业世界和职业环境有清晰的了解。在求职时，一定要做好充分的准备，明确目标，朝着目标科学地、有计划地行动。本章将带领大家探索职业世界和职业环境。

第一节　认识职业世界

　　职业世界纷繁复杂，许多同学担心不能对职业世界有个全面的认识，害怕会漏掉适合自己的职业岗位。其实，我们没必要去了解所有职业、行业甚至企业的细节，我们需要做的是从自己的特征出发，在正确认识自己的基础上，根据自己的需要缩小收集信息的范围。下面将介绍职业世界的有关知识。

一、行业与职业类型

　　在了解某工作之前，我们需要对该工作有个大层面的认识，也就是该工作属于哪个行业。这个问题看似简单，可是同学们往往并不明白。一份工作，往往可能隶属于多行业，比如设计师，既可以是建筑行业，又可以是广告行业的。这时候，我们需要借助工作行业信息表来了解工作的行业信息，如表3-1所示。

表3-1 工作行业信息表

职能 ＼ 行业	金融	服务	IT	教育	通信	餐饮	零售	矿业	汽车	咨询
技术										
市场										
管理										
行政										

通过表3-1可以看出，我们在确定一个工作所属的行业时，需要考虑两个方面：一是从纵向来看，它隶属于什么行业；二是从横向上看，它属于什么职能。将二者结合起来，我们就能有效地确定一个工作的具体行业类型。

（一）如何选择从事的行业

行业与职业有一个显著的区别，行业是从事国民经济中同性质的生产或其他经济社会的经营单位或个体的组织结构体系，而职业指具体所从事的某种工作。有的人可能在不同的行业或组织里从事相同的职业，有的人可能在相同的行业或组织里从事不同的职业。例如，同在教育行业，有的人的职业是教师，有的人的职业是招生顾问。了解自己以后希望从事的职业的行业领域，对于大学生来说是非常有必要的，它不仅能帮助大学生认识未来可能接触的职业世界，还能使大学生在了解的过程中看看自己是否真正喜欢或者适合该行业该职位，对职业生涯的制订与修改有很大的帮助。

在选择自己未来想要从事的行业时，可以从以下3个方面来考虑。

❶ 根据自身情况

在考虑将来想要从事的行业时，同学们一定要结合自身的情况。不同类型的行业对从业人员有不同的要求，比如娱乐行业，需要从业人员有创造性思维，喜欢接受新鲜事物且乐于挑战；咨询行业则需要从业人员乐于助人、热心开朗。在第二章中已经介绍过自我认识的相关知识，同学们对自己的性格、兴趣、价值观等都有了一定的了解，对自己未来的行业职业方向有了一个大概的认识。

❷ 根据所学专业

虽然很多同学会抱怨，现在所学的专业和以后找到的工作基本不对口，但是专业从某种程度上来说，对同学们未来从事工作的影响还是很大的。同学们找工作时，最好还是以所学专业为基础，毕竟在学校里所学到的知识、技能都是与自身专业有关的，在应聘与专业相关岗位的时候，它能增强大家的竞争力。

很多同学存在不喜欢所学专业的情况，表示以后也不想从事与该专业有关的工作。但是需要提醒同学们的是，就算不喜欢所学专业，也要努力学好专业知识和技能，不能完全放弃该专业，毕竟在毕业时，在没有任何工作经验的情况下，大家的专业就是社会与用人单位识别大家的标志。在学习专业知识的同时，要积极地培养与提高自身兴趣所在方面的知识和技能，规划好自己的职业生涯发展道路。

3 根据行业发展状况

在选择一个行业的时候，我们首先要对该行业发展状况进行评估。通常来说，发展前景较好、整体福利待遇较高的行业比较受同学们的青睐。如果同学们进入了发展前景一般，甚至开始走下坡路的行业，可能会给自己的职业生涯带来不好的影响。同学们在平时可以多关注新闻时事，多注意国家政策走向，要知道哪些是国家支持、鼓励发展的行业，哪些是国家限制与制约的行业。比如，随着我国人口老龄化的加剧，"未富先老"的现象普遍存在，家庭养老负担过重，国家已经开始高度重视国人的养老问题，养老产业面临着前所未有的机遇，目前属于朝阳产业，许多民间资本受到政策的鼓励和引导，开始投入养老产业市场当中，带来了大量的就业岗位。随着我国市场经济的进一步发展，产业的结构会不断调整与变化，这就需要大学生平时自发关注一些权威的分析预测，对未来的行业发展趋势做到心中有数。

> **提醒**　看待一个行业的发展趋势，其实可以从两个方面来分析：一是看该行业的企业或者产品是否已经达到或接近供大于求的状态，是否趋于饱和；二是看该行业的持续性。所谓持续性就是预测该行业将能存在多少年。有些行业的持续时间很长，如教育、医疗；有的行业则是在特定时间出现的，并不会长期存在。因此，同学们在选择未来从事的行业时，应尽量选择持续性长、未饱和、有很大发展空间的行业，这样才能让自己的职业生涯有一个较大的成长空间。

（二）如何确定职业类型

确定了自己未来要从事的行业之后，还需要确定自己的职业类型。这里给大家介绍一个由美国大学考试中心（American College Test，ACT）在 1985 年建立的"工作世界地图"，它将职业分为 6 种类型、12 个职业组和 26 个具体的职业类别。通过工作世界地图，我们能从理论上认识可以从事的职业类型，如图 3-1 所示。

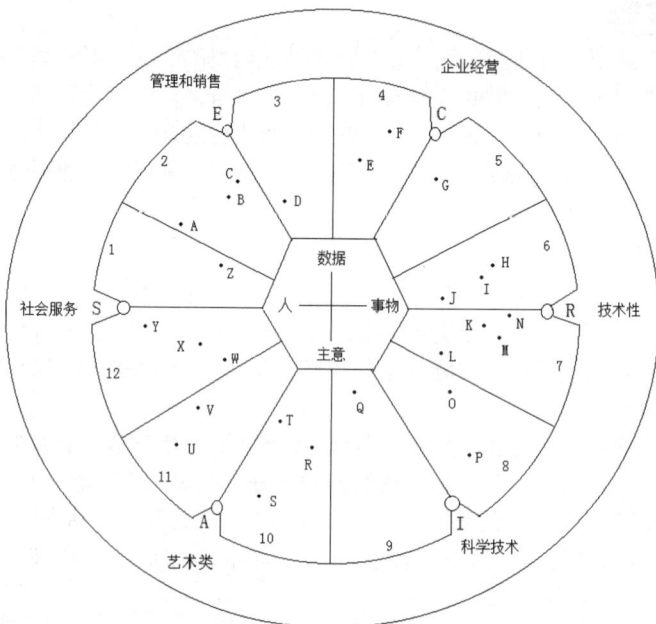

图 3-1　工作世界地图

A：与就业相关的服务　　　B：市场与销售　　　　　C：管理　　　　　　　　D：监管和保卫

E：沟通和记录　　　　　　F：金融交易　　　　　　G：物流　　　　　　　　H：运输及相关行业

I：农业、林业及相关行业　J：计算机信息专业人员　K：建筑和维护人员　　　L：手工艺人

M：制造加工　　　　　　　N：机械电器专业人员　　O：工程技术　　　　　　P：自然科学和技术

Q：医疗技术　　　　　　　R：医疗诊断和治疗　　　S：社会科学　　　　　　T：实用艺术（视觉）

U：创造性和表演艺术　　　V：实用艺术（协作和口头）　W：卫生保健　　　　　X：教育

Y：社区服务　　　　　　　Z：私人服务

工作世界地图包含两组维度和 4 个主要的象限，两组维度分别为人—事物和数据—主意，其具体含义如下。

（1）人：它指人际之间的一种互动，在工作过程中和其他人有所接触与沟通，如看护、教育、咨询、服务，以及领导、管理等。例如教师、导游等工作主要是与人打交道的。

（2）事物：它指在工作过程中处理与人无关的事物，很少需要或者不需要与他人进行沟通与交流，如机械、制造、运输、维修等。例如农夫、工匠等工作主要是与事物打交道的。

（3）数据：它指对文字、信息等资料进行收集、整理，比较重视客观事实与理性思维分析。例如会计、数据录入员等工作主要是与数据打交道的。

（4）主意：它指人们充分运用主观能动性，在头脑中进行的工作，如对真理进行探究、创意的萌发等。例如科学家、哲学家等工作主要是与主意打交道的。

在工作世界地图里，与人有关的职业类型在左边，与事物有关的职业类型在右边，与数据有关的职业类型在上面，与主意有关的职业类型在下面。职业在工作世界地图上的不同位置，也是对这两组维度的不同体现，如 X（教育），处于人—主意象限中，说明该职业类型主要是与人打交道的，且在工作过程中要运用到分析与思考的能力；而 H（运输及相关行业）处于事物–数据象限中，说明该职业类型强调秩序，与人交往较少，与事物交往较多。

二、用人单位的类型

用人单位指能运用劳动力组织生产劳动，并向劳动者支付报酬的单位组织。目前适用于《中华人民共和国劳动法》（以下简称《劳动法》）的用人单位有企业、个体经济组织、国家机关、事业组织、社会团体。其中，企业指我国境内的所有企业组织，包括法人企业和非法人企业，国有企业和非国有企业，内资企业和外资企业；个体经济组织指在工商管理部门登记注册过，并聘用雇工的个体工商户；国家机关、事业组织和社会团体指通过劳动合同与其工作人员建立劳动关系的单位。用人单位按照不同的划分方法有不同的类型，企业法定分类的基本形态主要有独资企业、合伙企业和公司。

（一）不同用人单位的招聘差别

不同的用人单位对于人员的招聘有不同的要求，比如在薪资福利、解决户口等方面。大学生找工作时常面对的企业类型是国有企业、民营企业和外资企业这 3 种。

（二）选择用人单位的方法

在了解了国有企业、民营企业与外资企业之间的差别之后，接下来我们就需要知道如何去选择适合自己的用人单位。

许多同学在初次就业的时候，会盲目崇拜一些大企业、大公司，特别是外资企业。其实外资企业选人、用人及培育人才方面有一套非常严格的体系，而且竞争压力很大，许多资质一般或者发展不均衡的同学往往通不过第一轮的简历筛选，无疑增加自己的就业成本。而在一些小公司、小企业的招聘中，公司往往看重的是有激情与特长的人，因此，对于大学生来说就业成功的概率

更大，而且在小公司中，分摊在每个人手里的工作更多，也能充分锻炼自己的能力。民营经济是国家经济发展的基石和代表，虽然最开始薪资可能不高，但是加入小公司、小企业，能够让自己跟随着公司一起成长，也是一件非常有意义的事情。

不过，同学们对用人单位的具体选择见仁见智，需要结合自身情况，尤其在学历、专业、英语等方面存在劣势的同学，在求职时要尽可能地分析不同用人单位的特点和招聘规则，并扬长避短，尽可能地在自己喜欢的、适合自己的用人单位中获得就业机会。

三 职业发展通道

所谓职业发展通道，就是用人单位为内部员工设计的成长与晋升管理方案。职业发展通道能给我们显示出晋升的方式与机会，为自己的努力指明方向。在确定自己的职业后，就需要开始选择自己的职业发展通道，职业发展通道分为两种模式：一种是双通道职业阶梯模式，即选择是朝着行政管理方向发展，还是朝着专业技术方向发展；另一种是多通道职业阶梯模式，即除了选择行政管理方向和专业技术方向，还有其他可供选择的发展方向。下面我们将对这两种发展通道进行讲解。

（一）双通道职业阶梯模式

双通道职业阶梯模式是在公司组织中有两种发展方向，每种方向都对公司组织有不同的作用。第一个方向为行政管理方向，通过参与公司的行政管理工作，随着能力的增强从而获得晋升机会；第二个方向为专业技术方向，通过对公司进行技术能力方面的贡献来获得晋升机会。常见的双通道职业阶梯模式发展如图 3-2 所示。现在的公司在采用双通道职业阶梯模式的时候，还允许员工在不同的岗位之间进行轮岗工作，以培养复合型人才。这种轮岗制度将专业技术与行政管理进行融合，因此，仍然将其归纳为双通道职业阶梯模式当中。

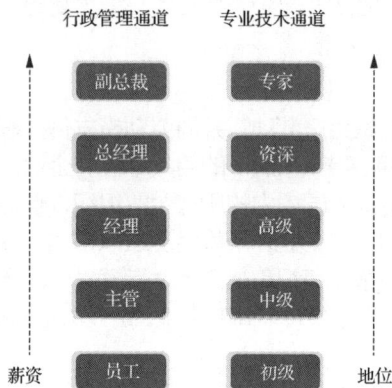

图 3-2　双通道职业阶梯模式发展图

在双通道职业阶梯模式当中，同一等级的行政管理人员与专业技术人员的薪资和地位是同样的，不同的企业在对职位的具体设置上有自己的灵活安排，但是基本都遵循这两条道路发展。

（二）多通道职业阶梯模式

多通道职业阶梯模式是在用人组织单位中存在着 3 种或 3 种以上的职业生涯发展通道，用来满足不同类型员工的晋升需求。多通道职业阶梯模式多是将双通道职业阶梯模式中对专业技术人员的通道划分为多个技术通道，给专业技术人员的职业发展带来了灵活性与更大的发展空间。

扫一扫

双重职业通道法

比如，某药业集团的多通道职业阶梯模式如图 3-3 所示。

　　大学生在求职的过程中，应当对用人单位提供的职业发展晋升通道进行关注，这关乎着自身职业生涯的成长与发展，在就职前对这些信息进行了解，能够对未来的工作生活有个更好的安排，同时也能对自己的职业生涯进行更好的规划。

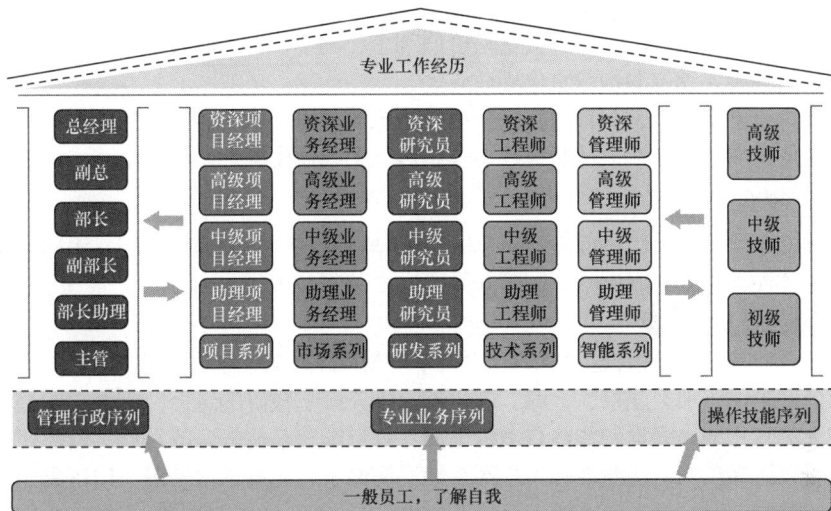

图 3-3　某药业集团的多通道职业阶梯模式

四、其他有关事项

　　在认识职业世界的时候，除了要关注前面讲过的 3 个重点，还要关注一些细节，在求职时将这些细节纳入考虑范畴。

（一）工作时间

　　工作时间指劳动者在用人单位通过劳动或生产履行工作义务的时间。工作时间的长短与是否经常加班是同学们在选择职业的时候经常考虑的因素。有的工作每天都很规律，如政府部门、学校中的工作。有的工作则变化很大，如投资银行、咨询公司中的工作，其工作内容都是根据项目来定的，尤其是在忙的时候需要员工高强度地加班，不能适应工作不规律的同学需要慎重选择这些工作。

（二）工作环境

　　工作环境对一个人的工作体验有很大的影响，它直接关系着人们对工作满意程度的判断。有关报告显示，员工对其工作环境的满意度与他们的敬业度之间存在很强的相关性。越优越的办公环境越能激励员工更加敬业，而敬业度最高的员工往往对办公环境的满意度也最高。工作环境主要包括以下 3 个方面。

　　（1）环境氛围：分为公司整体装修环境和公司工作氛围。好的装修环境能让员工感觉轻松，工作起来不费劲，而如果一进公司一眼望去全是冷冰冰的办公设备，则会让人觉得很枯燥与冷漠。现在较为流行的风景化办公室，把一间间办公室组成一个大厅，使公司各级职员都在一起办公，各种办公家具组成一道亮丽的风景线，这样既有利于同事之间的交流，又能使工作透明化，提高工作效率。而对于工作氛围来说，员工往往需要的是坦率、自由的工作氛围，这样的工作氛围能让人做事不畏首畏尾，能够畅所欲言。

　　（2）工作方式：分为在公司办公和在家办公等。许多企业中的销售和业务人员没有固定的办公室，他们的工作性质决定了他们的工作基本是在公司之外完成的。企业里的行政人员和技术人员则基本都有固定的办公场所。选择工作实际就是对一种生活方式的选择，人们是喜欢无固定场所办公还是喜欢有固定的办公场所，这就需要结合自身兴趣与性格进行判断。

（3）着装要求：不同的用人单位有不同的着装要求。有的用人单位在员工着装要求上面十分严格，要么统一穿公司定制的服装，让别人一看就知道这是什么公司的员工，要么要求穿正装上班，显得十分正式和严谨。有的用人单位则对员工着装要求十分随意和自由。用人单位对员工的着装要求在一定程度上体现了公司的文化与价值观念，同学们在求职过程中也需要将这点考虑进去，看自己是否与用人单位的企业文化相适应。

综上所述，大学生在求职时，只有找到适合自己的工作环境，才能在工作时心情愉悦，充分带动自己的工作激情和积极性，从而更好地开展自己的职业生涯。

（三）工作地点

这里所说的工作地点不是针对公司或企业离家远近而言的，而是针对用人单位所在的省份区域而言的。在选择工作地点时，同学们需要关注以下两个方面。

① 地区企业发展前景

对于地区企业的发展前景，主要是看同学们所选择的企业与行业类型。比如，一个同学想去外企和跨国公司工作，那么北京、上海、广州和深圳无疑是较好的选择，因为它们是跨国机构与外资企业较大的驻扎地，同学们能够有多种选择，并且能够获得较好的发展；若是对进出口贸易感兴趣，则可以选择广州、江浙地区和东部其他沿海城市，这些地区的进出口贸易业发达，在全国名列前茅。总之，对一个省份或城市选择的依据，是看该行业与企业类型在这个省份或城市的发展程度，以及能否让自身收获最大化。

② 地区生活水平与习惯

除关注地区的发展前景之外，我们还应该考虑地区的生活水平与生活习惯。对于刚毕业的大学生来说，刚开始步入社会的时候肯定会遇到诸多的困难与不适，外界的一点刺激，都可能会成为压垮同学们心理的最后一根稻草。因此，我们应该把地区的气候环境、饮食习惯、生活节奏、物价水平等因素纳入考虑范围，如一个常年饮食清淡的同学，突然来到饮食偏辣的湖南、四川，肯定没有办法一下子接受；一个生活在温润潮湿地区的同学，来到干燥的北京，也会觉得十分难受。对于那些接受能力和适应能力强的同学，可以通过慢慢调整来进行改变，但是对于那些适应能力差的同学，就要慎重考虑了。

（四）薪资福利

薪资福利是所有大学生普遍关心的一个问题，很多同学还会将薪资福利的高低作为衡量一个工作好坏的标准，这样的做法太过于片面，薪资福利水平往往和行业与企业有关。在诸如电信、材料、航天领域的行业里，薪资福利水平普遍较高，而在诸如钢铁、食品等行业类型里，薪资福利水平就较为一般。同样的，在不同的企业类型中，外资企业的工资待遇是较高的，但是与之对应的是高强度的工作与忙碌的节奏；而民营企业的薪资水平往往与个人工作绩效和企业效益挂钩；国有企业的薪资水平较低，但是其福利待遇较为优厚。当然，我们这里谈论的只是一般现象，具体的还需要同学们自己动手搜集资料进行了解。

第 二 节　认识职业世界的意义

在求职前对职业世界有个充分的认识，对大学生来说有百利而无一害。与其在找工作的时候慌慌张张漫无目的地投简历，还不如提前做好准备，正所谓磨刀不误砍柴工，有了充分的准备，才能在求职这场战争中，知已知彼，赢得胜利。

一、建立危机意识

唐代诗人杜荀鹤在诗歌《泾溪》中写道："泾溪石险人兢慎，终岁不闻倾覆人。却是平流无石处，时时闻说有沉沦。"这首诗的大概意思是，在礁石很险浪很急的地方，人们路过的时候都非常小心，所以终年都不会听到有人不小心掉到里面淹死的消息，然而恰恰是在水流缓慢没有礁石的地方，却常常听到有人被淹死的消息，这充分说明危机意识对于人们的重要性。

在求职的时候拥有危机意识对大学生来说也很重要。大学生加深了解与认识职业世界，能够尽早获得有效的职业信息，了解到竞争的激烈与现实的残酷，建立危机意识。

沙丁鱼的危机意识

很久以前，挪威人从深海里捕捞的沙丁鱼，还没等运回海岸，便都口吐白沫，奄奄一息。渔民们想了很多办法让沙丁鱼活着上岸，但都失败了。然而，有一个渔民，却总能带回活鱼。后来，人们发现了其中的奥秘。原来，这个渔民在沙丁鱼槽里放进了鲇鱼。鲇鱼是沙丁鱼的天敌，当鱼槽里同时放有沙丁鱼和鲇鱼时，鲇鱼出于天性会不断地追逐沙丁鱼。在鲇鱼的追逐下，沙丁鱼拼命游动，激发了内部的活力，从而存活了下来。

这个例子告诉我们，危机意识在动物界也起到了重要的作用。危机意识激发了沙丁鱼的求生欲望，进而增加了其生存概率。同样，大学生也应该在求职时建立起危机意识，只有这样才能让自身产生强大的意志力与积极性，才会驱使自己去开展行动，从而让自己更加珍惜每次求职机会，更加认真地对待工作机遇。

二、降低就业成本

了解职业与职业世界能让大学生对自己未来的职业追求有明确的目标，能让同学们在职业生涯的起点处就做出正确的职业决策，会让同学们少走许多弯路，降低同学们的就业成本。我们都知道，两点之间线段最短，虽然条条大道通罗马，可是在我们人生的大道上，尤其是在职业生涯的道路上，尽可能地少走弯路，可以让我们的职业生涯发展得更好。因此，一开始就找准目标，笔直地朝着目标前进，才是同学们应该做的事情。

缺少规划导致求职之路四处碰壁

中文系毕业的张顺，没有继续升学的计划，顺理成章地加入了求职就业大军当中。张顺觉得自己学的是中文专业，就业面很广，找工作应该很轻松，因此在大学期间并没有对自己未来的发展做好规划。在求职的时候，张顺对自己也没有一个清楚的定位，觉得只要有工作就可以去做，于是对不同行业的许多公司投了许多简历。一开始还是很幸运，张顺陆续接到了一些公司的面试邀请，但是在面试过程中，每当被问到对该公司有什么了解或对以后的职业有什么规划时，张顺就不知道怎么回答，于是面试均没有通过。在经历了一系列失败之后，张顺有点心灰意冷，觉得自己是不是太差劲了，连一份工作都找不到，心里开始着急起来。然而他并没有意识到真正的问题是什么，因此他屡战屡败。现在，张顺在家已经待业一年了。

这个案例的主人公张顺觉得自己专业就业面广，就对自己求职有所放松，不去搜集关于职业的相关信息，只盲目地广投简历，因此找不到工作的结果显而易见。同学们在找工作之前，一定要对自己和职业世界做好调查工作，这样才能少做无用功，节约就业成本。

职业生涯的第一份工作，对大学生的整个职业生涯有着重要的作用，它在很大程度上决定了大学生之后职业发展的方向。很多大学生想着先就业要紧，就业过后再慢慢找自己喜欢的工作，可是几年过去了，能成功跳槽换行业的人寥寥无几。因为等你进入职场之后，你会发现，换工作与转行其实并不是一件容易的事情。

第三节　职业环境要素分析

正确认知社会形势，客观分析职业环境，了解所处环境中的各种资源和限制，是大学生进行职业生涯规划的前提条件。大学生如果不了解职业环境就进行职业规划，就很容易陷入空洞的自我设计。

职业环境要素包括社会环境、行业环境、企业环境和岗位环境，职业环境探索是进行职业生涯规划的必然命题，起着承上启下的作用。

一、社会环境分析

我们每个人的生活、工作都在社会这个大环境中，因此我们的任何行为都会受到社会环境的影响。所以，无论你想要做什么，首先都需要对社会这个大环境进行分析。而所谓的社会环境分析，也就是对当前社会中的政治环境、经济环境、科技环境和文化环境等宏观因素进行分析。只有我们对社会环境进行分析并有了大体的把握后，我们才能更好地寻求自身发展机会。

（1）政治环境：包括政治制度和政策方针。首先，需要我们熟悉与职业生活有关的法律法规，如《中华人民共和国劳动合同法》《中华人民共和国就业促进法》等，若自身想要从事的行业职业有特殊的法律法规，则更需要进行研究和理解；其次，需要了解国家和地方的政策方针，不同省市对于人才引进和就业培养的政策方针都不相同，因此，在进行政治环境分析时需要有侧重地对政策方针进行认真研究。

（2）经济环境：包括国家经济发展的水平和阶段、经济制度、国家财政收支情况、收入水平和国际贸易等宏观经济环境。随着全球经济一体化的加快和我国市场经济的高速发展，国家对人才有了更高、更严格的要求。因此，大学生要紧跟经济环境的变化速度，了解经济社会对于人才具体的新要求，并以此作为自己日常生活的学习培训目标，努力提升自身的知识和技能水平，以适应经济社会发展的需要。

（3）科技环境：科学技术的发展日新月异，其对职业的发展有着非常重要的作用。历史上3次科学技术革命的发生，都为职业结构带来了巨大的变化和发展。随着我国科学技术水平的不断提高，产生了许多新兴职业，同时也使得一些职业逐渐消亡。因此，我们需要时刻关注科学技术的变化，尤其是那些与自身想要从事的行业有关的科学技术。

（4）文化环境：指一个国家从历史上传承下来并经过长期沉淀形成的，对人们的道德观念、价值观和行为习惯等有较大的影响。虽然提及文化环境，我们会觉得很抽象，但它却实实在在影响着我们日常的点点滴滴，包括我们的职业生涯。因此，在规划职业生涯时，要认清文化环境对自身的影响和体现，对自己的价值观要有清晰的认识，做出符合自身状况的科学合理的职业规划。

二、行业环境分析

对行业环境进行分析，也就是要分析行业的发展阶段和未来的发展趋势，以及其在国民经济发展中所占的地位，从而对行业有个全方位的了解。一般来说，可以通过以下7个方面来对行业环境进行分析。

（1）该行业的定义：想要从事某个行业，首先需要全面地了解该行业是什么，也就是了解该行业的定义。不同的人或行业组织对同一个行业的定义不尽相同，因此在了解行业定义时，应集各家所长，这能帮助自己加深对该行业的了解。

（2）该行业目前的发展阶段与前景趋势：要明确该行业现在正处于萌芽阶段、快速上升发展阶段、平稳期还是衰落期。一个行业的兴衰是有客观规律的，并不会因人的意志而转移，对于那些处于衰落期的行业，我们要考虑是否还值得入行以及之后的转行问题。而对于那些正处于萌芽或快速上升发展阶段的行业，我们要对其前景及发展趋势做分析，结合其未来的发展来确立自身的未来发展目标和方向。

（3）该行业包括的领域：可以根据政府或行业协会对该行业的分类，明确该行业包含的具体领域范围，如房地产业包括房地产经营、房地产中介服务和物业管理等。

（4）该行业对人才的需求条件：了解该行业对人才的需求，对哪些类型的人才需求量大，对哪些类型的人才需求已经达到饱和。这样，我们才能更好地进行自己的职业选择。

（5）该行业具有代表性的公司企业和人物：对该行业领先的公司和杰出人物进行详细了解，这些企业和个人往往具有该行业突出的特点和优势，通过对他们的了解，可以进一步加深我们对该行业的总体把握。

（6）该行业的入行条件：入行条件指一个职业在发展过程中总结出的对新人员的入门要求，如具体的职业能力、相应的从业资格证书、某项特定的专业技能等。

（7）权威人士对该行业的分析和评估：可以查阅该行业领域权威人士对该行业的分析与评估报告，这类人士往往对该行业了解得比较透彻，看待行业的发展问题比普通人更具有前瞻性，因此可以借鉴这些人士的分析，来完善自己对该行业环境的认识。

三、企业环境分析

企业环境分析就是大学生通过理论分析和实际调研来对自己喜欢的企业进行全方位解读，在校期间有针对性的了解企业是踏上职业之旅的重要一步。

（一）企业调研

大学生可以从10个方面了解企业：企业简介（何时成立、对外的介绍是什么）；产品服务（核心产品、产品线或服务是什么）；经营战略（发展战略、经营策略是什么）；组织机构（规模和部门设置是怎样的，都有哪些岗位）；企业文化；人力资源战略（校园招聘的途径和职位是什么）；薪酬福利（各级待遇是怎样的）；企业人员情况（创始人、现任领导、现任高层、核心员工、目标部门主管和员工）；活动图片；其他文件。

（二）发展阶段

企业的发展，如同人的生涯发展，也有诞生、成长、壮大、衰退直到死亡的过程。一个企业从其诞生到其死亡的生产经营活动的全部过程就是企业的生命周期。在生命周期的不同阶段，企业的发展战略、经营方针及人力资源制度都有着不同的特点。企业的不同发展阶段，有以下不同的特点。

（1）"开发期"的企业：晋升的机会通常较多，短时间可能升到较高位置，但由于企业基础尚不够稳固，势必要承受较大的经营风险。

（2）"成长前期"的企业：晋升机会较多，但速度略微缓慢。

（3）"成长后期"的企业：制度和体系稳定，短期内难获得晋升或加薪机会（规模较大企业多属于此阶段）。

（4）"成熟期"的企业：晋升的可能性较小，工作生涯可能很漫长、辛苦。

（5）"衰退期"的企业：经营困难，濒临倒闭。

（三）企业选择

大学生对目标企业进行调研时，可能会发现自己不喜欢目前所调研的企业，那么就要重新开始企业探索，以便确定自己所喜欢的企业。大学生可以通过了解世界 500 强企业、中国 500 强企业等方式来确定几个模糊喜欢的行业，然后依照行业来选择喜欢的企业。

（四）确定企业

在对企业调研后，大学生就可以选出喜欢的企业了。喜欢一家企业的具体表现：熟悉企业信息；能写企业相关的文章；知道企业及其行业的最新活动和进展；能和企业领域的相关人士对话；明确企业的校园招聘；喜欢看企业相关的书；总去参与企业或行业的相关活动；愿意和别人分享你对企业及此领域的看法；愿去企业工作并确定在企业的长期发展目标。如果你具备 3 个以上的表现，那么基本上等于确定自己所喜欢的企业了。

四、岗位环境分析

岗位环境分析就是对岗位本身和影响岗位发展的因素的调研。大学生对岗位环境分析可以从以下 4 个方面考虑。

（1）岗位描述：岗位描述的基本内容，是理解一个岗位的直观方面。具体内容包括：这个岗位是什么（岗位的一般定义）；这个岗位做什么（核心工作内容—典型的工作一天）；这个岗位要具备什么（岗位胜任素质）。大学生可以通过咨询做过和正在做这个岗位的人来了解岗位。

（2）岗位晋升通路：岗位是在职能的基础上根据具体需要而分化产生的，所以在同一部门、同一职能上一定会有多个类似的岗位，大学生了解相关岗位，能为自己岗位轮换、工作转换、升职等带来很大的方便。具体内容包括：和这个岗位相关的岗位是什么（为轮岗、转换工作做准备）；这个岗位的职业发展通路是什么（岗位的晋升方向）。

（3）背景下的岗位要求：岗位的通用要求加上不同背景下的岗位理解构成了一个岗位的最终描述，大学生在求职时要特别考虑以下因素，因为这些因素才是制约你在公司发展的关键。具体因素包括：不同行业对这个岗位的理解是什么（行业背景下的岗位要求）；不同类型企业及企业所处发展阶段对这个岗位的要求是什么（企业背景下的岗位要求）；不同领导对这个岗位的理解和要求是什么（人为背景下的岗位要求）。

（4）个人与岗位的差距：大学生综合了解岗位要求后，就可以进行差距量化和差距补充了。大学生全面、准确地了解自己是量化与岗位差距的前提和基础。差距是可以量化的，如组织能力不强，英语表达能力欠佳等。如果差距不进行量化，就不能明确地行动，那么补充也就没有针对性。

CHAPTER 04

第四章　职业决策与生涯规划拟订

学习要点

认识和了解职业决策
掌握职业决策的原则和方法
熟悉影响职业决策的具体因素
熟悉职业生涯规划书的内容与分类

本章导读

　　正所谓"天生我才必有用"，世界上没有一无是处的人。音乐才能欠缺的人，也许在绘画方面可以做得很好；表达能力不强的人，可能在思维方面超乎常人。如果把一个人放在某个合适的领域，充分发挥他的特点和聪明才智，开发他的潜能，他就可能在这个领域大放异彩，甚至可能从"不可造就之才"变为闪耀的玉石。

　　大学生的职业生涯是一个复杂的成长过程，在有针对性地学习技能和培养能力之前，需要找到适合自己发展的领域。要怎样才能找到这个"适当的领域"呢？这就需要每个大学生先熟悉职业决策的概念并认识影响职业决策的因素，了解职业定位的相关概念，用科学合理的方法去寻找适合自己的职业发展方向。

第一节　职业决策概述

　　职业决策是职业生涯规划过程中最重要的环节，是对职业发展方案和职业发展方向做出审慎决定的系统过程。这一过程以对外在职业环境的了解和认识自我为基础，需要从众多的工作领域和工作机会中做出合理的选择，比如对行业类型、工作性质、工作地点和发展潜力等进行综合分析和筛选。由此可见，职业决策在职业生涯规划的过程中起着导向性作用。在进行职业决策之前，我们需要先了解职业决策的概念和类型。

一、职业决策的概念

职业决策是职业生涯规划的进一步精练，是职业生涯规划过程中最重要的环节。其含义是职业的方向决定与方案选择，另外还涉及职业方案的设计等内容。具体来讲，职业决策需要个人根据外在环境的特点进行全面探索和分析，从而对职业生涯的规划和发展进行综合考虑，最终制订和选择科学可行的发展方案。虽然影响因素有很多，但主要依赖于个人的分析和判断。个人对职业方向的判断和把握，很大程度上决定了职业生涯发展的空间和高度。由此可见，清楚地了解和认识职业决策在职业生涯中的位置和重要性，是科学规划职业生涯的前提。

职业决策的目的是要选择最优的职业发展方向，这就需要大学生根据各种条件，经过一系列的判断和筛选，确立个人的职业目标，并设计出达到目标的较佳行动方案。在这个过程中，除了受到外在环境的影响，还需要大学生通过意识、思考、分析和行动来进行方案的策划、分析并做出选择，这与个人的心理特征密切相关。

大学生在分析职业前景的过程中，需要有清晰的人生目标，从而理智地罗列出可供选择的方案，并能结合现实状况进行相应的分析和评估。由于受到个人价值观、文化环境和社会经济等因素的影响，职业决策制订的方案需要根据实际情况进行相应的调整。在贯穿整个职业生涯的发展过程中，职业决策的后续事宜还涉及一连串阶段性目标的可行性问题。若方案和计划过于短浅，发展过程又缺少后续推动力，将不利于职业生涯的长远发展，很可能会让人丧失奋斗的热情。

二、职业决策的类型

职业决策的类型是由个体的决策风格决定的，而决策风格是可以通过后天的学习和经验逐渐养成的。在对职业决策风格的研究过程中，按照个人对职业自我和职业世界的了解程度，可将职业决策类型分为理性型、直觉型、犹豫型和依赖型4种类型，如图4-1所示。

从图4-1中可以看出，职业世界与职业自我共有4个交叉格子，每个格子代表着一种决策类型。例如，一个人既了解职业世界又了解职业自我，他表现出来的职业决策类型就是理性型的；若他既不了解职业世界又不了解职业自我，他表现出来的职业决策类型就属于依赖型。下面介绍各个职业决策类型的代表性特征。

类别		职业自我	
		了解	不了解
职业世界	了解	理性型	犹豫型
	不了解	直觉型	依赖型

图4-1　职业决策的类型

（一）理性型

理性型决策方式强调通过综合全面的信息做出理智的思考和冷静的分析判断，以周全的考量进行分析和评估，是最受推崇的决策方式。该类型的决策者崇尚逻辑分析，往往在收集充足信息的基础上，权衡多方的利弊得失，通过理性的思考再做决定，以长期效用作为决策的基础依据，这是其他类型决策者所欠缺的。然而，理性型的决策方式也并非是完美的决策方式，该类型的决策者需要避免因强烈的自尊心而忽视整合自己与他人观点的问题，以免造成不必要的麻烦。

（二）直觉型

直觉型决策方式是以置身特定情景中的感受或情绪作为决策的依据，由于决策者做决定全凭直觉和感受，行事比较冲动，因而很少对必要的信息进行收集。该类型的决策者常常会因决策的不确定性产生不良情绪，从而渴望尽快完成决策而摆脱烦恼，由于对快速做决策的过程有着强烈的兴趣，往往会由于一时冲动，在缺乏深思熟虑的情况下做出决策，因此通常给人留下冲动和果断的印象。由于直觉型决策的风格以自我判断为主导，思维方式侧重关注内在的感受，因而能在信息缺失的情况下快速做出判断。但是，凭个人的直觉远不如理性分析准确可靠，因此直觉型决策存在很大的不确定性，发生错误的可能性也较大。虽然直觉型决策者有较强的自信心，但若决策失误则会给他们造成较大的影响。

（三）犹豫型

犹豫型决策者十分迟疑，即使他们搜集了很多资料和相关信息，也会在内心反复斟酌；或害怕做出错误决策，担心造成不良后果而承担责任，由于缺乏充分的自我认识，从而错过最佳决断时机。这一类型的大学生需要认识到犹豫和拖延的不良后果，并增强职业生涯规划的意识和动机。

（四）依赖型

依赖型决策者由于缺少对环境的认识和对自身的了解，往往比较被动和顺从。这一类型的决策者以拖延的方式来回避决策和决定，在做选择时习惯接受他人的意见和看法，通常将他人的肯定、认可和社会评价作为决策的评判标准。但是，过度依赖他人的指导和建议，也可能因为一味地模仿和复制他人的经历，从而产生不良的后果。

上述 4 种职业决策类型分析，虽然不能直接运用于职业决策环节，但可从职业世界和职业自我两方面入手，帮助大学生进一步了解自身的决策特点，从而有针对性地去完善对环境和自我的认识，以便更好地进入职业决策的状态。对职业决策类型的探索，是为了研究和分析职业决策的风格和动机，通过分析各个决策类型的利与弊，帮助大学生解决职业决策过程中存在的问题，最终设计出职业生涯发展的最佳方案。

三 了解自己的职业决策类型

通过前面的学习我们已经对职业决策的类型有了一定的认识，但也许你还不清楚自己的职业决策类型。请完成下面的小测试，以便深入了解自己的职业决策类型。

测试一 职业决策类型测试

〖测试说明〗 请根据自己的个人特质和实际情况，客观地对以下问题作答，若符合，得 1 分，不符合则为 0 分。回答结束后，请将分数填入职业决策类型得分表（见表 4-1）中并进行统计汇总。

1. 需要做决定时，会多方收集资料。　　　　　　　　　　　　　　1（　） 0（　）
2. 经常凭自己的感觉做事。　　　　　　　　　　　　　　　　　　1（　） 0（　）
3. 做事时，喜欢有人在旁边，以便随时商量。　　　　　　　　　　1（　） 0（　）
4. 遇到需要拿主意的事情时，便会感到紧张不安。　　　　　　　　1（　） 0（　）
5. 通常将收集到的信息进行比较分析，列出可供选择的方案。　　　1（　） 0（　）
6. 时常会改变自己做出的决定。　　　　　　　　　　　　　　　　1（　） 0（　）
7. 发现别人与自己的看法不同时，不知该怎么取舍。　　　　　　　1（　） 0（　）
8. 做事总是瞻前顾后，经常拿不定主意。　　　　　　　　　　　　1（　） 0（　）
9. 会衡量各个方案的利益得失，判断出最适合的选择。　　　　　　1（　） 0（　）

10. 经常仓促地对事物进行判断。　　　　　　　　　　　　　　1（　　）　0（　　）
11. 做事时，不太喜欢独自想办法。　　　　　　　　　　　　　1（　　）　0（　　）
12. 遇到难做决定的事时，就会把它扔在一边。　　　　　　　　1（　　）　0（　　）
13. 决定方案后，会展开必要的准备去做好它。　　　　　　　　1（　　）　0（　　）
14. 决定之前，一般不会有任何准备，但会进行大概的分析。　　1（　　）　0（　　）
15. 很容易受到别人意见的影响。　　　　　　　　　　　　　　1（　　）　0（　　）
16. 觉得做决定是一件痛苦的事。　　　　　　　　　　　　　　1（　　）　0（　　）
17. 会参考其他人的意见，综合自己的想法来做决定。　　　　　1（　　）　0（　　）
18. 容易不经慎重思考就做决定。　　　　　　　　　　　　　　1（　　）　0（　　）
19. 在被催促之前，不打算立即做出决定。　　　　　　　　　　1（　　）　0（　　）
20. 处理事情经常犹豫不决。　　　　　　　　　　　　　　　　1（　　）　0（　　）
21. 经过深思熟虑，能得出一套明确的行动方案。　　　　　　　1（　　）　0（　　）
22. 通常情况下，自己对事物的判断是很准确的。　　　　　　　1（　　）　0（　　）
23. 常让父母、师长或朋友给自己提供意见。　　　　　　　　　1（　　）　0（　　）
24. 为了躲避做决定的痛苦过程，会让事情不了了之。　　　　　1（　　）　0（　　）

表 4-1　职业决策类型得分表

决策类型	理性型		直觉型		依赖型		犹豫型	
得分项	1		2		3		4	
	5		6		7		8	
	9		10		11		12	
	13		14		15		16	
	17		18		19		20	
	21		22		23		24	
总分								

测试分析

测验完毕后，将得分进行汇总。得分最高的栏目代表着个人的决策方式和风格，其特点如下。

（1）理性型：此类型的决策者做事有依有据，能透彻地分析出各个选项的利弊，并做出最满意的决定，但也应多听取他人的意见和想法，尽量把事情考虑得更加全面合理。

（2）直觉型：此类型的决策者做事过于自信和冲动，往往会忽视收集相关信息的重要性。在做职业决策时，应保持冷静思考，在保留自我感觉的情况下，重视对信息的采集，并加强对职业环境等相关因素的了解。

（3）依赖型：等待和拖延是这类决策者的主要特征，他们在做决策时比较被动和顺从，常把希望寄托在他人身上。这类型的大学生应该加强对自身的了解和认识，积极了解和学习相关的知识，充实个人的内在力量，及时改变自身的思维惰性以及胆小懦弱的性格。

（4）犹豫型：此类型的决策者往往处于难以下决定的挣扎状态，即使充分收集了相关的资料，也往往因为对自身缺少必要的认识，对决策犹豫不决而错过时机。这类型的大学生应该进一步认识自我，充分了解自身各方面的需求和能力，这样才能找到合适的方案，从根本上解决犹豫的毛病。

每个人都应该根据各自的决策类型和特点，分析自身在决策能力方面存在的缺点与不足，以便个人有针对性地去修改与完善。

第 二 节　职业决策实施

前面已经对职业生涯规划的相关指导理论做了相应的介绍，职业生涯规划是个体通过对个人能力、兴趣、性格和价值观的解读，并结合外界环境做出的总体战略部署。合理的安排和决断是这一战略发挥作用的关键，因此我们需要运用宏观的手段进行合理的决策。这就要求我们在环境分析的基础上，不仅要使职业生涯发展的方向符合个人的实际情况，还要安排和实施后续的行动过程。

一、职业决策的原则

职业决策不单单是拟订出职业发展的方向，还需要对整个职业生涯的发展进行长远的展望。如果职业决策太过草率肤浅，职业生涯规划便失去了后续的发展支撑，容易让人丧失奋斗的热情，从而不利于职业生涯的长远发展。大学生在进行职业决策时，需要考虑的因素有很多，主要可以从生存发展的需要，个人的兴趣、能力、价值取向，以及社会需求等方面进行综合衡量。总体来说，职业决策的原则有以下 4 个。

（一）兴趣发展原则

职业生涯规划的核心在于从事一项自己喜欢的工作。从事自己喜欢的工作，可以有效地将热情转化为兴趣，并最终发展成从事该项工作的长久动力。兴趣是最好的老师。在进入大学开始独立生活以后，我们每个人都会经历各自不同的学习和成长阶段，这时兴趣和爱好虽然变得十分广泛，但如果缺乏长久的兴趣和长远的计划，当需要选择其中一项作为终身事业时，往往会显得无所适从。所以，在做职业决策时，不仅要选择自己喜欢的职业方向，而且需要主动去培养自己的职业兴趣。

（二）能力胜任原则

职业生涯发展的核心在于从事一项自己擅长的工作。从事任何职业都需要具备相应的职业技能以满足职业岗位的需要。在制订职业规划时，大学生要认真分析自己的优缺点，根据自己的能力特征和个性特点，选择一个既喜欢又有能力胜任的工作领域，以便最大限度地发挥个体的价值。

（三）利益整合原则

职业生涯维持的核心在于从事一项收益相当的工作。职业作为个人谋生的手段，其目的在于追求物质和精神上的满足，并最终实现个人的幸福感。而影响一个人理性职业决策的因素，除了兴趣和特长等内在因素，还涉及职业回报、行业发展状况和发展前景。所以，在进行职业决策时，不仅要考虑个人预期的经济收益，还要考虑精神需求的满足和发展前景等因素，最终在收入、社会地位、成就感和工作付出之间做出明智的选择，使个人在整个职业生涯的发展过程中获得收益的最大化。

（四）社会需求原则

职业生涯的成功除了需要有良好的规划、发展和维持，还需要迎合社会的需求。然而，在时代快速发展的过程中，社会需求也随之发生了巨大的改变，新的社会需求不断涌现，旧的社会需求逐渐消亡，这就给职业决策提出了新的难题。大学生在进行职业决策时，能正确地分析社会需求及其发展趋势就显得格外重要。由此可见，职业决策不仅要考虑个人原因，还应该结合时代背景进行分析和决断，以达到择世所需的目的。因此，选择既满足社会需要又符合时代长远发展的职业方向，是职业生涯规划和职业决策的关键所在。

> **提醒**　　大学生在职业选择的方向上有很大的随意性，若太过偏重于工资待遇等利益方面的因素，在职业适应性上往往会出现不同程度的问题。所以，大学生应该根据社会对人才的要求，在职业生涯发展的过程中，把兴趣和技能作为自我提升的重点，以便对自身的职业生涯有精准的定位，这也是提高个人职业决策能力的途径之一。

二、职业决策的方法

职业决策的目的是寻找和优化职业生涯的发展方案。由于职业决策与大多数即时决策不同，这个过程中没有固定的选项和思维模式，所以，具体做出的选择在现实条件和要求之间就可能存在不同程度的冲突。那么，大学生在做职业决策时，具体可以运用哪些方式或手段呢？

（一）"5What"分析法

"5What"分析法是职业决策过程中经常采用的方法。国内外很多专业的职业咨询机构在辅助个人进行职业规划时，通常采用问句的方式，协助个人逐次进行筛选。在实际运用中，通过依次回答下列 5 个问题，并找到它们的交集，就可以确定职业生涯规划的大体方向。

Who am I?	我是谁？
What do I want?	我想干什么？
What can I do?	我能够做什么？
What can support me?	环境支持或允许我做什么？
What can I be in the end?	我最终的职业目标是什么？

在不同的情况或个体间，具体的提问内容可能有所差异，但大体的方向和原则是一致的，在此处可以将这些问题分解成以下内容。

（1）个人特征：根据自身状况进行感知，这需要大学生对自己有一个清晰而深刻的认识，把个人的性格特征、特长、能力等方面的优势挖掘出来，可以更加清晰地明确目标的范围。

（2）个人喜好：虽然随着年龄和经历的增长，每个人在不同阶段的兴趣发展不完全相同，但兴趣对职业的发展有导向作用是毋庸置疑的，因而可据此来锁定一个人的职业发展方向。

（3）个人潜能：除了要考虑个人的性格和特长等因素，对自身潜在能力的分析和预测也十分重要。职业的成功依赖于个人的能力，但职业发展的空间往往受个人潜力的限制。通过对潜能的考察，可以进一步缩小职业决策的目标范围。

（4）环境许可：职业的发展与环境相适宜是十分必要的，这就要求大学生在做决断时，需考虑影响职业环境的各种因素，从政治环境、经济环境、法制环境、科技环境和文化环境等方面进行综合考量。

（5）职业目标：对前 4 个问题进行筛选，已经将可能的职业方向进一步缩小，这时候需要有一个明确的目标来指引职业生涯规划的实施，从而确立个人职业生涯发展的最佳方向。

通过上述分析，可以逐步缩小目标的范围，结合实现过程中的各种条件，从而找到适合自己的最佳职业目标。在实际运用的过程中，可以借助表 4-2 所示的表格，通过栏目展现的形式回答每个问题，以便寻求它们之间的交集。

表 4-2　"5W" 法职业项目表

项目	个人特征	个人喜好	个人潜能	环境许可	职业目标
符合条件的职业项目					
职业项目的交集					

（二）SWOT 分析法

SWOT 分析法是市场管理和营销中经常使用的决策方法，该方法通过对自身的优势（Strengths）、劣势（Weaknesses）、机会（Opportunities）和威胁（Threats）进行分析判断。因其兼顾内外因素（S、W 为内部因素，O、T 为外部因素），所以能够很好地将个人目标、个人条件和外部环境有机结合起来，其分析方式如图 4-2 所示。

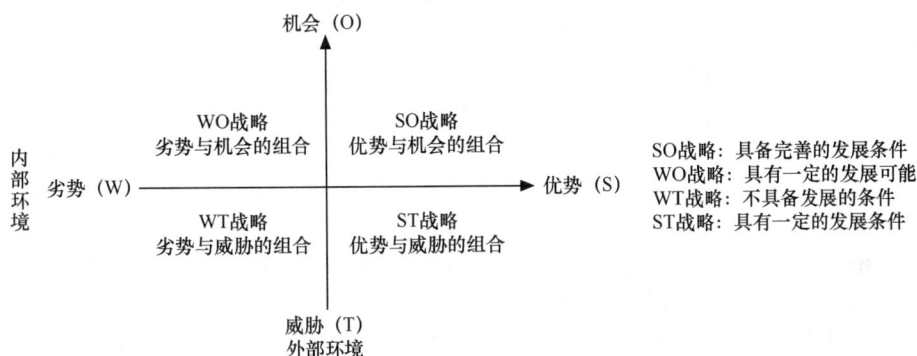

图 4-2　SWOT 分析示意图

SWOT 分析法可以分为两部分：第一部分为 SW，主要用来分析个人条件；第二部分为 OT，主要用来分析外部条件。利用这种分析方法，可以从内外条件的优劣势中直观地找出对个人有利的、值得发扬的因素，以及对自己不利的、要避免的东西。这样可以快速地发现机会与优势的契合点，对契合点进行相应的分析，就可以明确以后的发展方向。总的来说，这种分析方法在实际运用中具有明显的科学合理性，因此，可以将分析结果作为职业决策的主要依据。

根据 SWOT 分析法的分析结论，还可以将问题按轻重缓急分类，明确哪些是急需解决的问题，哪些是可以稍微拖后的事情，哪些属于战略目标上的障碍，哪些属于战术上的问题。将这些需要研究的对象一一列举出来，依照矩阵形式排列，然后用系统分析的方法把各种因素组合起来进行分析，如表 4-3 所示。通过综合分析，可以帮助大学生从中得出具有决策性的结论，从而对职业生涯规划做出合理的策划和安排。

表 4-3　SWOT 矩阵分析表

个人存在的优势（Strengths）：	个人存在的劣势（Weaknesses）：
实际的机会（Opportunities）：	潜在的威胁（Threats）：

大学生在职业生涯规划决策中，应该对自身进行细致的 SWOT 决策分析，清楚自己的优势与劣势，并分析和评估出职业生涯后续会面临的机会与威胁。在实际操作的过程中，可参照以下4个步骤。

（1）评估自己的长处和短处。发现短处与发现长处同等重要，所以要根据个人的价值观、性格、兴趣和能力，在找出自身优势的同时，也要认识自己的缺陷与不足。其作用与意义有两点：一是放弃那些不擅长的、技能要求不易达到的职业；二是规避自身的缺陷与短板，在完善自我的过程中提高自身素质。

（2）通过对个人所处的环境和情况进行全面、系统、准确的研究，分析自己可能会面临的职业机会和威胁。任何行业在发展的过程中机会与威胁都是并存的，这些机会与威胁在很大程度上制约着职业生涯的发展。例如，某一行业由于污染严重，必然会在发展的过程中受到相关因素的限制，这一行业的发展空间和机会将会越来越小。因此，对外界因素的分析和认识是判断机会与威胁的必要条件和途径。

（3）确立自己的中长期职业目标，从而根据目标制订相应的发展战略、计划以及对策等。职业目标是我们竭尽所能想要达到的理想位置，这就需要充分考虑外界环境和行业环境给我们提供的优势，把自己的职业目标具体化。比如，把职位的大小、薪资的高低或具体创造的社会价值和财富量化，以进一步整合个人与外界环境之间的矛盾，从而找到最优的发展途径。

（4）对职业目标的可能性和可行性做系统的论证。这时，需要我们为上一步中所列出的职业目标拟订一份具体的行动计划，并结合 SWOT 矩阵中内外因素的优势与劣势，详细论证达成这些目标的可能性。比如，分析管理职位需具备的领导能力和管理能力，要获得预期的报酬需要具备的相关业务能力或专业技能等，这需要大学生结合自身情况进行探讨，并对职业计划和行动进行理性的分析。了解实现该职业目标需要的能力后，便可从实际出发，以此来判断满足和达到这些条件的可能性。

SWOT 分析法运用起来简单直观，它既是寻找目标方案的有效手段，是验证方案可行性的较佳办法。应用于职业决策过程中时，SWOT 分析法从拟订职业目标的过程和结果入手，能对大学生"可能实现的事"进行透彻的分析，这是职业决策过程中最直接有效的途径。另外，这种把个人能力和环境因素同等看待的分析方式，非常有利于个人与环境的平衡和优化，增加了职业生涯的可持续性发展，也为大学生职业决策的研究指明了方向。

（三）CASVE 决策法

在第一章的职业生涯规划的指导理论中，曾对认知信息加工理论进行过介绍。通过对认知信息加工金字塔模型的了解，可以得知 CASVE 循环对于职业生涯规划的重要性。该模型指出，一个良好的决策需要经历沟通（C）、分析（A）、综合（S）、评估（V）、执行（E）5个步骤。

❶ 沟通

在沟通（Communication）阶段，个体将会收到职业理想与现实之间差距的信息反馈，并通过一定的方式表现出来。比如，当个人意识到问题的所在，可能会出现一系列厌烦或者焦虑的情绪，甚至是头痛或者身体其他部位不适的信号。另外，在个人接收到来自家人、同事或朋友的交流、询问或者评价，以及从杂志、媒体等相关途径获得信息时，分析和处理问题的意识便会在脑海中形成。这时，我们会通过各种感官来思考和探索问题，如自身的需要以及寻求解决问题的办法，这个阶段称为沟通阶段。

❷ 分析

通过沟通阶段的沟通与思考，以及对自身需求的观察和研究，个人会逐渐意识到解决问题的办法。具体而言，职业生涯规划需要建立在对自身兴趣、能力、价值观等自身条件和各种外在环境的分析基础上。意识到这一问题后，需开始分析现实情况与理想状态之间的共性和差距，即进入分析（Analysis）阶段。

（1）分析自我条件

分析自我条件：自我条件主要包括兴趣、能力和价值观等，探究这些个人问题，可以对自身进行有效的分析和了解，具体操作可以参照以下内容。

◆ 我喜欢做什么？

◆ 我擅长做什么？

◆ 我看重什么？

◆ 我掌握了哪些专业知识？

◆ 我做什么事情最能够全身心地投入？

◆ 我做什么事情能得到更多的乐趣与享受？

◆ 我做什么事能做到最优秀？

◆ 我希望工作可以带给我哪些东西？

◆ 我希望达到的目标是什么？

在这个阶段，问题解决者需要多花心思去思考和研究，从而更充分地了解自身的情况。在此过程中，首先要弄清楚自己有哪些方面的能力，并尽可能多地将它们罗列出来。其次，需根据自身的实际状况，对这些问题进行思考和分析。只有找到个人的实际需求，才是真正意义上的认识自己。

（2）分析环境

解决问题的一切方法都需要从实际出发，这就离不开对基本环境因素的分析。落实到职业生涯规划的问题中，大学生应该将了解环境放在与了解自我同等重要的地位上，所以不妨从以下问题进行思考。

◆ 我需要了解哪些环境因素？

◆ 我处于一个什么样的职业环境之下？

◆ 环境允许我往哪些方向发展？

◆ 我想要一个什么样的工作和生存环境？

◆ 我该怎样适应环境？

◆ 我能创造和改变哪些环境因素？

◆ 我有没有足够的能力抓住环境带来的机会？

结合真实的自我与现实环境进行分析，是有效把握自己的手段，也是职业生涯规划的必经阶段。在这个多向分析的过程中，大学生通常会改善对自我的认知，不断增加自身对职业世界的认识和需要。该阶段还需要把各种因素和相关知识联系起来，例如，把个人阅历与职业选择联系起来，或把个人的生活愿望融入职业选择。客观来讲，分析得透彻与否是造成职业生涯差距的主要原因。

❸ 综合

综合（Synthesis）阶段主要是根据分析阶段得出的信息，设计出符合要求的方案。其核心任务是确定解决问题的方法。通过对自身和环境的了解，可以得出许多符合自身需求的职业方向，将这些职业都列出来，逐步缩小目标的范围。首先，尽可能清晰地认清自己的实际需求，列出可供选择的职业清单；其次，仔细地思考每一种途径的可行性；最后，缩小可行办法的范围，尽可能多地满足个人的主要价值观。通常可以筛选到 3～5 个有效选项，这是我们头脑中最有效的记忆和工作容量的数目，有利于后续的评估过程。

❹ 评估

经过综合阶段的作业，已经得出一组候选择业名单，接下来就需要对得出的职业选项进行详细的评估（Value）。这个过程最主要的是评估从事该行业的适应性以及个人匹配程度，也要适当考虑对家人和社会的利弊等影响。最后，对各个选项做一个优先度的排序。

❺ 执行

执行（Execution）是 CASVE 循环的最终目的，其他任务和内容都是为这个实施环节服务的。即使前面分析得再全面，评估得再中肯，要实现职业生涯的良好发展，关键还是要在执行阶段将所有想法付诸实践。在执行过程中，不仅需要制订相应的计划，还需要积极地实践尝试并付诸具体行动。这是一个把思考转换为行动的过程，在执行阶段制订相应的行动计划往往令人兴奋，这标志着可以开始采取实际的行动去解决问题了。若没能满足实际的需要或达到理想要求，可以再次回到沟通阶段，开始新一轮的 CASVE 循环，直到职业生涯中的问题被解决为止。

（四）决策平衡单

职业决策实际上是为了平衡多方利弊，并最终做出最符合自身利益的决断。而决策平衡单正是针对这一特点，根据个人的利益和需求，直接对预备选项进行筛选的。这种方法经常被应用于实际问题的解决和职业咨询中，前面提到的职业决策方法，都可以运用决策平衡单来进行最后的评估和筛选。其主体框架包括以下 4 个方面。

◆ 内在物质层面的得失。
◆ 外在物质层面的得失。
◆ 内在赞许与否。
◆ 外在赞许与否。

决策平衡单运用起来简单直观，经过初步的职业筛选，它可以帮助大学生具体地对每个职业选项进行分析。大学生可以通过分析各个方案实施后的利弊得失，结合个人在物质和精神层面的利弊，排出各个预备选项的优先顺序，从而得到最优的结果。其具体使用过程如下。

（1）列出预备的职业选项：需要列出有评估价值的潜在职业选项。

（2）各项考虑因素的加权计分：大学生需要根据自身的实际情况进行考量，对各个栏目的重要性进行权衡，即根据该栏目的重要程度，分别设定 1～5 的权重系数。

（3）判断各个职业选项的利弊：根据各个预备职业在物质和精神上的得失表现，逐一检视各个职业选项，用 0～10 的分值，来衡量各个职业在对应栏目下的优势。

（4）计算出各个职业选项的得分：结合各个栏目的权重系数，计算出各个职业选项的加权总得分。

（5）排出各个职业选项的优先顺序：依据各职业选项在总分上的高低，排出优先次序，职业选项的优先顺序即可作为大学生职业生涯决策的依据。

在实际运用中，由于"自我赞许与否"和"社会赞许与否"显得比较笼统，所以将这两项改为"内在精神层面的得失"与"外在精神层面的得失"，实际是由"内在-外在"，"物质-精神"所构成的 4 个范围来考虑的。职业决策平衡单如表 4-4 所示。

表 4-4　职业决策平衡单

项目		权重系数	职业1: ___ 得分	职业2: ___ 得分	职业3: ___ 得分	职业4: ___ 得分
内在物质层面的得失	1. 经济收入					
	2. 升迁机会					
	3. 办公条件					
	4. 福利待遇					
	5. 休闲时间					
	6. 其他					
外在物质层面的得失	1. 家庭的经济利益					
	2. 对家庭生活的影响					
	3. 社会资源的获取					
	4. 家庭社会地位					
	5. 其他					
内在精神层面的得失	1. 兴趣一致性					
	2. 个性的适应性					
	3. 价值观的契合度					
	4. 个人精神世界的发展					
	5. 其他					
外在精神层面的得失	1. 家庭关系的维系					
	2. 友谊的增进和维系					
	3. 社会关系的培养					
	4. 其他					

三、影响职业决策的因素

职业决策是由个人的职业观念决定的，而职业观念是由多方面因素共同作用的结果。个人在谋划职业生涯时，虽然可能已经充分考虑职业生涯规划的相关影响因素，但职业决策与职业生涯规划的理论依据是分不开的。所以，在做具体的职业决策时，为了找到解决问题的突破口，可以参考职业生涯规划的相关指导理论。由于职业决策是因人而异的，大学生应该分析清楚影响个人职业决策的因素，以便适应时代环境的整体发展趋势。

（一）个人因素

大学生是职业生涯规划的主体，在职业生涯规划的过程中，个人因素起着决定性作用。职业决策之所以受到多方面因素的影响，原因在于个人与环境之间的关系是高度复杂的，个人对环境以及对自身因素的判断与取舍，限制着职业生涯发展的空间和高度。因此，在职业决策的过程中，最关键的影响因素便是个人因素。大学生在做职业决策时，一般会受个人综合能力和素质、个人经济需求方面的影响，其中也不乏个人身心即时状态等方面的影响。

❶ 个人的综合能力和素质

人们对事物的决断依赖于个人的素养、学识、能力等因素的综合作用，这也是个人能力水平

的客观表现。个人的知识水平、道德修养以及各种能力是社会发展的一般要求，在现今的知识经济社会，提高个人的综合素质尤为迫切。综合素质包括以下 4 个方面。

（1）内在涵养：指个人修养、道德水平和文化涵养等内在层面，一般可概括为心理素质、文化素质，以及在体育、文艺、美术、音乐等方面的特长或天赋。

（2）职业能力：包括表达能力、处世能力、组织能力和办公效率，以及语言能力、公关能力和社交能力等。

（3）决断能力：包括认知能力、分析能力、逻辑思维和解决问题的能力等。

（4）创造能力：指敏锐与独特的观察力、活跃的思维能力和实践创新能力等。

当然，通过有针对性的学习和提升，能有效提高个人的决策能力。例如，通过专门的计算机操作能力的学习，可以有效提高个人在软件开发和设计方面的兴趣和能力，从而促使职业决策往计算机领域靠拢，个人也更容易做出决断。但是，对于大学生来说，更应该从根源上认识自身的综合素质，以加强对职业决策的宏观掌控，在生涯规划的过程中，需要配合自身各个方面能力的发现和提升，做出最佳的职业决策。

❷ 个人的经济需求

职业报酬决定人们的生活水平和事业发展的空间，在很大程度上影响着个人的精神生活和社会成就感。因此，经济收益是职业选择中应该考虑的重要因素。商品经济的高度发展必然会导致金钱意识的提升，对于职业观念处于萌芽阶段的大学生来说，这方面的理解也许还不够透彻。因此，在职业生涯规划的过程中，大学生应在职业方向的选择上适当追求经济收入，以满足生活和发展需求。在做职业决策时，要避免将来的经济收入不能满足实际需要的情况发生。若到时候再重新选择职业，就会浪费和错失很多宝贵的时间和机会，甚至可能给职业生涯的后续发展造成巨大的麻烦和障碍。所以，大学生在做职业决策时，应充分考虑自身的经济情况，策划出较佳的职业生涯发展方案。

❸ 个人身心的即时状态

心理状态指个人在特定时期的心理环境、精神状况和情感因素等特征的总和，心理状态不但会受外界环境的影响，还会因个人心理素质的不同而呈现不同的表象。因此，心理状态具有明显的不确定性和即时性。在职业决策的过程中，每个人都会遇到各种各样的问题和障碍，要做出科学合理的决策，就需要保证个人的身体、情绪和精神都处于较佳状态。大学生处于成长的快速阶段，身心状态容易发生较大的波动，面对职业决策这一人生重大选择，会感到极大的压力和迷惘。所以在决定职业发展方向的过程中，大学生要及时调整好个人状态，处理好个人与职业生涯规划之间的矛盾，把握好个人的前途和命运。

（二）社会因素

社会环境中的政治经济形式、产业结构变化和流行的价值观念，会形成不同的经济、历史和文化等社会条件，从而给个体带来不同的职业信息，这无疑会在不经意间给个人造成重大的影响。可见，与职业环境相关的社会因素，都是影响职业决策的因素。

现阶段，人类正处于知识经济型社会，大学生对未来职业世界的判断和决策，依赖于对职业环境和社会环境的认知。然而，与职业环境相关的社会环境是多种多样的，前面在对职业环境进行介绍时，我们已经了解了职业环境与职业发展趋势的相互作用，知道职业的发展趋势是影响职业生涯规划的主要因素，而在职业生涯规划定性和定向的过程中，职业决策又占据着最核心的地位。因此，大学生需要结合社会声望、政治因素以及地域因素进行考虑，并根据实际情况适时调整策略，以适应职业生涯的整体发展要求。

❶ 社会声望

社会声望是由职业所拥有的社会地位和资源决定的。职业地位的高低会对人们的价值观造成强烈的冲击，因此，社会声望是影响人们职业决策的主要社会因素。通常都说职业没有贵贱之分，但是在现实世界里，人们对职业的看法和评价实际上是高低不一的。虽然大学生并没有正式地融入社会生活和职业生活，但是可以通过舆论、行业地位和职业报酬等侧面渠道对各个行业的社会地位进行相应的了解。

随着大学生对职业认知的深入，社会声望对职业决策影响力的大小也在不断发生变化，但不管怎样变迁，声望对大学生就业决策的影响是始终存在的。它潜移默化地影响着大学生的职业认知，包括大学生的职业观念、思维方式、价值取向，无形之中成为职业决策的考虑因素之一。作为价值观的一种取向，追求社会地位是无可厚非的，但大学生应该充分了解自己的实际情况，避免因过分追求社会声望高的行业，而对职业生涯的整体规划造成不良影响。

❷ 政治因素

从社会整体大环境来看，很多行业的未来发展趋势和政府导向是密切相关的，国家的政治和政策因素对大学生职业决策有着不可忽视的影响。政治制度与经济是相互影响的，国家政策影响着一国的经济体制，而经济体制决定着企业的组织体制和发展状况，从而影响着个人的职业发展方向。

政治制度和文化氛围是经济发展的主要指向，为了满足时代的发展需要，国家会通过相关的政策手段对环境和经济进行导向、调控和约束。所以，大学生应该注意个人发展与国家发展的关联性，在职业发展的方向上应充分考虑政治方面的因素，保证职业生涯有一个好的发展前景。

❸ 地域因素

地理位置因素是大学生就业决策的一个重要因素。总体来讲，市场化水平和经济增长水平相对较高的长江三角洲区域、珠江三角洲区域和环渤海区域是大学生职业生涯发展的主要阵地。受区域经济发展水平的影响，全国每年有七成以上的大学生在这3个区域就业，而经济相对滞后的偏远地区则少人问津。由此可见，地域因素对职业生涯规划的影响是普遍存在的，大学生在做职业决策时，应该结合区域经济的发展状况，选择或制订更加贴近自身状况的发展方案，以实现职业生涯良好有序地发展。

（三）其他因素

人们对职业的认识以及职业决策的能力是不断成长的，在影响职业决策的所有因素当中，除了社会因素和个人因素，还有来自家庭方面和学校环境因素的影响。充分整合影响职业生涯发展的各个因素，有利于增加职业决策的合理性。

❶ 家庭因素的影响

家庭环境对职业生涯的发展有着直接的影响，其中既有积极的意义，也不乏消极的影响。由于受到我国传统家庭观念的影响，大学生在职业生涯决策和规划的过程中，在很大程度上会受到家庭因素的制约。其中主要包括家庭经济状况、家庭价值观念和家庭社会关系3种因素。

（1）家庭经济状况：直接影响着大学生受教育的能力和对职业生涯的态度，制约着大学生对精神生活的追求，对大学生性格、能力和兴趣的形成都有着间接的作用。

（2）家庭价值观念：受父母教育背景的影响，父母和亲人的价值观念共同决定着家庭对大学生的期望，从而在很大程度上决定了大学生的发展方向。

（3）家庭社会关系：能为大学生提供相关就业资源和行业相关信息，这能使大学生的职业生涯规划存在很大的灵活性。

因此，在做职业决策的同时，需要大学生充分利用家庭资源，增加职业决策的科学可行性。

家庭观念影响择业选择

婷婷是一个活泼开朗的女孩子，有着姣好的容貌与甜美的嗓音。她的梦想是当一名职业歌手，但因为受到家庭因素的影响，她现在在一所小学当音乐老师。她为什么会做出这样的选择呢？原来她的父母都是老师，家庭的文化氛围比较浓厚，加上婷婷又是独生女，家里不存在经济方面的压力，所以希望她长大以后也能做老师，和家里也好有个照应。

婷婷从小就受家庭环境的熏陶，家庭在她心中的位置也很重要，所以她在做职业生涯规划的时候就已经有了决定。原来，在大学的时候，婷婷主修的是音乐教育专业，她把家庭作为职业生涯发展的首要考虑因素，发展重心围绕家庭情况展开。于是在毕业之后，她就找了一份既满足个人音乐兴趣，又离家近的教师工作。虽然这不是她最渴望的工作，但从现实情况来看，她还是比较满意目前的生活状态的。

从这个例子中我们可以看出，婷婷在成长过程中，很大程度上是直接受家庭观念影响的。家庭的经济状况和社会关系等因素，以及家庭成员之间的沟通和交流，在无形中会对个人的成长和价值观造成深远的影响。虽然每个人的家庭情况是不一样的，但每个大学生都应该综合考虑家庭方面的情况，做出最符合自身实际情况的选择。

2 学校因素的影响

学校因素指自身在求学过程中的学校教育资源特点，以及自身专业的特点，简单来说，可以分为校园文化和专业环境两个方面的内容。

（1）校园文化：指校园整体的文化熏陶氛围，包括学校提倡的价值导向、宣扬的校风校纪和大学生之间自主形成的学习风气等。校园文化是一个学校的灵魂核心，它对外能展示学校形象，对内对大学生的价值观的塑造和培养也起到一定的作用。每个学校都有自己的培养侧重点，有自身的发展特点。大学生对校园文化进行梳理，可以了解学校教育资源的侧重点，并充分利用这些师资、硬软件的优势，努力提高自身的能力，将校园文化优势转为自身优势。

（2）专业环境：指所学专业对自身职业发展的制约和影响。社会上对不同专业的人才需求量不同，随着目前我国经济和科学技术水平的快速发展，优秀的科学技术人才十分抢手，因此诸如航天工程、机械、电子、自动化等专业的大学生就很受欢迎。

大学生的能力和价值观是需要在实际的工作和学习中不断完善的，参考和借鉴就是一个学习和成长的过程。然而，每个人的具体条件和面临的环境因素是复杂多样的，不可能存在相同的职业生涯。在了解别人成长历程和发展轨迹的过程中，我们不仅要借鉴他们的成功经历，而且应该多总结一些别人失败的原因，这样会有利于我们职业轨迹的稳定和健康发展。在借鉴的过程中一定不能生搬硬套，而是要善于学习和利用他人的正确观点和办法，克服不利的影响因素，从而探索出最适合自己发展的方向和途径，这才是实现最佳职业决策的途径。

提醒

耐心与细心对大学生职业决策的影响也是很大的，若一个人缺乏足够的耐心和细心，再合理的规划都不可能达到理想的效果。

第三节 职业定位

职业定位理论，又叫职业重心理论，是职业决策过程中的辅助性理论，可用来协助人们确定职业发展所需围绕的中心，帮助个人确立职业生涯的发展高度。职业生涯的规划与发展是因人、因时、因势而异的，就大学生而言，在做职业决策之前，最重要的是需要知道自己在职业生涯的规划和发展过程中，始终都不会放弃的原则或理念，以及为之努力奋斗的方向。

阅读材料

被职业生涯抛弃的人

李刚是一个各方面能力都很优秀的大学生，所学专业也比较热门，找份好工作看起来应该是很容易的。但在毕业后的短短几年间，他跳槽了十几次。跳槽最主要的原因还是个人生活花销太大，工资收入达不到自己的期望，以致从事自己喜欢的工作都提不起兴趣，所以李刚一直没有找到"稳定"的工作，他觉得自己在社会中没有归属感。

根据大学生的求职意向调查分析，大部分人其实对自己的职业发展方向是没有规划的。很大一部分人在求职时，一味地追求高薪体面的工作，这非常不利于职业生涯的长远发展。最主要的原因是大学生缺乏对自己的定位，盲目地把短期的经济收入作为衡量职业价值的标准，从而忽视了个人价值的体现。经济利益主导一切的思想，在现实世界里是行不通的。李刚的这种苦恼也是一部分大学生拥有的问题，如果太急功近利，往往会过于重视眼前的经济收益，而忽视了职业生涯的长远发展。如果把所谓的"好工作"定义为拿一份高工资，那么职业生涯的整体发展就未免有失偏颇。面对这类情况，大学生有必要对职业生涯发展的重心进行调整，正确审视自己的能力和需求，结合客观环境，明确自己的职业定位。

一、职业定位的概念

职业定位是职业的自我意向，指大学生在进行职业生涯规划时，根据自身的生活、学习和工作经验，把个人能力、职业环境与职业价值观相结合，实现总体满意度较高的职业选择。这就需要个人对职业目标有一个全面的认知，并且在实际的工作中能不断地进行适应性的调整。

职业定位理论经过长期的发展和完善，已逐渐成为人力资源管理和大学生职业生涯规划的重要工具。职业定位要求大学生在进行职业规划和定位时，将个人能力、职业环境和职业价值观 3 个方面进行整合，以便精确定位职业的发展方向。这有助于每个人在今后的工作和生活中，充分发挥个人的优势和长处，最大限度地实现个人价值。

职业生涯是一个长期发展的过程，除了确定发展方向，还需要后续良好的经营和管理。但是，由于受到时间和发展机遇等因素的限制，我们无法尝试所有工作，只有尽可能早地采取行动，才能争取到更多的发展空间。那么，要怎样才能确定个人职业发展的方向呢？最直观的方法就是借助几何图形，在个人能力、职业环境和职业价值观之间找到这三者的平衡，如图 4-3 所示。

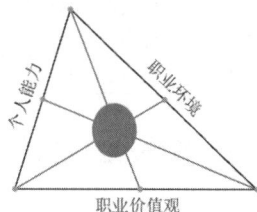

三角形的 3 条边代表职业决策的 3 大要素，其重心是内部的平衡

图 4-3 职业重心示意图

点，也是整体结构的关键所在。把这个概念引入职业生涯规划，职业重心便成了权衡多方因素得出综合结论的一般性概念。职业重心可以协调职业生涯的平衡发展，但需要个人对自身有一个总体的把控。大学生在寻找自身职业重心的过程中，还能有效激发个人职业生涯发展的积极性和主动性。职业重心主要有以下4个方面的特点。

（1）职业重心以个人的学习和生活经验为基础。

（2）职业重心不是指个人的能力、才干或价值观，而是寻求各种因素的统一。

（3）职业重心是个人在成长发展过程中，职业动机、个人需求、个人能力和价值观相互作用且逐渐整合的结果。

（4）职业重心不是固定不变的。人是在不断发展变化的，职业生涯也需要随之做出适应性的调整。所以，个人不仅要权衡职业重心，还要顾及生活和发展的协调。通过调整职业重心，可以使个人在社会和家庭生活中得到更进一步的发展。

> **提醒**　人们只有在工作领域有一定程度的涉足时，才能真切地判断出适应自身的职业。因此，工作经验影响着大学生对职业世界的认识，同时也改变着大学生对自身能力和价值观的审视。换句话说，职业重心在一定程度上由个人实际工作经验所决定，而不局限于个人的才能和价值取向。

二、职业定位的作用

职业定位与大学生职业生涯的发展方向密切相关，在职业生涯的早期阶段，是职业定位发生作用的最主要时期。大学生随着对职业认识的不断深入，工作经验也在逐渐积累，职业定位随之变得更加清晰和准确。可以说，职业定位贯穿、影响和联系着职业生涯的前期与中期，在大学生的职业生涯发展过程中发挥着十分重要的作用。正确审视自己的能力，客观评价职业环境，明确自己的价值取向，是职业决策过程的重中之重。职业定位的具体作用如下。

（1）及时准确的信息回馈。职业定位是个人通过对职业重心的探索，为个人职业发展确立方向的过程。这一探索过程，围绕个人能力、职业环境与职业价值观展开，若实际达到的效果与个人的追求和抱负不相符，则应及时寻找原因并采取行动。

（2）为个人指明有效的职业道路。职业定位可以反映个人的职业需求，还能显示个人的价值观和抱负。职业定位与实际的发展是相互促进、相互影响的，能有针对性地对个人实际的发展构建可行的、有效的职业途径。

（3）增长个人的能力和经验。职业定位是个人对发展方向和发展高度的愿望，能使个人在处理问题的过程中开拓思维和增长见识，个人相关的能力和技能不断发展提高，可以增加职业定位的准确性。

（4）为职业生涯的后续发展提供保障。职业定位对职业生涯的后期发展是没有直接影响的，其主要作用在于给职业生涯的发展指明方向，为个人能力的提高、职业技能的获得和才干的发掘开辟道路，这些都是职业生涯后续发展必不可少的基础条件。

三、职业定位的类型

职业定位是对职业方向的宏观分析，从职业生涯规划的大局出发，协助大学生探索职业发展的理念和方法。每个人的人生目标和追求方向不同，表现在职业重心的定位方式上也是各不相同的。根据职业重心在个人能力、职业价值观和职业环境三者间的倚重方向，可以将职业定位划分为以下 7 种类型，如图 4-4 所示。

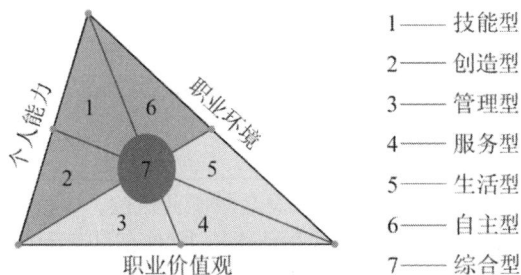

1 —— 技能型
2 —— 创造型
3 —— 管理型
4 —— 服务型
5 —— 生活型
6 —— 自主型
7 —— 综合型

图 4-4 职业定位的类型

在上面的职业定位的类型示意图中，我们可以看到影响职业决策的 3 大因素被划分成了 7 个区域。其中，每个区域都表示对应的某种职业定位倾向。例如，1 号区域代表以"个人能力"和"职业环境"作为主要考虑因素，且主要依赖于"个人能力"的发挥和发展；7 号区域则表示对 3 个因素都以同等重要的态度加以对待。下面对这 7 种职业定位类型做进一步介绍。

（1）技能型：倾向于个人能力的发挥，追求技术领域的不断成长和提高，寻求应用技能机会。这一类型的人喜欢技术性强的职业，以个人才能作为职业的主导方向，对自身专业水平有较高的要求，并且不会轻易放弃在技术性领域取得的成就。

（2）创造型：渴望运用自己的能力去实现目标和理想。这一类型的人具备相当的能力和才华，并且拥有克服困难和承担风险的勇气。他们能力与智慧兼备，并且不甘于平凡，会为实现梦想而不断奋斗。他们拥有很强的改变和创新能力，一旦时机成熟，便会着手创建属于自己的事业。

（3）管理型：致力于追求个人价值的实现和职位晋升。这一类型的人通常有很强的综合能力，在工作上能独当一面，将事业的成功视为人生的意义，有清晰远大的目标，并致力于获得更高层次的管理岗位。

（4）服务型：将服务社会作为核心价值观，并把帮助他人作为职业的价值体现。这一类型的人事业的成就感来源于为社会奉献自己的力量，不太重视工作的变换或职位的提升。

（5）生活型：人生重心并不在职业生涯的成功上，他们将生活美满定义得比职业成功更重要，所以并不太在意职业生涯的发展和具体的工作内容。这一类型的人为了享受生活的平和与安逸，甚至愿意牺牲或放弃职业的发展。

（6）自主型：追求能施展个人才能的工作环境，向往自由的工作和生活方式。此类型的人不喜欢受到限制和制约，将工作环境和能力发挥作为职业发展的必要条件。

（7）综合型：对职业生涯的发展有综合的考量，具体在职业的定位态度上有两种显著的特征：一种是挑战型，挑战型的人比较激进且不易满足现状，喜欢解决有挑战性的问题，若目标太容易，反而会感到乏味和厌烦，他们把战胜困难当作职业成长的乐趣；另一种是安全型，安全型的人追求稳定的生活方式，喜欢有一个温和的职业发展方式，渴望安定的工作、稳定的收入。他们对职业的发展抱着中庸心态，并且易于满足，即使具备足够的能力，也不会冒风险去追求进一步的提升。

> 提醒
>
> 总的来说，职业生涯的发展是为了让人们生活得更好、更有意义。因此，职业定位包含每个人最强烈的生活愿望，选择适合而又感兴趣的职业方向，可以更好地实现从学生到职业人的顺利过渡，这便是职业定位理论的主要意义。

四、了解自己的职业定位

通过前面的学习我们已经了解了职业定位的概念及其作用，但很多人并不清楚自己的职业定位，通过下面的测试可以对自己的职业定位进行初步的认识。

测试二　职业定位测试

〖测试说明〗 本测试任务的 40 道题，代表 8 种职业定位，请根据自身的实际情况对每道题进行衡量。为了便于统计分析，请将分值填入表 4-5 所对应的单元格中。（非常符合—5 分；比较符合—4 分；基本符合—3 分；不太符合—2 分；非常不符—1 分）

1.　希望从事自己擅长的工作，这样我的内行建议可以不断被采纳。　　　　（　　　）
2.　在整合和管理他人时，非常有成就感。　　　　（　　　）
3.　希望能以自己的方式与计划开展工作。　　　　（　　　）
4.　认为安定与稳定比自由和自主更重要。　　　　（　　　）
5.　一直在寻找可以创立事业（公司）的创意（点子）。　　　　（　　　）
6.　认为能对社会做出真正贡献的职业才算是成功的职业。　　　　（　　　）
7.　在工作中，希望去解决那些有挑战性的问题，并且能成功。　　　　（　　　）
8.　宁愿离开公司，也不愿从事必须牺牲个人和家庭的工作。　　　　（　　　）
9.　将专业技术和水平发展到更具有竞争力的层次是职业成功的必要条件。　　　　（　　　）
10.　希望能够管理一个大的公司（组织），能用自己的决策影响别人。　　　　（　　　）
11.　能自主决定自己的工作内容、计划和过程，并非常满意。　　　　（　　　）
12.　如果在工作中丧失了安全稳定的感觉，宁愿离开这个工作岗位。　　　　（　　　）
13.　创办自己的公司比单纯的从事管理工作更有意义和成就感。　　　　（　　　）
14.　运用自己的才能去为他人服务能获得很大的职业满足感。　　　　（　　　）
15.　认为职业的成就感来自于克服那些非常有挑战性的困难。　　　　（　　　）
16.　希望自己的职业能够兼顾个人、家庭和工作的需要。　　　　（　　　）
17.　在自己喜欢的专业领域内做资深专家，比做管理工作更具有吸引力。　　　　（　　　）
18.　只有做到公司的管理决策层，才认为自己的职业人生是成功的。　　　　（　　　）
19.　理想的职业需要有完全的自主与自由。　　　　（　　　）
20.　愿意在具有安全感、稳定感的公司中工作。　　　　（　　　）
21.　通过自己的努力或想法完成工作才是个人成就感的来源。　　　　（　　　）
22.　利用自己的才能让人们的生活变得更美好，比个人的职位晋升更重要。　　　　（　　　）
23.　解决了非常棘手的问题，或在必输无疑的竞赛中胜出，会非常有成就感。　　　　（　　　）
24.　只有很好地平衡了个人、家庭、职业三者的关系，生活才算是成功的。　　　　（　　　）
25.　宁愿离开公司，也不愿接受那些不属于自己技能领域的工作。　　　　（　　　）
26.　做管理者比做专业领域的资深专家更有吸引力。　　　　（　　　）
27.　用自己的方式不受约束地完成工作，比安全、稳定更重要。　　　　（　　　）
28.　只有当收入和工作有保障时，才会对工作感到满意。　　　　（　　　）
29.　在职业生涯中，能成功创造属于自己的事业，会感到非常成功。　　　　（　　　）
30.　希望从事对人类和社会有发展贡献的工作。　　　　（　　　）
31.　希望工作中有很多的机会，可以不断挑战自己解决问题的能力。　　　　（　　　）
32.　能很好地平衡个人生活与工作，比达到一个高的管理职位更重要。　　　　（　　　）
33.　如果在工作中能经常用到自己独创的技巧和才能，会特别有成就感。　　　　（　　　）

34. 宁愿离开公司，也不愿舍弃自己的管理权力。　　　　　　　　　　（　　）
35. 宁愿离开公司，也不愿丧失自由和自主控制的权利。　　　　　　（　　）
36. 希望有一份充满安全感和稳定感的工作。　　　　　　　　　　　（　　）
37. 梦想着创建属于自己的事业。　　　　　　　　　　　　　　　　（　　）
38. 如果公司不具备为他人提供帮助或服务的精神，宁愿放弃这份工作。（　　）
39. 去解决那些几乎无法解决的难题，比获得一个高的管理职位更有意义。（　　）
40. 一直在寻找一份能使个人和家庭和谐发展的工作。　　　　　　　（　　）

表 4-5　职业定位测试得分表

类型	技能型	管理型	自主型	安全型	创造型	服务型	挑战型	生活型
	1:	2:	3:	4:	5:	6:	7:	8:
	9:	10:	11:	12:	13:	14:	15:	16:
得分项	17:	18:	19:	20:	21:	22:	23:	24:
	25:	26:	27:	28:	29:	30:	31:	32:
	33:	34:	35:	36:	37:	38:	39:	40:
总分								

测试分析

测验完毕后，将每个纵向题目的得分进行汇总，得分最高的项目为比较适合个人职业的发展方向。各类型的特点介绍如下。

（1）技能型：对工作有专长和强烈兴趣，注重工作的专业化，适合从事技术领域的工作。

（2）管理型：精力充沛，喜欢挑战与有压力的工作，适合从事管理性质的工作。

（3）自主型：喜欢能发挥所长、自主性高的工作，适合从事教师、咨询顾问、研发等工作。

（4）安全型：喜欢稳定的工作，适合当银行职员、公务员。

（5）创造型：喜欢不断有新的挑战目标，渴望变化，适合从事创新型的工作，如企业家等。

（6）服务型：喜欢从事有社会意义的工作，如医护、社工和志愿者等。

（7）挑战型：喜欢有难度的工作，能不断挑战自我，如特种兵、科学研究等工作。

（8）生活型：强调工作和家庭的和谐，喜欢时间灵活的工作，如自由职业者。

该测试可引导大学生对自身职业定位进行探索，有助于进一步缩小职业方向的选择范围。大学生还需要在此基础上综合其他方面的能力，通过学习和实践来进一步确定职业方向。

第四节　拟订职业生涯规划书

在进行完自身的职业决策与职业定位以后，我们就要着手制作职业生涯规划书了。职业生涯规划书是个人在职业生涯规划过程中思考和总结的书面呈现，文字的表达形式可以方便我们理顺总体思路，并对整个职业生涯的发展方向进行把握，可以随时进行参考、评估和修正。

一、职业生涯规划书的内容

一份完整的职业生涯规划书，通常需包括以下 7 个部分。

（一）职业生涯规划书的标题或封面

在写任何东西的时候，都需要先写明标题，这样才能让人清楚这是关于什么的文书。若想设计职业生涯规划书的封面，则还需包括姓名、规划的年限和起止时间。职业生涯发展的规划年限一般不做硬性要求，可以根据自身的具体情况而定，可以分为 1 年、3 年、5 年和 10 年等。大学生拟订的职业生涯规划书，不管规划年限有多长，其规划都应该以开始职业生涯规划到毕业的这段时间为规划的重点对象。

（二）个人生平简历

个人生平简历主要是简单地描写自己所受过的教育、培训、实习或工作经历。将这些经历记录下来，以使自己对过往所学知识和技能有个总体的把握，也能让我们对自己的成长过程有个清楚的脉络认识。

（三）个人因素分析

个人因素分析主要是简要罗列个人因素的特点并对其进行分析。这里需运用到自我认知时分析出的结果，将个人的生理、兴趣、性格、能力和价值观等因素分别罗列出来并进行分析。在这里可重点对兴趣、性格、能力进行分析。

（四）外部环境分析

外部环境分析主要是简要罗列外部环境因素并对其进行分析。结合前面我们所总结的具体外部环境因素，分析哪些外部环境对自身职业发展有利，哪些不利，分析其可能带来的机遇和挑战，以及可能对自身职业生涯发展造成的障碍。

（五）职业生涯目标

职业生涯目标主要是描写所选择的职业方向、职业总体目标和阶段性目标。所选择的职业方向指的是第一职业目标和备选职业；职业总体目标指的是你职业生涯发展想要达成的最终目标；阶段性目标则指在达成最终目标之前，将时间划分为具体的时间段，对每个时间段都设置一个具体的小目标。通常可以将阶段性目标分为短期目标、中期目标和长期目标。在这里，需要对短期目标进行重点阐述，罗列出具体的短期规划，比如，在两年内要花多长时间去掌握某种知识技能，要在工作中如何去学习并提升工作技能等。而对中期和长期目标，则不必过于详细描述。

（六）实现目标的方案

实现目标的方案主要是通过前面的分析，找出自身与职业实际需求之间的所有差距，并有针对性地制订具体的方案措施来缩小此差距，从而实现各个阶段的目标。

（七）评估结果的标准

评估结果的标准主要是设定一个科学客观的参考标准来评估目标是否达成、职业生涯是否成功。另外，如果在职业生涯发展的过程中发现目标难以完成，还需设定一个对职业目标进行修改调整的方案。

二、职业生涯规划书的分类

文书的呈现方式多种多样，对于职业生涯规划书来说，可以分为文本型、表格型和档案型 3

种。下面将分别对其进行简单的介绍。

（一）文本型

文本型的职业生涯规划书相对于表格型和档案型的职业生涯规划书来说，显得比较随性，没有固定的模板和格式，也没有严格的篇幅要求，可以在上述必须书写的内容外加上自己的发挥空间，如个人的兴趣爱好、获奖情况等。下面是一篇简单的职业生涯规划书范文。

阅读材料

职业生涯规划书

一、自我认知

通过人才测评分析结果以及本人对自己的认识、朋友对我的评价，得出的自我认知如下。

1. 职业兴趣

研究型，希望日后能从事科研方面的工作。

2. 职业能力

逻辑推理能力相对比较强，信息分析能力也不错，比较喜欢对复杂的事物进行思考，将复杂事物简化。

3. 个人特质

喜欢追求各种不确定的目标；观察力强，工作自觉、热情，能够吃苦耐劳；主张少说多做；爱学习；喜欢独立工作。

4. 职业价值观

基于家庭条件，首先考虑待遇较高的工作，对所选择的职业要有能从中不断学习并获得新知识的机会。当然，如果没有工资收入限制，我会先考虑自己最喜欢的工作，同时考虑这份工作是否能实现自己的目标或者自己的理想。最后，考虑这份工作我是否适合去做，我的能力能否胜任等相关的问题。

5. 胜任能力

（1）能力优势：头脑灵活，有较强的上进心，逻辑推理能力比较强；相信自己的能力；能全神贯注，能够客观地分析和处理问题，对自己要求严格，经常制订目标。

（2）能力劣势：做事过于理性，有时候会按常规出牌；有严重的个人中心主义，有时听不进别人的劝导。

自我分析小结：我认为自己有明确的职业兴趣及方向，有一定的能力优势，但是也有一定的能力劣势，所以要发挥自己的优势，培养自己不足的能力。平时要多对自己的不足进行强化训练，如要多练练写作，看一些课外书，拓宽自己的视野等。

二、职业认知

从家庭环境、学校环境、社会环境、职业环境、行业环境等方面对职业进行分析，得出以下职业认知。

1. 家庭环境分析

家庭经济能力仅能维持正常的生活，我的学习费用为全额贷款。我父母的工作不够稳定，所以经济收入不稳定。家庭文化氛围一般，姐姐从医，妹妹钢琴弹得不错，父母均未完成九年义务教育，但支持我们最低完成大学教育。

2. 学校环境分析

我就读于某医科大学，教学设施齐全，且比较先进，教学水平也较先进，只是学校更重视研究生，本科生不受重视。我所在预防医学系虽不是全校最好的学科，但专业课的科目开设受到一致好评，毕业大学生的就业率达100%。

3. 社会环境分析

我国人才的竞争日趋激烈，大学毕业生渐渐增多，市场需求渐渐饱和，就业环境不是很乐观。不过，政府越来越重视预防专业，我正在提高自己的专业才能，以在众多应聘者中脱颖而出。

4. 职业环境分析

在我国，由于预防医学为新兴专业，这方面的人才需求量较大，社会分工还行，前景不错，但也因此，专业知识技能不够发达，报酬也不高。

5. 行业环境分析

将来我希望进疾病预防控制中心工作。预防医学目前还处于幼童期，不够壮大，但就业范围比较广，在医药、食品、卫生等行业均容易找工作，只是待遇不高。目前国内此类高端人才及技术缺乏，不过国家越来越重视预防，正提倡培养该方面的人才，全国各地都逐渐设立起疾病预防控制中心。现在自己应多考些证，以便在上述就业范围内更容易找到工作。

三、职业决策

综合前面的自我认知和职业认知这两部分内容，得出本人职业定位的SWOT分析如下。

1. 内部因素

优势（S）：头脑灵活，逻辑推理能力较强，具有创造力，认真、负责、有毅力，观察力强。

弱势（W）：具有个人中心主义，顽固，不喜欢模式化工作，偶尔会有厌倦心理。

2. 外部因素

机会（O）：新兴专业的工作岗位相对多些，疾病预防发展前景较大。

威胁（T）：社会环境不断变化，竞争激烈，就业形势日益严峻。

3. 结论

（1）职业目标：成为一名预防医学专业的科研工作者。

（2）职业的发展路径：考取各种证书→公务员→疾病预防控制中心工作者→进入华中研究院。

四、计划与途径

1. 大学期间（2017—2022年）

（1）大三、大四好各科专业知识，掌握预防医学的基本知识。

（2）大四前英语六级争取过600分，积极考托福，希望能用英语与外国人自由交谈。

（3）大四前考取全国计算机二级证书。

（4）大三开始业余学习韩语，希望能用韩语和商务伙伴自如沟通。

（5）假期实习和本人专业相符合，积累社会经验。

2. 大学毕业后的5年（2022—2027年）

（1）若考上研究生，则继续勤奋学习。

（2）考公务员，去疾病预防控制中心工作。

（3）进科研院。

（4）去国外留学，学习本专业，继续深造。

（5）去国外工作。

3. 长期计划

（1）在努力工作之余，不断学习各方面的知识，增长各方面见识。

（2）坚持锻炼身体。

（3）学习他人的各种优点，不断发现自己的不足，并予以改正，提高自身的修养。

（4）扩大自己的交际圈，享受友谊。

五、评估调整

计划只是给我们指定了一个前进的方向，具体的路还得慢慢走。社会时刻在变，我们要适应这个社会就要时刻关注社会的发展，跟上时代的变化。所以在计划实行期间，要进行适当的调整，实现自己的梦想，实现自我。

调整时间应至少每年一次。预防医学行业飞速发展，要在行业中更上一层楼，必须及时回过头来审视自己，用适宜的方法调整自己的计划，以便能跟上时代的要求。

六、评估标准

看是否按时完成了自己制订的目标与计划。

（二）表格型

表格型的职业生涯规划书有其固定的格式，分为表头和表格内容，但是表格内容并不固定，可以根据自身的需要进行调整删减，如表4-6所示。

表4-6 职业生涯规划表

时间： 年 月 日

姓　　名		性　　别		年　　龄	
专　　业		政治面貌		婚姻状况	
首选职业			备选职业		
个人经历	教育经历				
	培训经历				
	工作经历				
个人因素分析					
外部环境分析					
职业生涯目标	总体目标				
	短期目标				
	中期目标				
	长期目标				
实现短期目标的方案					
实现中期目标的方案					
实现长期目标的方案					
实现总体目标的方案					

续表

评估标准	总体目标	
	短期目标	
	中期目标	
	长期目标	

（三）档案型

　　档案型的职业生涯规划书是由多个分析文书构成的，它将整个职业生涯的制订过程全面详细地保存下来，包括前期准备时的分析、思考过程，如在进行自我认知时做的兴趣探索、能力分析、价值观判断；在进行职业决策时采用的原则和方法，以及如何了解自己的职业定位等的具体过程。因此，档案型的职业生涯规划书能反映个人的职业成长历程，具有明显的史料性。

第 五 节　职业目标的达成方式

　　无论是在我们的生活还是在工作学习当中，都应当给自己设定一个预想的目标。没有目标的人生，犹如在大海上随波漂浮的船只，没有行驶的方向和想要停靠的目的地。管理学大师彼得·德鲁克先生曾认为，并不是有了工作才有目标，而是相反，有了目标才能确定每个人的工作。这说明目标是我们学习工作的前提和动力。有些人在设立了自己的人生目标后，幻想能一步登天，这是不可能的，因为姑且不论能力是否达到要求，单从这种想法来说，不能够脚踏实地地完成目标，不能为自己走的每一步都打下坚实的基础，所有的一切设想都只能成为空中楼阁。因此，要想实现目标，必须按照一定的方式来进行。

　　大学生在进行职业生涯规划时，最重要的就是要找到自己的职业生涯规划目标，并按时间段分为短期目标、中期目标和长期目标，这样可以将职业生涯总体目标具体化为更容易实现的阶段目标，并能在每个时间段找到侧重点。其实这种目标的阶段划分方式只是目标达成方式的一种，目标的达成方式可以划分为分时间段依次达成、分阶段分步达成和分难易程度逐级达成3种方式，接下来将分别为大家进行讲解。

一、分时间段依次达成

　　当我们确立了自己追求的目标时，虽然雄心满满，但是往往会因为目标过于遥远而无从下手。

这时候，我们需要将目标分解为若干个递进关系的小目标，为每个小目标设置相应的时间段，并写出每个时间段对目标实现的具体实施方案与评估标准，尤其是距现在越近的时间段的目标，实施方案和评估标准就需要越详细。因为距离现在越近，我们就越清楚自己需要做的是什么，很少进行改动；而时间越远，可能发生的变数越大，则需要我们进行不断调整和修改的概率越大。

我们确定自身职业生涯目标的时候，由于职业生涯的总体目标太遥远，是我们要用几十年甚至一生来追寻的目标，因此往往需要把职业目标划分为短期目标、中期目标和长期目标，这也是大学生在进行职业生涯规划时常用的划分方式。

（1）短期目标：时间一般为 1～3 年。短期目标通常是短期内需要掌握的知识技能和工作能力等。在这个阶段，我们需找出自身与短期目标之间的差距，并制订出切实可行的详细实施计划和计划评估标准。

（2）中期目标：时间一般为 3～5 年或 3～10 年。中期目标通常是对自己的职业晋升有个初步的定位，比如要做到公司业务部门的总经理。中期目标的设定在整个目标阶段中起着承上启下的作用，需要拟订一个切实的目标，这个目标既要根据短期目标的完成评估情况适当进行调整，又要为长期目标的设定和实现做好铺垫、打好基础。

（3）长期目标：时间一般为 5 年或 10 年以上。长期目标主要是设定比较长远的目标，如 40 岁时成为公司的负责人。长期目标与职业生涯的总体目标在一定程度上很接近，是实现总体目标的最后阶段。

当然，这些时间的划分不是唯一和固定的，可以根据自身的需要进行调整。

二　分阶段分步达成

许多人在实现目标的过程中经常半途而废，究其原因，是在长期追梦的过程中，由于目标和梦想较远，觉得看不到希望，因此产生懈怠和自暴自弃的消极情绪。如果我们能把这个追梦的路途划分成若干个小距离，并将每个小距离当成目前需要完成的目标，那么完成起来的难度将大大降低，并且通过不断地完成目标，收获成功和满足感，这更能化为激励自己前进的动力。因此，我们在制订职业生涯目标的时候，可以将其分解成若干小目标。这些小目标必须设置时限和评估标准，如果你花费了 10 年、20 年来完成第一个小目标，那就未免得不偿失了。

阅读材料

马拉松运动员的故事

山田本一是日本20世纪80年代的一名马拉松运动员。1984年，在东京国际马拉松邀请赛中，名不见经传的日本选手山田本一出人意料地夺得了世界冠军。当时许多人都认为这个矮个子选手夺冠是偶然事件。马拉松赛是体力和耐力的运动，只要身体素质好又有耐性就有望夺冠，爆发力和速度都在其次。

两年后，意大利国际马拉松邀请赛在米兰举行，山田本一代表日本参加比赛。这一次，他又获得了世界冠军。两次夺冠绝非偶然！

10年后，这个谜团终于被解开了，山田本一在他的自传中这么说："每次比赛之前，我都要乘车把比赛的线路仔细勘查一遍，并把沿途比较醒目的标志画下来，比如第一个标志是银行，第二个标志是一棵大树，第三个标志是一座红房子，这样一直画到赛程的终点。比赛开始后，我就以百米冲刺的速度奋力向第一个目标冲去，等到达第一个目标，我又以同样的速度向第二个目标冲去。四十几千米的赛程，就被我分解成这么几个小目标轻松地跑完了。起初，我并不懂这样的道理，常常把我的目标定在40千米以外终点的那面旗帜上，结果我跑到十几千米时就疲惫不堪了。我被前面那段遥远的路程吓倒了。"

这个故事启发我们如何将远大的目标分成阶段性的小目标，通过对小目标的逐一实现，来最终完成对大目标的实现。在现实生活与工作中，我们做事经常不是因为失败而放弃，而是因为丧气倦怠而失败。我们应该学习山田本一对目标达成的方法。在人生的旅途中，我们若具有山田本一的智慧，也许就能减少许多懊悔和惋惜。

大学生在追求自己职业生涯目标的时候，可以把目标分解成若干个阶段，比如你的专业是人力资源管理，你的职业生涯总体目标是成为某公司的首席人才官，你可以将成为首席人才官这一目标分解为多个职业目标阶段，这时候需要规划你的职业晋升路线，如表4-7所示。

表4-7　人力资源专业的职业晋升路线表

职位	业绩	知识	人才培养	目标评估标准
人力资源专员	完成工作要求,进行考核、招聘、薪酬、培训的组织工作,纪律监察合格,业绩考核在良好以上	了解《中华人民共和国公司法》《中华人民共和国劳动法》,掌握考核、招聘、培训、劳动关系等人力资源知识及应用	新员工的培训考试合格率为100%	目标完成度为80%以上,遵守纪律,差错率每月2次以内,服务满意度在中度以上
人力资源主管	管理员工满意度合格,考勤、招聘、薪酬、培训工作专业能力及组织能力强	精确了解国家与企业相关的法律法规,具有应用人力资源管理知识的能力,能拿出某一方面工作的方案并实施产生效果	培养人力资源专员1名	目标完成度为80%以上,遵守纪律,差错率每月2次以内,服务满意度在中度以上
人力资源副经理	管理员工满意度合格,考核、招聘、薪酬、培训工作专业能力及组织能力强,部门运作支持力度强	精确了解国家与企业相关的法律法规,具有应用人力资源管理知识的能力,能拿出某一方面工作的方法并实施产生效果	培养人力资源主管2名	目标完成度为80%以上,遵守纪律,差错率每月1次以内,服务满意度在中度以上
人力资源经理	制订公司基本制度,设计招聘、培训、绩效、福利等规则,并合理地在企业中应用	精确了解国家与企业相关的法律法规,具有应用人力资源管理知识的能力,具有报告和方案制订能力,具有制度的规划能力	培养人力资源主管2名,培养管理人员5名	人才达成率为80%,人才流失率为年10%以内,人力资源工作满意度为优秀,品行良好
人力资源高级经理	制订公司基本制度,设计招聘、培训、绩效、福利等规则,并合理地在企业中应用;具有培训讲师能力,具有人才测评能力和胜任考核能力	精确了解国家与企业相关的法律法规,具有应用人力资源管理知识的能力,具有报告和方案制订能力,具有制度的规划能力	培养人力资源主管2名,培养管理人员5名	人才达成率为80%,人才流失率为年10%以内,人力资源工作满意度为优秀,品行良好

续表

职位	业绩	知识	人才培养	目标评估标准
人力资源总监 ↓	公司员工成长正常进行，公司人力资源达成率达到目标，企业人力资源管理及企业文化建设达到预期，制度合适	具有文化建设及导入的能力，具有培训的能力，具有制度建设的能力	培养人力资源经理2名，培养管理人员7名	人才达成率为80%，人才流失率为年10%以内，人力资源体系健全，品行良好
首席人才官	根据公司绩效，由董事会决定任命			

　　通过表4-7可以看出，要想成为首席人才官这一职业生涯的总体目标，可以分为7个阶段，分别由人力资源专员、人力资源主管、人力资源副经理、人力资源经理、人力资源高级经理和人力资源总监过渡，最终成为首席人才官。因此，若大学生在制订阶段目标的时候无从下手，不知道如何设置阶段性目标，可以去了解相关的职业晋升发展路线，并以此作为制订阶段目标的参考依据。

　　目标的完成需要有一个循序渐进的过程。在开始准备实现自身目标的时候，可以先从那些比较容易做的事情开始，将一个复杂的大目标、大问题从外部边缘不断地抽丝剥茧，到最后你会发现最开始以为的那些困难的部分，也都逐渐变得条理清晰、情况明朗起来。

三　分难易程度逐级达成

　　我们确立了自己追求的目标后，可以将目标按照实施的难易程度进行分解，先从简单的事情做起，随着知识和经验的不断积累，确立目标初期认为实施难度高的事情就会有清晰的解决思路。

　　分时间段、分阶段和分难易程度这3种目标达成方式并不是互相独立的，很多情况下我们都同时运用了至少两种方式，如既将总体目标划分为若干小阶段目标，又给这若干个小阶段目标设置时间段，将阶段和时间结合在一起。因此，大学生在追求目标的过程中，可以根据自身的需要，对不同的目标达成方式进行组合，找到最适合自己的目标达成方式。

　　当然，目标达成方式也不局限于这3种，同学们可以根据自身实际情况寻找更适合自己的方法，但切忌脱离实际。在追梦的路上没有任何捷径可言，唯一能做的只有脚踏实地，"宝剑锋从磨砺出，梅花香自苦寒来"，相信同学们在经过刻苦努力后，都能实现自己的职业生涯目标与人生目标。

CHAPTER 05

第五章 管理学业与生涯规划

学习要点

掌握管理学业的方法
了解职业生涯管理的相关知识
了解职业生涯规划评估与修正的
相关知识

本章导读

　　大学生无论是在学校里还是在未来将要接触的职场生活中，都要对自己的学业生涯或职业生涯进行管理。虽然我们已经制订了自己的职业生涯规划，但是这份规划是基于现在这个时间点的。随着学业生涯和职业生涯的不断发展，许多提前规划好的东西可能需要进行相应的修改和调整，这就涉及如何管理自己的学业和职业生涯的问题。

第 一 节　学业的管理

　　对于尚未走出校园的大学生群体来说，对自己的学业进行有效管理，在学业管理过程中夯实自己的专业知识、技能基础，同时培养和提升自身能力，能够增强自己的就业竞争力，提高就业成功的概率。

一、学业管理的方法

　　什么是学业管理呢？学业一词，在《现代汉语词典》里的解释是"学习的功课和作业"，而学业管理则指为了完成学校的培养计划与目标，以及为了满足社会快速发展带来的对个人素质要求的提高，大学生调动自己的主观能动性，开展的自我学习、自我教育、自我发展等一系列活动。简单来说，学业管理是大学生在学习阶段，通过深入分析与正确认识自身特点和学习环境，来确立自身学业目标，并通过一定的方法来实现学业目标的过程。那么，大学生要如何强化自身的学业管理呢？可采用以下 4 种方法。

（一）确定学习目标

　　如同前面我们所讲的职业需要设置一个目标，学业也同样需要目标。有一个切实可行的学习目标可以防止我们在学习过程中产生迷茫。制订学习目标时，可以确定长期学习目标和阶段学习目标，长期学习目标指大学四年学习期间的总目标，找出自身与总目标之间的差距，然后再按照本章第三节的目标评估方法来制订阶段性的目标，在大学期间可以以一学期或一学年作为阶段划分的时限。在制订目标时，要考虑自己的能力、兴趣、所学专业等因素，不要脱离实际。目标越详细越好，比如学习总体目标不要宽泛地设置为拿到学位、提高自身水平，而应该设置为毕业时平均成绩 85 分以上，阅读过 30 本和专业相关的书籍、参加过 8 次校内外实践活动等，这样既是一个详细的目标设定，又给自己的目标完成情况确立了评估标准。

（二）制订学习计划

在确定了学习目标之后，我们应该制订相应的学习计划来实现这个目标。计划一般针对阶段性目标来制订。阶段性目标都有各自的重点和难点，如大一时应该尽快适应学校生活，在学好学校公共基础课的同时，打好专业学科的基础，还要根据自己的兴趣爱好参加一些社团组织或者参选班干部、学生会干事活动等；而大二则需要强化对专业知识的学习，并且开始准备英语四级考试等。下面是小刘同学在大二上学期针对英语四级考试的复习计划，如表 5-1 所示。

表 5-1　小刘的英语四级考试复习计划

月份	学习内容
9 月	买一本专门的四级单词复习资料，每天背诵 60 个单词； 买一本四级完形填空训练题集，每周完成 3 篇完形填空的训练； 每周看 1～2 部英文电影，练习自己的听力
10 月	在 9 月学习内容的基础上，增加对阅读理解题型的练习； 买一本四级英语美文阅读，每周进行 3 篇美文阅读练习，熟读并背诵精美句子
11 月	在 9 月和 10 月学习内容的基础上，增加英文作文写作训练； 每周写两篇英文作文，并购买一本四级英语作文范文书，熟读且背诵其中优秀的范文和句子
12 月	进行查漏补缺，每天做一套真题试卷或者模拟试卷

在制订完英语四级考试的阶段复习计划后，我们需要具体安排时间来执行。这时候就需要详细地制订每周的学习计划。制订周学习计划的好处在于可以将我们每天的学习任务有秩序地开展，减少紧张与忙乱，同时也能加强对自身行为的引导和意志的控制，减轻我们学习的懒散性和随意性。目标更具体与明确，也能够让我们以热情饱满的态度投身于该目标当中，有助于我们高效地解决问题和完成任务。表 5-2 所示为周学习计划表，供大家参考。

表 5-2　周学习计划表

第　周　　　　　　　　　　　　　　　　　　　　　　　　　月　日至　月　日

时间段＼主要事件＼星期	周一	周二	周三	周四	周五	周六	周日

周学习计划表的时间段一般以各个学校的上课时间段进行划分，这样既可以清楚地知道自己每天上课的时间，又能对空闲时间一目了然，再根据自身状况合理安排学习，如清晨适合背书朗诵，晚上适合做题或者看英语电影等。在设计周学习计划表的时候，不必把每天每个时间段都安排得很满，要给自己留一定的调整空间来防止意外情况的出现。还要每周对自己的学习计划进行反思总结，看看哪些任务没有完成，为什么没能完成以及如何解决这一问题，通过当周的完成情况对下周的学习计划做出调整修改，这样能使自己每天都处于井然有序的生活当中，能让自己感受到生活的充实，并时刻对学习保持着十分饱满的热情。

（三）培养学习兴趣

学业管理指大学期间对自己的学习生涯进行管理。而对学习生涯进行管理的重点就是学生最基本的任务——学习。俗话说，"兴趣是最好的老师"，只有当你对学习产生兴趣，自身才会产生驱动力，驱使你去学习、去探索。最开始在培养学习兴趣的过程中，我们可以想想父母对我们的期望、专业势态的良好发展、杰出校友取得的成绩及自身就业优势等方面，先从外部获得一部分学习的动力，进而在学习过程当中始终保持积极乐观的态度。要善于发现学习的乐趣，当你学习遇到困难时，不要急于放弃或寻求帮助，而是要勇于挑战，享受战胜困难的成就，久而久之，你就会不知不觉地爱上学习，变得勤奋有毅力，学习效率也会提高。

（四）总结学习方法

在平时的学习生活中，大家能发现这么一个现象，有些同学，平时认认真真听讲，努力完成老师布置的作业，可是考试成绩总是不太理想；而有的同学，平时学习并不是特别用功，但是学习成绩却十分优异。这是为什么呢？我们先来看看下面这个阅读材料。

> **阅读材料**
>
> ## 高效的学习方法使小琳的成绩突飞猛进
>
> 　小琳和小红是同一所大学中文系的学生。小琳从进校起就有自己的学业目标，她想要在大学四年级时被保送上本校中文系的研究生。然而被选为保送研究生的条件很严格，优秀的成绩是最基本的，因此她平时学习很认真刻苦，可是学习成绩却不是那么理想。而小红平时好像并没有太努力地学习，课余时间基本都是在社团参与活动，可是成绩却很好。一次偶然的机会，小琳和小红成了同一个课堂讨论小组的成员，小琳苦恼地向小红聊起了这个问题。小琳说："每节课她都把老师讲的所有知识记下来，为了防止自己漏记，还专门买了录音笔，在考试前会把书本都仔仔细细反复翻看好几遍。"小红听了小琳的描述，对她说："你不是不聪明，而是你的学习方法有问题。"于是小红给小琳分享了自己的一些学习方法和体会，比如记笔记不要把老师说的每句话都记下来，要选择重点来记；针对考前的复习不需要大量反复地看教材，而是需要在自己的脑海中串联一条知识线，并对重点知识进行重点把握等。小琳在小红的帮助下，逐渐掌握了一些高效的学习方法，并主动探索适合自己的学习方法。在半年的时间内，小琳的成绩突飞猛进，小琳现在对于自己能够以优秀的成绩保送研究生充满了信心。

　小琳这种现象并不是个例，而是普遍存在于大学生的学习生活中。俗话说，"磨刀不误砍柴工"，我们需要先找到适合自己的"砍柴刀"——学习方法，才能在学习上面取得事半功倍的效果。

　正确的学习方法对每个人来说都十分重要，以下是一些常用的学习方法，希望对大家探寻适合自身的学习方法能有一定的帮助。

（1）问题学习法：是以提出问题、分析问题、解决问题为线索，在预习的时候，先翻阅课后练习题，带着问题去学习，使我们的学习方向有明确的指向性。

（2）目标学习法：是美国心理学家布卢姆倡导的学习方法。该学习方法需要首先明确学习目标，其核心在于必须形成自我测验、自我矫正和自我补救的自我约束习惯。目标学习法能让大学生在学习过程中明确学习重点，增强学习的注意力。

（3）联系学习法：知识之间存在着普遍的联系，在学习过程中，不要把所有的知识按板块划分，而应该将前后知识融会贯通、联系起来，这样才能构成知识体系的完整性和连贯性，避免出现死记硬背造成的知识断点问题。

（4）归纳学习法：指将所学内容按不同属性加以归纳，然后分门别类地记住这些内容及其属性的学习方法。比如，在学英语语法的时候，经常采用归纳法来进行学习与记忆。

（5）合作学习法：可以和几个同学组成学习小组，大家互相监督和督促，取长补短、共同进步；并且在学习的同时，还能培养和提高自身的语言表达能力和人际交往能力。

在如今这个科学技术快速发展的时代里，各种学科日趋融合，社会对人才的需求也随之发生了变化，拥有多种专业学科基本知识技能的人才越来越受到用人单位的青睐，我们把这种人才称为复合型人才。因此，想要增强自己的就业竞争力，就应该加强对自身的学业管理，将自己培养为复合型人才，以满足企业和社会的需要。

二　学业管理的意义

大学生进行学业管理，能够培养自身良好的学习习惯，在学业中养成的良好习惯还会延续到生活的其他方面，使自己成为一个自律的人。而且制订计划能够使自己有目标、有动力地去做某件事情，这样成功的概率会大大增加。大学生在校园生活中，一定要养成善于管理自己的好习惯，每一件事情都要有所规划，不仅是为了更好地完成学业和找到工作，也是为了成为一个更好的自己。

第 二 节　职业生涯的管理

职业生涯是伴随人的一生而开展并不断变化的，一个成功的职业生涯，必定少不了对其进行管理和调整。在我们的职业生涯当中，参与管理和调整的主要有两个角色：一是用人单位，二是自己。

一　职业生涯管理的方法

在职业发展的道路上，没有人是一帆风顺的，或多或少都会出现一些问题。在大学期间，大学生会对自身进行职业生涯发展规划，而这仅仅是对自身职业发展的一系列计划与设想。只有亲自进入职场生活，对职场环境有充分的认识后，才能反过头来继续完善之前制订的计划，使得职业生涯发展规划与职业环境相匹配。而在职业生活中，对职业生涯进行有效管理是每个人的当务之急。下面将分别从企业和自身角度进行简单说明。

（一）企业对职业生涯管理的引导

一个好的职业生涯管理应当由企业和员工共同参与，企业主要起引导作用，具体方法如下。

（1）企业需要为员工做好能力评估和反馈工作。能否正确评估员工的能力，对于企业和员工个人来说都十分关键，正确的能力评估能帮助企业合理地进行员工的定位培养，也能对员工制订相应职业发展规划起指导和参考意义。

（2）企业需要为员工提供多种职业发展道路。企业应为员工实现自己的职业生涯发展目标提供多种职业晋升道路，并指明一些备选职业发展方向来供员工选择参考。

（3）企业需要及时公布公司相关的晋升信息。在企业某职位有空缺的情况下，应该及时通过各种沟通渠道向全体员工传达这一信息。

（4）企业需要对员工提供学习和发展机会。企业应该建立完善的职业生涯发展机制，有针对性地对员工开展教育培训等活动。

（二）个人参与自身职业生涯的管理

就个人方面而言，除了积极配合公司，还应当考虑以下3个方面。

（1）不断提升自己的能力。只有不断努力提高自己的专业知识技能和工作能力，才能确保职业生涯后续阶段的顺利进行，因此无论处于职业生涯的哪一阶段，都要本着"学无止境"的想法认真努力地学习与提升自我。

（2）遵循职业生涯是在发展变化的客观规律。很多大学生在大学期间完成了初次职业生涯规划后，就再也没有对规划进行过修改，导致当初制订的规划与现实脱轨。大学生应当增强个人的职业生涯规划意识，能对职业生涯规划进行适时地修改。

（3）采取积极行动，争取职业目标的实现。可向企业说明自己的职业发展规划，与企业共同制订双方都能接受的目标实施方案。

由于社会、企业和个人都在不断变化当中，职业生涯的后续管理需要不时地根据自身情况进行修改。随着个人年龄的增长、阅历的加深，很可能个人的职业心理也会发生一定的变化。就好比一个人在年轻的时候充满激情，可能倾向于富有挑战性的工作，如销售、业务员等，而在年龄稍大之后，更倾向于找生活和工作的平衡点，喜欢安稳的工作和生活。因此，职业生涯的后续管理其实是一个随着各种因素的变化而不断进行修改的过程，也是个人各阶段人生价值的具体体现。

二、职业生涯管理的意义

大学生在步入职场生活后，通过对职场环境认识的逐步加深了解，开始对自己的职业生涯进行管理，这是一种对前期职业生涯规划的延伸和完善行为。职业生涯管理的意义可以从企业和个人两个方面进行理解。

（一）对企业的意义

企业对员工进行职业生涯管理，对公司所有职位进行划分，有利于合理配置企业资源、调动员工的积极性、激发员工的能动性，是百利而无一害的举措。

❶ 实现企业资源的合理配置

企业员工作为企业人力资源的组成部分，是一种可以不断开发进行增值的资源。员工能够通过提高自己的知识技能水平，培养提升工作中所需的各方面能力，从而更好地为公司创造价值。因此企业对员工进行职业生涯管理，能够在帮助每个员工成长的同时，使人才各尽其用，实现企业资源的合理配置。

❷ 调动员工的工作积极性

企业在对员工的职业生涯管理当中，能够帮助员工规划未来职业发展道路，并提供不同的晋升发展通道。员工在明确晋升路线与未来发展目标后，就会更加有动力提升自我，激发工作热情，提升工作积极性，进而推动企业更好更快地发展。

❸ 是企业不断成长与发展、走向成功的保证

企业的成长与发展离不开好的管理者和员工，企业对员工进行职业生涯管理，使得员工的才能和潜力得到发挥，滋养了企业的生长。员工在提升过程中，也加强了对企业的认同感，企业能够留住、凝聚人才，人才也愿意和企业共同发展，从而为企业的成功奠定了坚实的人才基础。

（二）对个人的意义

职业生涯管理于个人来说至关重要，从某种程度上说，它是一个人事业能否成功的关键因素之一。

❶ 逐步提升自己的工作能力

通过职业生涯管理，尤其是在有了一定的职业发展目标过后，个人能够对照职业目标认识自己的优缺点，并努力改正自己的缺点，提升自己的能力，使自己符合职业晋升目标的要求。在这一过程当中，自己的工作能力也就会随之得到提升。

❷ 不断提升自我价值的追求目标

有的人最初的工作可能是为了让自己不再待业，有的是为了能养活自己，随着职业生涯的开展和对其的管理，可能最初的价值追求会慢慢提升，开始追求财富、地位、名望，到最后，就是追求更高层次的自我价值的实现。

阅读材料

职业生涯的有效管理助力职业晋升

张月从学校毕业后，顺利地进入一家公司担任客服人员。客服人员的工作主要是解答客户的各种疑问，并帮助客户顺利完成业务的办理。经过一段时间的上岗培训后，张月已经能独立地开展工作。公司通过几个月对张月工作的观察和考核，觉得她有很强的工作能力，并且有较大的发展空间，于是给她提供了两条晋升通道。一是走管理路线：客服助理→初级客服专员→中级客服专员→客服主管→客服经理→客服副总→客服总监。二是走专业路线：客服助理→初级客服专员→中级客服专员→高级客服专员→资深客服专员。张月几经权衡，觉得自己很喜欢和不同的人打交道，喜欢帮助别人解决问题，而且自己并不擅长管理，于是最终选择了走专业路线。在参加了公司组织的几次培训学习后，张月通过自己的不断努力，对工作越发得心应手，很快就升到了高级客服专员，而和她同期进入公司的同事，最好的也才是中级客服专员。

张月能够获得较快的职业晋升，除了自身能力较强，还离不开公司和自身对于职业生涯的管理。公司给张月提供了发展道路，指明了张月今后可能的发展方向，在张月规划职业生涯的过程中提供了相关的帮助。张月也在公司的帮助下努力提高自己的工作能力，她认真地比较了公司提供的职业晋升通道，并从自身情况出发，选择了一条适合自己、自己也感兴趣的路线，一步一步地按照计划来开展自己的职业生涯。到目前为止，她已经取得了职业生涯的阶段性成功，相信在未来，张月还能在职业生涯中走得更远更好。

对职业生涯进行管理，能将个人与企业紧密联系起来：企业为员工创造职业发展的条件和路径，帮助员工实现自己的职业生涯目标；而员工能在企业中明确自己的发展前景和机会，会提升对企业的满意度、依赖度和忠诚度，同时会充分发挥自己的主观能动性去抓住发展机会，使自己对工作充满激情，并不断地提高个人的能力水平，为公司创造更大的效益。

因此，我们可以总结出，一个成功的职业生涯规划，是需要我们不时地根据情况调整修改，并为之不断注入生命力的。职业生涯规划的后续管理需要企业和个人的共同配合，二者缺一不可。企业和个人共同对职业生涯规划进行后续管理，能使企业和个人共同进步，共同实现企业价值和个人职业生涯目标。这对于企业和个人来说，无疑是个双赢的局面。

第 三 节　职业生涯规划的评估

实践是检验真理的唯一标准。对职业生涯规划进行评估也需要我们通过亲身经验来进行。在这一节中我们主要基于大学生这个身份来对职业生涯规划评估内容进行讲解。

由于在实施职业生涯规划的过程当中，无论是外部环境中的社会环境、行业环境，还是个人因素中的兴趣、价值观等都会产生变化，有许多变化我们都无法事先预测和设想到，因此我们要对自身的职业生涯规划不断进行评估与调整，通过修订职业生涯规划的目标，来确保职业生涯规划的可行性，从而实现职业生涯设定的目标。

现在　　2年后　　3年后

职业生涯规划评估是用一套客观的方法或措施去检测一个人在职业生涯中的发展状况和行为表现等。这就需要在实践过程当中，根据主客观情况的变化来进行评估与修订，并且要运用科学系统的评估方法来认识自我的发展状况，评估方式的理性客观与否决定着整个职业生涯的发展质量。

一、职业生涯规划评估的内容

职业生涯规划评估一般围绕以下4点进行。

（一）对职业生涯规划目标的评估

对职业生涯规划目标的评估也就是我们要思考是否需要更改我们的职业生涯规划目标。如果一直无法找到和自己目标职业相关的实践实习活动，没能获得所希望的学习和工作机会，或在实践实习活动过程当中发现自身一直无法适应或胜任该职业，不仅不能得到相应的发展，反而会导致自身的压抑与痛苦，此时就应该考虑更换或调整我们所设定的职业生涯规划目标，使其更符合自身成长发展的规律。

（二）对职业生涯规划前景的评估

对职业生涯规划前景的评估指我们要思考是否需要调整自身职业发展的方向。当原先规划的职业方向前景随着社会环境的变化而变得不太明朗时，或是我们在实践过程中找到了更适合自己发展的职业发展方向和选择时，就应当考虑是否应该对我们的职业发展方向进行调整。

（三）对职业生涯规划实施方法的评估

对职业生涯规划实施方法的评估指我们要思考是否需要改变我们达成目标的行动方法。如果发现自己的目标达成方法在实施过程中有难度或阶段目标设置不合理，或现实中客观因素的变化导致不得不修改职业方向时，就需要相应地修改我们的职业生涯实施方法。

（四）对其他因素的评估

对其他因素的评估指我们需要对诸如家庭情况、身体健康状况、意外突发事件因素做出及时的评估。如果发现家庭需要我们投入更多的精力去经营照顾，就要在家庭和工作之间做出权衡；又比如身体健康状况不大好，不得不要求我们降低自己的职业目标和要求。

评估与调整职业生涯从而踏上创业致富之路

　　小强以优异的成绩考上了大学，学的是生物学专业。小强对学术研究很感兴趣，对自己的职业生涯规划是留在科研机构做生物学方面的科研工作。小强在毕业时，也是按照当初的设想找相关的工作单位，可是他的爸爸病倒了，家庭的重担一下子就压在了小强的身上。小强现在面临两个选择：一是继续按照自己的职业生涯规划的方向前进，可是这样做无法照顾生病的父亲；二是回乡发展，在工作的同时还能兼顾对家人的照顾。在反复思考过后，小强利用自己的学科知识，在乡政府申请了一笔创业贷款资金，在村子里大搞生物农业，这样不仅能照顾生病的父亲，承担起家庭的责任和重担，而且能从事自己感兴趣的职业方向，并且能利用自己所学知识带领村子共同富裕，可谓一举多得。

　　小强本来有一个规划好的职业生涯发展道路，可是在实施过程中，家庭因素出现了意外情况，因此小强对职业生涯规划进行了评估，最后对自己的职业生涯规划做出了调整。我们在进行职业生涯规划的过程中，会遇到各种各样的问题，及时地评估与调整是确保我们职业生涯良好发展的必要保障。

二、职业生涯规划评估的作用

　　职业生涯的发展不可能是一帆风顺的，规划也不是万能的。在实践过程中，必然存在各种问题或不适应。职业生涯规划评估与实践是相辅相成的，在实践时产生的问题能够帮助我们更好地评估与修改职业生涯规划，而评估与修改职业生涯规划能够帮助我们更好地规避更多问题的产生。

　　（1）能够让我们更加全面地认识自我：评估是一个不断深化认识自我的过程，它能使大学生在自己动态的成长过程当中正确而全面地认识自己。随着大学生心智的不断成熟和阅历的丰富，以及兴趣、价值观的变化，原本的自我认识已经具有滞后性，进行职业生涯规划评估能让大学生进一步认识自己。同时，在评估的过程中能够更加清楚地看到自身的优势与劣势，对自己认知的不断丰富能带来自身潜能的激发。因此，我们要及时在各个阶段对自己进行职业生涯规划评估，明确自己在不同阶段的发展方向和目标，明确自身所需要进一步加强的知识、技能和能力，从而激发自身潜力，促使个人不断成长，增加个人职业生涯成功的概率。

　　（2）能够抓住职业生涯发展中的重点：由于职业生涯规划评估是一个全方位的评估，不仅只是对自身进行评估，还要对整个职业生涯发展过程中的方方面面进行分析，因此它能够帮助大学生科学客观地分析职业生涯中出现的问题和困惑，让大学生在职业生涯发展的各个阶段趋利避害，找到每个阶段应该完成的重点内容，激发大学生的工作潜力与动力，促使大学生有顺序、有条理地实现规划内容，以最佳的状态来成功地发展职业生涯，并更上一层楼。

　　（3）能够调整职业发展的方向与目标：在实践活动中对自身职业生涯规划进行评估，能使大学生深刻了解和认识自己。在开始制订职业生涯规划时，就要对自己有充分的认识。然而一切事物都是变化发展的，应该通过不断自我评估来不断地认识动态变化的自己，完善对自己的认知，从而对职业生涯的方向与目标进行相应的调整，这样，才能做出最适合自己的职业生涯规划，为自己职业生涯的成功奠定基础。

（4）有助于落实职业生涯发展过程中的具体措施：制订了职业生涯发展规划后，还需要采取具体的措施去实现职业生涯规划的目标。通过对我们采取的措施进行评估，可以对自身起到监督、提醒、调整、修改的作用，有助于我们改进自己的方式方法，从而用最优的方式和措施去达成我们的职业目标。

三、职业生涯规划评估的方法

要对职业生涯规划进行客观理性的评估，就需要运用正确科学的评估方法。不管是自我评估、他人评估还是过程与结果评估、内外部评估，其评估的要点都是为了判断自己与现实环境、职业目标的兼容性，并找出其中的差距，提高评估的客观准确性。

管理学中有一个著名的木桶理论，又称为短板效应。指的是一个木桶的容量大小，不在于最长的那块木板长度，而取决于最短的那块木板长度。这启发了我们在进行职业生涯规划评估时，需要找准突破方向，评估出自己最弱的环节，从而找准自身与现实的差距，只有这样才能更有针对性地进行调整与修改。常见的职业生涯规划评估方法有对比反思法、交流反馈法和分析总结法，接下来我们将对这3种方法进行讲解。

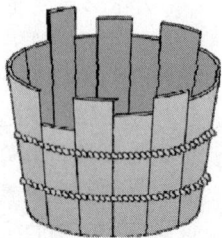

（一）对比反思法

对比反思法指在规划职业生涯的过程中，要善于思考和向他人学习，每个人都有自己不同的职业生涯规划方法，学会对他人的职业生涯规划进行分析，吸取有用的方法，再对自己的职业生涯规划进行反思，看是否出现他人在做职业生涯规划时出现的问题，有则改之，这样有助于评估和修改自己的职业生涯规划。

在职业生涯规划开展的过程中，也需要对自身职业生涯规划进行不断的反思，比如职业生涯规划中的某些计划按时完成了没有？通过实践活动有没有收获？与预期效果的差距是什么？为什么会产生这些差距？这些都是需要我们不断自问的问题，再根据回答和客观事实对自身职业生涯规划进行调整与修改。

（二）交流反馈法

交流反馈法又称为360度反馈方法。这套评估方法是由英特尔企业率先提出并实施的。在这套评估法中，评估者包括所有与被评估者有密切接触的人，也就是说，评估者的上司、同事、下属、客户和自己都需要参与到整个评估中来，被评估者通过评估者对自己职业生涯的评估反馈意见，来对自己的职业生涯规划进行修改。作为大学生，交流反馈法的评估者应该包括学校、老师、同学、朋友和自己，其中，最重要的是需要做好同学和朋友之间的评估和自我剖析评估。

（1）同学和朋友的评价：同学和朋友是个人在大学生活中相处时间最长的人，不同的同学和朋友给出的评价各不相同，这有助于我们集思广益，让我们更清楚地发现自身的优势和不足，从而对我们的职业生涯规划加以改正和完善。

（2）自我剖析：自我剖析是对自我进行反思总结，这是一种充分发挥主观能动性的过程，可以使自我剖析成为我们自我认识、自我完善的有效手段，并在不断自我剖析和完善中对我们的职业生涯规划做出相应的调整。

（三）分析总结法

分析总结法指我们对自己职业生涯规划分类别地进行分析，该方法往往可以借用表5-3所示的表格来完成。

表 5-3　分析职业生涯规划的评估方案

类别	分析问题
1. 分析基准	（1）我的人生价值观是否发生了变化？
	（2）外部环境是否发生了变化？
	（3）我目前遇到的最大问题是什么？
	（4）我在实践过程当中发现了自己的哪些不足？
2. 目标与标准	（1）我现在处在职业生涯的哪一个阶段，这一个阶段的特点是什么？
	（2）我先前制订的职业生涯规划目标是否可行？有没有其他更佳的目标出现？
	（3）如何来判断自己是否成功？
3. 生涯策略	（1）我是否需要调整职业生涯规划的实施策略？
	（2）我对相应职业能力的获取和吸收能力如何？
	（3）我在职业目标的角色转变方面有什么问题吗？
	（4）对我而言，现在还有什么问题是暂时无法解决的？
4. 生涯行动计划	（1）我的目标达成计划是否合理？
	（2）我的目标达成需要哪些人的帮助？
	（3）我在达成目标的过程中最大的障碍是什么？
5. 生涯考核	（1）在目前职业生涯规划开展的过程中，我有哪些做得好，哪些做得不够好？
	（2）我现在最欠缺的是什么？是知识水平，技能，还是人脉？
	（3）我应该如何应用我所学到的知识技能？
	（4）我现在应该立刻去做的是什么？应该停止做什么？
6. 生涯修正	（1）我是否需要重新选择职业方向？
	（2）我是否需要重新调整职业生涯规划目标的实施线路？
	（3）我是否需要更换人生目标？
	（4）我是否有其他需要更正的方面？

　　通过对自己进行系统的分析，能够帮助我们深层次地认识和思考自己职业生涯规划的若干问题，只有在分析出问题后，才能进一步地去解决，从而完善我们的职业生涯规划。

四、评估结果与规划目标存在偏差的原因

　　在对职业生涯规划进行评估后，我们往往会发现评估的结果与规划的目标之间有一定的差距，这种差距往往是由以下 3 个方面的原因造成的。

　　（1）目标设置不合理。有的大学生把自身目标设置得过高或者过低。当目标过高超出自己的能力时，再努力也没用，反而会伤害自己的自信心；而目标设置过低时，自己不需要太多的努力就能实现，这样的目标是没有价值的，无法提升自己的能力。

　　（2）目标实施方案不合理。目标实施方案的不合理，往往会导致无法实现目标，更甚者会出现南辕北辙的状况。比如将职业目标设置为要成为高级工程师，可是在目标实施方案里

并没有。

（3）目标执行力度不够。在目标设置和实施方案都合理的情况下，却由于自身的执行力度达不到，也会造成评估结果与目标之间的差距。比如，员工按照公司提供的职业发展线路，努力工作、稳步提升的话，可以在两年之内晋升，但由于自己的懒散，工作能力没有得到稳步的提升，就达不到晋升的要求。

第四节　职业生涯规划的修正

对职业生涯规划各方面进行了评估后，若有必要，我们需要对其进行修正。对职业生涯规划的修正包括对职业生涯规划目标的修正、对职业生涯实施策略的修正和对阶段目标的修正等。但是，这并不意味着我们在每次评估过后都要对目标和方向有改动，"无志者常立志，有志者立志长"，对职业生涯规划进行评估与修正，是为了帮助我们更好地去实现我们职业生涯目标，而不是为了修改而不停地评估，大学生在进行职业生涯规划的评估与修正过程中，切莫本末倒置。

一、职业生涯规划修正的目的

对职业生涯规划进行修正，通常是为了达到以下4个目的。

（1）清楚自己的优势。在进行职业生涯规划修正的过程中，我们应该清楚自己所具备的优势和强项，并对自己所具有的优势充满自信。

（2）了解自己的不足。找到自己的不足之处，对这些不足做出相应的修正或进行完善，了解自己还有什么方面值得改进，还有哪些方面可以需进一步地提升。

（3）找出重点需要改进的地方。需要重点改进的地方是我们进行职业生涯规划修正的关键部分。只有对需要重点改进的地方有一个正确的认识，才能完善与优化我们的职业生涯规划。

（4）做出具体改进计划。既然找出了职业生涯规划中需要修正的地方，就需要拿出具体的改进方案和措施，这个计划的制订要科学合理、从实际出发，确保该计划通过一定的努力可以实现，具有可行性。

二、职业生涯规划修正的考虑因素

在职业生涯规划修正的过程中，大学生需要结合一定的因素进行考虑。其中基本的因素为外部环境因素和自身实际情况。在这两点因素的基础上，可根据个人需要来结合更多的因素进行考虑。

（一）考虑外部环境因素

外部环境因素包括社会环境、行业环境、职业环境、学校环境和家庭环境。由于外部环境一直处于不断变化中，我们需要从宏观的角度来认识和把握这些变化。由于外部环境的变化并非个人能力所能改变的，因此我们需要使自己努力适应这些变化。

（二）考虑自身实际情况

在做职业生涯规划修正时，要密切联系自身的实际状况，不要脱离现实，不要想当然地给自己定一个很渺茫的目标，要充分联系个人的实践实习经历、学历、家庭背景、兴趣爱好和价值观念等因素。同时也要求我们对自己有更正确的认识，并且要不断地完善自己。

修正生涯规划助力人生目标

小张是个活泼开朗、性格外向的大男孩，毕业于某沿海大学的管理学专业。在上大学的时候，他的职业生涯目标是成为一家跨国公司的销售总监。在毕业后的两年里，他换了3份工作，目前在一家小公司里做销售管理，在小张的职业生涯规划中，相当于完成了短期目标。但是小张对现在的状况不是很满意，他觉得现在的工作状态过于平稳，想谋求更具挑战、更好的发展，这样才符合自身的性格。于是，小张开始修正自己的职业发展道路。最终他备选了3个方向：一是继续就业，二是读MBA深造，三是出国积累经验。在经过几番权衡之后，小张选择了最适合自己的MBA深造之路。

提醒

小张在毕业后，先按照自己的规划，完成了短期目标。但是随着职业生涯的逐渐深入开展，他发现自己想要改变现在的状况，谋求更好的发展。于是在对自己的实际情况考虑过后，小张最终选择了MBA深造之路。大学生在制订职业生涯规划的过程当中，也要考虑到自身需求。

需要注意的是，虽然我们的职业生涯受到诸多外界因素的影响，但是内因才是事物变化发展的依据，要想自己的职业生涯取得成功，就需要不断提升个人素质并朝着目标拼命努力。

有学者从 20 世纪美国成功的几百位名人的经验当中，总结出了他们共有的以下特征，分别是良好的心态、明确的目标、勤于思考、多走路、自律、集体主义、创新精神、平易近人、热情、注意力集中、团队精神、善于总结反思、见多识广、保持身心健康、规划时间与金钱、尊重普遍规律。

大学生可以从现在开始努力提升个人素质与能力，多参考借鉴他人的优秀品质，要见贤思齐，在自我提升的同时，取得学业与职业生涯的成功。

第六章 全面提升综合素质

学习要点

掌握提升综合素养的方法

掌握提升职业素养的方法

掌握提升个人能力的方法

掌握提升职业能力的方法

本章导读

很多企业在看重一个人的能力和经验的同时，对他的个人素养也很重视。甚至，比起能力和经验，有时良好的素养是企业选择人才的首要考虑因素，因为站在企业的角度，员工的良好素养代表着企业的品牌形象。可以说，良好的素养以及良好的品格对一个人有着非常重要的意义，其不仅能够帮助大学生在竞争中提高自己的竞争力，使自己脱颖而出，还能将自己打造成一个优秀的人，使自己能够获得职业生涯乃至人生的成功。因此大学生在自己的职业生涯规划中不仅需要提升自己的个人能力和职业能力，还要全面提升自己的综合素养。

第 一 节 提升综合素养

大学生在大学期间只注重学习学科理论、专业技能，是不足以支撑自己的整个职业生涯的。除了学习必备的知识、技能，还需要大学生有意识的提升自己的综合素养，为今后适应社会工作奠定良好的基础。这就需要大学生掌握良好的学习方法，养成合理的生活习惯，并拥有良好的心态。

一、掌握良好的学习方法

在大学学习中，课时少、学习知识的深度和广度不断加强，老师在课堂上的讲解大多是提纲挈领式的教学。大学生应该摆脱初中、高中阶段完全依赖老师课堂上讲解的学习模式，充分发挥学习自主性，不去死记硬背课堂知识，而是按照自己的计划和目标，选择、吸取对自己有用的内容，并将这种方法贯穿在整个大学生活中，如自主安排学习内容、找到适合自己的学习方法等。因此，培养和提高学习能力，是大学生必须具备的本领。

一般来说，大学生有 4 种主要的学习方法：一是学校教学规定的课堂学习；二是对于课堂学习内容巩固和扩展的自我学习；三是思考、钻研的创造性学习；四是与同学组成学习小组，互相讨论与启发的学习。大学生要根据自身实际情况，发挥主观能动性，自主选择最适合自己的学习方法，以提高学习效果。

二、养成合理的生活习惯

大学的上课时间相对零散，大学生有许多可以自主安排的时间。然而有些同学不仅仅没有好好利用这些时间，反而养成了不合理的生活习惯，这不利于大学生身心的健康发展，令人担忧。下面是一些大学生不合理生活习惯的主要表现及解决方法。

（一）作息不规律

表现：虽然大学宿舍都有相应的熄灯与断网时间，但是很多大学生不能严格地遵守，有些大学生喜欢在熄灯后开卧谈会到深夜，有些大学生喜欢熄灯后玩手机，这些大学生不珍惜睡眠时间，养成晚睡晚起的坏习惯，个人精神状态很差，于是会在课堂上睡觉，甚至逃课睡觉。长此以往，这种恶性循环势必会影响其学业和健康状况。

解决方法：首先要养成积极乐观的态度，无论是学习还是生活，都要做好规划，要认识到习惯养成的重要性；其次要严格监督自己，不要自我放松、自我懈怠。一旦出现不良现象，应立刻做出相应的调整，并在此基础上执行和巩固。

（二）饮食不规律

表现：有些大学生起床很晚，来不及吃早餐就去上课，或选择在课间休息时间买些小零食充饥。有的同学第一次自主支配自己的金钱，没有合理的规划，或乱花钱买零食，暴饮暴食，或为了减肥节食、吃减肥药，甚至有的人开始抽烟和酗酒，这些不健康的饮食习惯会给身体带来极大的负面影响。

解决方法：要养成良好的饮食和生活习惯，每天定时定量地安排自己的饮食，保证合理的营养补充，不要应付了事。健康科学的饮食习惯能改变一个人的生活态度，积极阳光的生活方式有利于大学生的日常学习与生活。

（三）沉迷娱乐活动

表现：大学生学业压力大，适当的娱乐可以缓解心情、释放压力，但是一部分大学生经常光顾网吧、KTV 等娱乐场所，甚至夜不归宿，无节制地沉迷其中。

解决方法：多参与学校社团组织的各种活动，丰富自己的课余生活。大学生在这些活动中不仅能尽情释放自己多余的精力，还能有效缓解压力、安抚自身情绪，大学生活也能因此变得丰富和有意义。此外，大学生还可以多培养自身兴趣。大学生在学校时应该充分利用学校提供的各种资源，培养自己的兴趣与特长，积极参与校内外的实习，提升自己各方面的能力，为将来就业增加竞争力。

（四）身体素质低下

表现：许多大学生在没有课程、活动安排的时候，喜欢在宿舍看书、上网，很少有人会想到去锻炼身体。其结果是大学生的身体素质普遍低下，近视和肥胖学生比例增多。缺乏自信，抗挫折能力差，这些也都和缺乏体育锻炼有一定的关系。

解决方法：制订详细的运动计划，并认真按照计划坚持锻炼，严禁三天打鱼两天晒网。此外，可以结交一些喜爱运动的朋友，大家互相督促和鼓励，这会对锻炼身体产生积极的效果。通过长期的锻炼，大学生可以拥有健康的体魄，在锻炼过程中，还能很好地磨炼自己的意志。健康的体魄和坚强的意志是将来事业成功的基础与保障。

三、保持良好的心态

大学生的年龄正处于个体逐步走向成熟的阶段，这个阶段十分重要，是成长发育、发展最宝贵的时期，同时也是人一生中心理变化最激烈的时期。由于这一时期大学生某些心理发展落后于生理机能的成长，加之各种因素的影响，难免会产生困惑、烦恼、苦闷等情绪，自我心理矛盾不时发生，如理想与现实的矛盾、理性与感性的矛盾、竞争和安逸的矛盾等。若这些不稳定情绪和心理矛盾不能得到有效疏通，日积月累，就会形成心理障碍，从而影响日常的学习与生活。因此，养成良好的心态，及时疏导自己的心理问题，能让大学生健康、平稳地度过这一宝贵时期，同时也能给大学学习和生活带来积极正面的作用。下面是大学生常见的心理问题及解决方法。

（一）盲目与自大

表现：部分大学生认为学习对自己来说是一件很简单的事情，在大学里随便学学也能成为尖子，因此放松了对自己的监管和要求，学习没有目标，对整个大学学习生涯没有合理有序的规划。

解决方法：要认识到"人外有人，山外有山"。在大学期间，比的不仅仅是学习成绩，还有各方面的能力。要充分认识自我，懂得谦虚和好学，这样才能不断进步。

（二）失望与失宠

表现：有的大学生在入学前把大学生活想象得过于美好与神秘，然而在进入大学后发现大学生活很普通，理想和现实的差距很大，从而产生强烈的失望感。还有些大学生中学时期成绩较好，是老师、同学和家长都重点关注和喜爱的对象，但是进入大学后，发现比自己优秀的大有人在，自己不再受到重视，因此产生失宠失落的感觉。

解决方法：首先要培养认知的能力，包括自我认知和对环境的有效认知。其次，要培养良好的人格品质，要懂得"见贤思齐焉"。遇到比自己更优秀的人时，要学习他的长处和优点，而不是自暴自弃，要把消极的心态转化为积极的心态。

（三）松懈与懈怠

表现：有的大学生在考上大学后，认为自己长期奋斗的目标已经实现，心理上得到了极大的满足，于是竞争心态不强，奋斗目标模糊不清，安于现状、不思进取。

解决方法：要为自己设立一个长远的目标，为实现这个目标制订一个合理的规划，对照规划，发现自己的不足，针对自己的不足和劣势进行训练，提高自己在相关方面的能力，并严格地按照此规划一步一步前进。

（四）生活方式单一

表现：由于来到一个陌生的学习与生活环境，有的大学生变得瞻前顾后、畏首畏尾，每天除了学习没有其他的活动安排，不参加社团组织和班级活动，不锻炼身体，生活方式很单一，这些行为有碍心理和个性的健康发展，易形成孤僻的性格。

解决方法：要加强自我心态调节，学习不是大学生涯的唯一目的，还应该培养自己多方面的能力，要多参与社团生活，多结交朋友，通过良好的人际交往提升自己的自信心。同时要保持乐观的心态和良好的情绪，遇到挫折和困难不要怕，要积极主动地适应大学生活，使自己的大学生活变得丰富多彩。

总之，提升综合素养有助于大学生更好地适应大学生活和未来的职场生活。健康的心理状态、良好的学习和生活习惯有助于大学生高效、高质量地学习与工作。因此，提升综合素养是每个大学生都应该做的事。

第二节　提升职业素养

职业素养指职业内在的规范和要求，是人们在职业生涯过程中表现出来的综合品质，包含职业道德、职业技能、职业行为、职业作风和职业意识等方面。职业素养是每个人都必须具备的品质，只有具备良好的职业素养，才能称得上优秀的职场人士。

一、职业素养的概念

首先，让我们来了解素养的含义。素养指个人通过训练和实践而获得的道德修养。在此基础上，可以将职业素养理解为个人在职场生活中通过训练和实践而获得和表现出来的职业道德修养和综合品质。总体来说，可以把职业素养分为职业道德信念、职业知识技能和职业行为习惯3类。

◆ 职业道德信念：良好的职业素养应该包含积极向上的职业道德信念。纵观古今中外，每一个成功的职业人士都拥有正面积极的职业价值取向。这些价值取向包括爱岗、敬业、忠诚、奉献、负责、合作、包容和开放等。

◆ 职业知识技能：指一个职业所需要具备的相关专业知识技能，是职业素养的基础。一个人若没有基本的职业知识技能，则完成工作的基本要求都达不到，想要成为行业的佼佼者是不可能的。

◆ 职业行为习惯：是职业素养的外在表现形式，是在工作过程中不断学习、改变和提升而最终形成的一种行为习惯。

二、职业素养与能力的关系

对于企业来说，虽然不可能拥有职业素养完美的人，但如果一个人连基本的职业素养要求都达不到，比如对企业的忠诚度不够，那么其职业技能越高，隐含的危险也就越大。职业素养和能力的关系如图6-1所示。

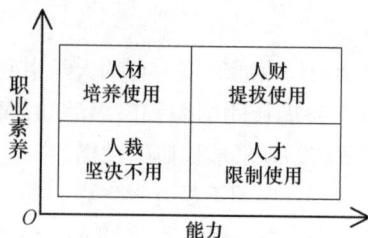

图6-1　职业素养和能力的关系图

（1）"人裁"指无德无能的人，既对企业没有良好的忠诚度，又没有能力。这种类型的人在任何企业都不会受到欢迎。

（2）"人材"指对企业忠诚度高，但是职业能力不够的人。这类型的人是公司考虑培养的人，虽然目前能力不够，但是可以进行培训雕琢，可塑性强。

（3）"人才"指具有真才实学、拥有较高文化素养与知识技能的人，但是对企业的忠诚度不太高。因此企业虽然看重他们的知识技能，但会对他们有限制地进行使用。

（4）"人财"指自身能力和对企业的忠诚度都很好的人。此类型的人是各类企业最欢迎的人，能给企业和社会带来财富，促使自身、企业和社会共同进步。

值得注意的是，职业道德信念是职业素养中的核心部分。许多企业特别看重员工爱岗敬业的精神和合作包容的态度。《礼记》中记载了"敬业乐群"，孔子也曾说过"敬事而信"。大学生更应该注重对这两方面的培养，做一个有良好职业道德信念的人。

三、提升职业素养的价值

在了解了职业素养的基本概念后，我们知道每个人都应该提升自身的职业素养，但是培养职业素养对个人有什么意义和价值呢？下面将从5个方面进行讲解。

（1）提高忠诚度：对于企业来说，需要有忠诚度和技能的职工，企业的日常业务才能顺利进行；员工则需要依赖企业来获得物质报酬和精神需求。因此，良好的职业素养有助于大学生提升对企业的忠诚度，做到忠诚于自己、忠诚于企业、忠诚于岗位，只有这样，才能实现自身与企业的共同发展。

（2）培养创新能力：很多岗位的工作内容都是按部就班的重复工作，长期的重复劳作会让员工产生疲惫感和厌倦情绪，从而使企业失去生机。因此，创新能力对于个人和企业来说，都是非常重要的。只有在日常工作实践中，不停地去思考、探索和解决问题，才能产生创造性想法。良好的职业素养要求个人不断地学习完善自己，养成勤于思考的好习惯，积极培养创新能力。

（3）培养社会责任感：作为一个企业，必须承担一定的社会责任，而作为企业中的个体，就更应该培养自己的社会责任感。责任感是一种高尚的道德情感，它与自身价值观紧密相连。提升职业素养，有助于人们在日常生活与工作中，凡事从大局出发，考虑是否对社会和人民有危害，从而培养自己的社会责任感。

（4）加强团队精神：在职场生活中，个体不可能永远

都是单打独斗的。每个人的岗位不同，分工不同，这些分工的完成离不开各个部门的合作，团队工作中最核心的精神就是团队协作精神。"海纳百川，有容乃大"，企业也正是吸收了每个个体的才能，才得以拥有汇聚人性的凝聚力，才能保证企业的健康发展。因此提升职业素养有助于个人更好地融入集体，树立与企业同甘共苦的意识与信念，提高自己的团队精神和团队协作能力。

（5）提高自己的就业竞争力：一些企业在招人的时候，尤其是在招管理岗位和职业技术岗位时，出于发展培养和储备后续人才的考虑，除了看重应聘者的工作技能，还看重其职业道德。如果应聘者仅仅将企业看作一个跳板，企业不会录取或重用这种留不住的人。因此，大学生在应聘面试的时候，如果能够很好地表现自己的职业素养，则会给面试官留下好印象，从而增加自己的就业竞争力。

四、提升职业素养的方法

我们已经对职业素养的价值和意义有了基本的了解，但每个人职业素养的高低各不相同，那么应该怎样培养提升自己的职业素养呢？

（1）要树立正确的三观。三观指世界观、人生观和价值观。树立正确的三观意味着大学生在日常学习与生活中，要培养良好的学习与生活习惯，树立一套正确健康的价值评判、取舍标准，并开始形成自己的职业意识。

（2）多参与校内外的实践活动。多参与校内外的实践活动，能够在活动中积累具体的工作经验来提升自己的职业素养，完善自己的职业能力和专业知识水平。

（3）了解与行业相关的信息。搜集自己感兴趣或想要从事的职业信息，了解该职业的具体要求，再将自身条件对照其具体要求，看哪些是自己缺乏或者不达标的，尽快制订相应的计划，努力提升自己的职业知识与技能。

对于每个人来说，职业素养都是非常重要的。因为你会在社会分工里扮演不同的职业角色。尤其是大学生，更应该努力提升自己的职业素养，这对于将来求职和职业的发展有很大的影响，拥有较高的职业素养是职业发展道路顺畅的保障。

第三节　提升个人能力

提升大学生的个人能力是时代发展提出的要求，是大学生增强个人竞争力的必要条件。在求职的过程中，企业首先看重的是个人能力。因此，提升个人能力是每个大学生都必须重视的当务之急。

一、学习能力

学习能力主要指学习的方法与技巧。拥有一定的学习能力是大学生学好功课的必要条件，学习能力一般有两种提升途径：一是借鉴他人优秀的学习方法；二是在学习知识的过程中，通过不断地反思和总结，找到一套对自己行之有效的学习方法，从而提升自身的学习能力。

（一）大学生学习能力不足的原因

一些大学生的学习能力并不令人满意，究其原因，主要有以下 4 个。

（1）缺乏学习的主动性：部分大学生已经习惯了中学时的灌输式教学模式，除了为了完成作业会在图书馆或网络中查找资料、浏览书籍外，很少会利用闲暇时间给自己充电，对于知识的吸收只是单纯地被动接受，对于自身才是学习主体这一点缺乏认识，没有养成自主学习、主动学习的习惯。

（2）缺乏自我监督和控制的手段：大学生活丰富多彩，部分大学生缺乏自我控制能力，沉迷于电子游戏等娱乐活动中，耽误学习。还有一些大学生，只有一个大概的学习目标，缺乏具体的学习计划、步骤来对比学习进程和检验学习效果。

（3）缺乏高目标的设置：一些大学生仅仅将学习的目标定为通过考试，或完成学校的学业安排，没有进行深层次的自我总结和反思，在通过考试后就将知识丢在一边，没有做到"温故而知新"。

（4）缺乏对学习重要性的认识：部分大学生觉得学习只是为了顺利毕业，以后工作靠的是文凭和关系，和学习成绩没有太大的关系，所以在学习的过程中态度消极，导致学习效率低下，学习能力得不到提升。

（二）提升大学生学习能力的方法

前面分析了大学生学习能力不足的原因，对于问题的解决要对症下药，下面是提升大学生学习能力的 3 个方法。

❶ 改变学习态度，变被动学习为主动学习

以往的基础教育中，老师会详细地讲解每一个知识点，帮学生梳理知识结构和脉络，学生只需要掌握和牢记，不需要自己去主动思考。然而在大学阶段，由于课时有限、知识层面加深，老师不可能在课堂讲解时面面俱到，往往只能挑选重点来讲。这就需要大学生有课前预习的好习惯，要把从前的被动学习方式变为主动的求知和探索。

❷ 在一定范围内，借鉴他人优秀的学习方法

他人优秀的学习方法都具有一定的参考价值，可供学习借鉴，但是不能将他人的学习方法生搬硬套地应用在自己身上。对他人有用的东西不一定对自己有同样的效能，所以大学生应该在借鉴他人学习方法的基础上，结合自身情况进行改造，使之转化为自己的东西。

❸ 加强自己的学习动机，坚定学习意志

内因是事物变化发展的根据，因此，要想提升自己的学习能力，关键在于个人。只有加强自己的学习动机，设置符合自身条件的目标，并坚定不移地朝之奋斗，学习能力才会在奋斗过程中一点一点得到提升。

二、表达能力

表达能力指一个人把自己的思想、情感、想法和意图等，用语言、文字、图形、表情和动作等方式清晰明确地表达出来，并利于他人理解、体会和掌握的能力。表达能力主要包括语言表达能力和文字表达能力两个方面。

（1）语言表达能力：语言表达能力即"口才"。若一个人"口才"不佳，对其自身的职业生涯是非常不利的。语言表达能力不是一朝一夕可以练成的，它从某种程度上包含了一个人的综合能力，需要长期锻炼培养。经常在公开场合说话，以及正式场合演讲都有利于提高一个人的语言表达能力。

（2）文字表达能力：文字表达能力指一个人将需要表达的内容通过文字的形式呈现出来。一个大学生如果缺乏文字表达能力，将无法完成个人的毕业论文、毕业设计；一个职场人士，如果缺乏文字表达能力，将不能很好地写出工作需要的工作总结、策划方案等。

三、应变能力

应变能力可以理解为个人处理突发事件的能力。紧急情况下，如果事态不能迅速控制，后果往往不堪设想。大学生必须具有一定的应变能力，以更好地面对并处理突发事情。大学生对突发事件进行应变处理时可以按照以下程序进行。

❶ 迅速控制事态源头

面对突发事件往往没有过多的时间用于事前准备，所以要快速介入，稳住形势，防止事态继续发展，尽量将其影响控制在源头处。

❷ 应变处理

突发事件往往还具有一个特点：与常规事件不雷同。大学生如果将突发事件按常规操作处理，一般难以解决问题，这时就要灵活使用以前的经验，并且有效地运用到当前事件中，一般情况下都能够起到立竿见影的效果。

❸ 善后处理

大学生应该及时总结经验教训，这对提高应变能力也有所帮助。

阅读材料

职场中，应变能力很重要

小杨到一家公司面试，与主考官一握手，就感觉到这是一个十分老练的主考官：他的手指冰凉、手心僵硬，握手只是轻轻一碰，连指头都不带弯曲的。果然，小杨刚一坐下，主考官便开始按部就班地从自我介绍、对职位的认识等问题开始询问起来，看架势没有半个钟头是脱不了身的，小杨也早就做好了打持久战的准备。谁知，才过了几分钟，主考官的手机就响了起来。主考官挂断电话后，脸色骤变，手脚也不自在起来。放下手机后的主考官，没有了刚开头的沉稳，反而显得如坐针毡。小杨发现了主考官的情绪不对，但是她并没有把这一细节放在心上。正好主考官问了她一个十分在行的问题，她便口若悬河、旁征博引地讲了近10分钟，当她还要继续讲下去的时候，主考官粗鲁地打断了她的讲话，让她另谋高就。

在面试途中，主考官接电话或出去办事再回来，由此引起的情绪变化，不外乎好、坏两种。显然，本案例中的主人公小杨虽然觉察出了主考官的情绪变化，但她却不知道该如何应对。其实，当发现主考官情绪突然变坏时，应聘者回答问题就要简洁明了，切忌拖泥带水，小杨却完全没有领会到这一点。归根结底，小杨还是缺乏职场上基本的应变能力，这是导致求职失败的最主要原因。

四、人际交往能力

人在社会活动的一切领域都不可避免地会发生个体之间的相互作用和联系，这种在社会活动过程中所形成的建立在个人情感基础上的相互联系就是人际关系。事实上，人际关系渗透到了所有的社会关系中，人际关系无处不在，它对于人的各个方面的发展都具有重要的意义。

（一）大学生人际交往困难的原因

调查结果显示，大学生最困扰的问题就是人际交往。下面将从两个方面来分析造成大学生人际交往困难的原因。

（1）自身因素：由于当代大学生大多是独生子女，在家里集万千宠爱于一身，造成许多大学生以自我为中心，不懂得理解他人，站在他人的角度思考问题。大学生也都有自己鲜明的个性，在人际交往关系中，往往不知道如何恰当地表现自己，造成不同个性之间的冲突。加之每个人都在成长过程中逐渐形成了自己的人生观、世界观、价值观，和他人观念的不同，也可能导致交往的窘困。

（2）外部因素：在基础教育阶段，受到升学压力的影响，部分学校只重视学生文化知识水平的提高，而忽视了学生人际交往能力的培养。到了大学阶段，由于缺乏约束力，很多大学生沉迷于网络。虽然在网络上也能结交朋友，但是虚拟的网络交往是不能替代人与人之间的现实交往的。很多大学生习惯于在网络中发泄情绪、寻找精神寄托，忽视了现实生活，导致自身性格的封闭和人际交往能力的下降。

阅读材料

不要将自己封闭

小墨今年刚毕业，在一家广告公司上班，他性格内向，平时也不太爱说话。因此短时间里，他和同事也不熟，工作中一旦遇到问题，他都是按照自己的个人看法、主观臆断处理。

有一次，经理交给他一个任务，要他为公司即将上市的新产品做一个宣传海报，小墨将相关产品信息复制进U盘后就赶去制作公司。来到制作公司后，对方的设计人员问小墨想做成哪种形式，选择何种价位，打算何时投放等一系列问题，小墨听后，整个人都傻了，由于他之前完全没有和上级沟通过，因此全都答不上来。这时，他只好硬着头皮拨通了经理的电话，问清楚海报的制作要求后，经理把他训斥了一顿。小墨心里难受，但也无话可说。

回到公司，同事张晓跟他聊天说，其实人际交往和工作一样，你要主动一点，如果你不去沟通，别人就无法理解你的想法。如果你事前把海报的相关要求跟经理问清楚了，也不至于经理后来会大发雷霆，而且领导训斥完后，你也要有回应，万不可一声不吭。小墨听了张晓的一番话后，顿时感觉以后要学习的东西太多了。

大学生进入新的工作岗位，通常会对周围的环境产生一些陌生感，不愿与他人沟通和交流。但是到了企业工作，就不再像是校园里面的单打独斗，而是一个团队的协作。既然是团队就会遇到很多人和事，无论是什么事情，只要去沟通，大事也会变成小事。如果不去沟通，那么小事就会变成大事。

（二）提升大学生人际交往能力的方法

人际交往能力是一项很重要的能力，它在一定程度上能影响个人情绪的稳定、心理的变化，甚至是个人未来的发展走向。因此，大学生要重视自身人际交往能力的培养。以下是提升大学生人际交往能力的3种方法。

❶ 正确认识自我，学会与他人相处

要正确地分析自己的优缺点，不要一味地自以为是。在与他人交往的过程中，要多肯定他人的自我价值，在恰当的时机运用合适的表达方式对他人进行称赞，能够促进和他人的良性交往。

❷ 多参与校园活动以培养自己的交往能力

大学里有种类众多的社团组织，大学生可以参加感兴趣的社团，结交有共同志向、爱好的朋友，这些共同点能促进友情的培养和延续。

❸ 学习社会交往知识，必要时寻求辅导

大学生可以通过阅读有关人际交往知识方面的书籍，学习如何与他人相处并了解需要注意的问题，反思自己与他人相处时的表现。大学一般有心理咨询室，实在遇到解不开的困难时，可去寻求专业老师的帮助。

阅读材料

人际关系与事业成败息息相关

美国哈佛大学就业指导小组对几千名被解雇的男女雇员进行了综合调查，发现在这些被解雇的雇员中人际关系不好的，比不称职的人高出两倍多。每年离职人员中因人际关系不好而无法施展其所长的占90%以上。美国《幸福》杂志所属的名人研究会对美国500位年薪50万美元以上的企业高级管理人员和300名政界人士所做的调查表明：93%的人认为人际关系畅通是事业成功的最为关键的因素之一。

人际关系与一个人的事业成败是息息相关的。大学生走上工作岗位后，要妥善处理人际关系，发展良好的人际关系，为个人今后的发展建立良好的人脉支持系统。

五、思维分析能力

思维分析是人的主观能动性，只有通过思维分析，才能整理零碎的知识，并将整理好的系统知识转化为自身的能力。唐代韩愈曾经说过："行成于思，毁于随"。由此可见思维分析能力的重要性。尤其是对于大学生来说，社会竞争的加剧和知识的爆炸式增长，都需要大学生拥有良好的思维分析能力去面对。

在国外，许多学校把思维课程放在了教学规划里，将学生的思维分析能力看作重要的技能。作为大学生，应该怎样培养提高自己的思维分析能力呢？下面介绍3种方法。

（一）加强对逻辑思维知识的学习

现在社会上十分看重个人的逻辑思维能力，许多考试都会有针对逻辑思维能力的考查，如研究生入学资格考试、公务员考试等。虽然很多学校和专业并没有开设与逻辑学相关的课程，但是市面上有很多与逻辑思维相关的书籍。大学生可以根据需要选择适合自己的书籍，加以自学，有条件的同学还可以参与针对逻辑思维开设的培训班。

（二）学会思考

"学而不思则罔，思而不学则殆"，在平时遇到问题的时候，不要着急去询问他人或翻阅教辅资料，要先自己动脑思考。如果实在思考不出来，经过他人的帮助得出答案后，不要立刻把题目和答案扔在一边，而是应该思考他人的思路和解题过程，为什么要这么做，学习吸收他人的思维分析过程。平时在思考过程中，多运用纵向思维，加深自己的思维深度，而不是仅仅停留在浅层思考上。

（三）学会批判性思维

批判性思维就是在基于客观理性的立场上，能够思考和敢于质疑、敢于挑战权威。大学生在日常学习思维的过程中，要不断地尝试对问题运用"否定之否定"的规律，克服思考的片面性，以便更加全面、客观地解决问题。

六、工作能力

"读书是学习，使用也是学习，而且是更重要的学习。"这句话强调了实践与工作的重要性。随着每年毕业人数逐年增多，企业挑选人才的要求越来越高，较高的工作能力就是选拔的标准之一。因此，较高的工作能力是每个大学生都需要具备的。

（一）大学生工作能力不强的表现

大学生工作能力不强具体表现在以下 3 个方面。

（1）基础知识强，应用能力弱：大学生往往走上工作岗位才会发现，在学校学到的知识，真正能运用到工作中的很少，很多专业技能还需要在工作过程中花大量时间掌握。

（2）接受能力强，决策能力弱：许多大学生有着较好的沟通能力，对于工作任务内容或具体实施步骤理解很快，但是一旦需要自己做决定，反而会举棋不定或轻率决定，缺乏自信和全面系统的思考规划。

（3）自我意识强，团队意识弱：一些大学生将与自我利益相关的东西看得很重，经常为了自己的私欲不顾大局，在团队工作中不能很好地和同事相处，不能尽快融入团体，甚至不把自己当作团队中的一员看待。

（二）产生大学生工作能力不强问题的原因与解决方法

下面将从 3 个方面对大学生工作能力不强的状况进行分析并给出相应的解决方法。

❶ 缺乏对行业环境的了解

原因：许多大学生虽然明确自己的职业定位，但是并不清楚、不了解该职位、行业所具体要求的技能与能力，因此在大学期间缺乏对这些技能与能力的针对性训练，导致步入职场后能力的匮乏。

解决方法：这就要求大学生在大学阶段做好符合自身因素的职业生涯规划，通过对社会环境与行业环境的分析，了解自己定位的职业目标的具体要求，再审查自身与要求之间的差距，及时采取措施学习知识技能，弥补不足。

❷ 在大学期间没有参与过实践或实习工作

原因：实习能对大学生从学生转变为职场人士起到很好的过渡作用，通过实习实践能增强大学生的工作能力，使大学生在就业后能很快适应工作。然而很多大学生没有重视实习工作，从而错失了锻炼自己的良好机会。

解决方法：大学生在校期间，要多关注与自己的职业生涯规划方向相关的企业发布的实习信息，争取每一个可以实习的机会来锻炼自己。

❸ 缺乏团队精神与合作意识

原因：许多大学生刚进入企业工作，急于证明自己或想要争取更多的利益，往往爱在团队里出风头，自我意识十分明显，而置团队利益于不顾。要知道，团队中每个人都有各自的定位，大家将各自的能力发挥出来，才能达到"部分之和大于整体"的效果。缺乏团队精神也和大学生在学校期间的行为有关，比如参加集体活动不积极、同学之间不能团结友爱等。

解决方法：在校期间，大学生要积极提升团队意识，自觉主动参与到班集体的建设中，还可以通过参加丰富的社会实践活动磨炼自己的团队精神。

七、组织协调能力

组织协调能力指根据工作要求，对资源进行合理配置，同时协调个体使之相互融合，从而实现组织目标的能力。有较好的组织协调能力，大学生才能胜任以后的工作。大学阶段是大学生培养组织协调能力的最佳时间，因为只有在这个阶段，才有充分的时间去参加各种活动，这对锻炼大学生的组织协调能力有很大的帮助。一般认为，大学生的组织协调能力可以通过以下两种方式来提升。

（1）成为班级干部。大学和以往的初高中不同，班级干部部分程度取代了老师成为班级工作和活动的策划者、组织者。班级干部根据自身分工的不同，要思考如何让班上的同学配合自己的工作，还要与其他班干部、辅导员和学校相关部门进行及时的沟通，这极大地锻炼了大学生的组织协调能力。

（2）成为学生会成员。学生会是学生进行自我管理、教育和服务的团体组织，是连接学校和学生之间的桥梁。学生会在校团委等的带领下开展许多学生活动，如系列讲座的开展、宿舍卫生评比、新生运动会和各类文娱活动。学生会成员在这些活动中自主解决出现的各类问题，自信心和能力都将得到培养。许多企业在招聘时，都喜欢录用曾在学生会工作过的优秀毕业生，因为这类毕业生有较强的组织协调能力和工作适应能力，具有普通大学生所没有的优势，能够更快、更好地融入工作环境，并且有着较高的工作效率。

第 四 节　提升职业能力

职业能力是个人多种能力的总称，比如一位企业家除了需要具备企业管理能力外，还要拥有决策能力、创新能力、识人用人能力、应变能力、社交能力和表达能力等，这些能力的总和，称为企业家的职业能力。那么，职业能力究竟是什么呢？

一、职业能力的概念

职业能力指一个人完成工作任务，从事与职业相关的活动所必备的本领。它与人的职业活动紧密相连，是在人的职业活动中能得到发展的一种心理特征。简单来说，职业能力就是个体从事职业活动的能力。职业能力决定着一个人能否胜任工作以及进入工作状态的快慢。与职业相关的能力可以划分为以下 3 个层次。

（一）一般能力

一般能力指与各种岗位、各种职业有关的共同能力，适用于广泛的职业活动，能满足多种职业的需求。一般能力通常与人的思维、感知和意识联系在一起，具有抽象性，如观察能力、记忆能力、思维能力等都属于一般能力。简单来说，可以把一般能力等同于人的智力（IQ）。

（二）专业能力

专业能力是能力中的核心能力，指个人从事某个具体的职业时必须具备的能力。如今社会职业分工程度越来越细，一般能力越来越难以满足工作的精细化程度，这就要求人们具有更高水平的专业技能，尤其是专业技术岗位，扎实的专业基础是最基础、最重要的，比如做一名工程师，就必须掌握工程经济、工程法规和工程管理实务等相关专业知识与技能。作为大学生，应该提高自己对专业知识的重视程度，稳扎稳打地学好专业基础知识，并时刻关注与专业相关的最新动态。

（三）特殊能力

特殊能力指在具备专业能力的基础上，能够通过一些方法提高职业活动效率和质量的能力。国外学者通常把这种在一般专业能力领域以外，但又能对职业活动产生积极影响甚至举足轻重作用的特殊能力，称为关键能力。特殊能力又可分为方法能力和社会能力。

（1）方法能力：指在职业活动的过程中，能够运用各种各样的方式方法来辅助职业活动的顺利开展，达到事半功倍效果的能力。方法能力包含分析判断能力、创新能力、逻辑推理能力和决策能力等。

（2）社会能力：指个体灵活有效地综合运用环境及自身内部资源，实现积极发展结果的能力。社会能力包括组织协调能力、适应能力、语言表达能力和合作交往能力等。

总的来说，一般能力、专业能力和特殊能力三者相互联系、密不可分，没有哪一种职业只运用其中一种能力。比如，要想当一名数学教师，除了要满足智力、数学基础知识要求外，还需要具备教学管理能力、数理能力与形象思维能力等；要做一名音乐家，除了要满足智力和音乐方面的基础知识要求外，还需要具备乐理能力、察觉细节能力等。这就要求大学生在不断巩固自己专业基础知识的同时，要勤于思考与动脑，还要注重对自己关键能力的培养。只有这样，才能增加自身的就业竞争优势。

二、职业能力的识别

职业能力是每个职业人都必须具备的能力，这关乎人们能否胜任某项工作或能否在工作中取得一定的成就，是职业活动得以顺利发展的重要保证。不同的岗位对职业能力有不同的要求，可以通过职业能力测验来了解自己能力的优势与劣势。从应用角度看，职业能力测验主要有两类：智力测验和特殊职业能力测验。下面将分别讲述这两类测验。

（一）智力测验

智力测验是对人智力的科学测验，主要测验一个人的思维能力、学习能力和适应环境的能力。智力的高低通常用智力商数（Intelligence Quotient，IQ）来表示。韦氏智力测验与瑞文标准推理测验是目前国内常用的智力测验方法。

❶ 韦氏智力测验

美国医学心理学家大卫·韦克斯勒（David Wechsler）于 1949 年开始主持编制的系列智力测验量表，是目前世界上应用较广泛的智力测验量表之一。它包含言语和操作两个分量表，前者包括常识、理解、算术、类似、记忆广度、词汇解释 6 个分测验，后者包括符号替代、图形补充、图形设计、连环图系、物形配置 5 个分测验。

❷ 瑞文标准推理测验

1938 年，英国心理学家瑞文（J. C. Raven）创立了瑞文标准推理测验（Raven's Standard Progressive Matrices，SPM）。它是一种非文字智力测验，整个测验由 60 张矩阵结构的图组成，并将其分为 5 个单元，单元间的演变过程由易到难，由能直接观察得出结论过渡到由间接抽象推理得出结论。

（二）特殊职业能力测验

企业在面试时，一般会对需要的特殊人才岗位的应聘人员进行特殊职业能力测验。这些测验的种类有很多，如音乐能力倾向测验、霍恩美术能力问卷等具体化的职业能力测验。这里主要介绍综合性的职业能力倾向测验——一般能力倾向成套测验（General Aptitude Test Battery，GATB）。

GATB 是由美国劳工部就业保险局于 1934 年组织相关专家在进行了为期 10 年的专门研究后制订出来的。1947 年，美国劳工部正式采用了这套测验，并将其不断地发展完善。GATB 后来在世界范围内造成了很大的影响，世界上许多国家和地区都采用了 GATB 并根据自身情况进行调整修改，均获得了良好的效果。

测试　职业能力倾向测试

〖测试说明〗　本测试由许多与职业能力相关的问题组成，选项和结果都没有对错之分。为了得到相对客观的测试结果，请快速地浏览每个项目，并以第一感觉选出最符合你行为、感情、态度及意见的选项，详细测试如表 6-1 所示。

表 6-1　职业能力倾向测试表

（一）学习能力倾向（G）	弱 （1分）	较弱 （2分）	一般 （3分）	较强 （4分）	强 （5分）
1. 快速且容易学习新内容					
2. 快速且准确地解出数学题目					
3. 你的学习成绩					
4. 对课文理解和综合分析的能力					
5. 对学习过的材料的记忆能力					

续表

（二）言语能力倾向（Ｖ）	弱（1分）	较弱（2分）	一般（3分）	较强（4分）	强（5分）
1. 善于表达自己的观点					
2. 阅读速度和理解能力					
3. 掌握词汇量的程度					
4. 你的语文成绩					
5. 你的文学创作能力					
（三）算术能力倾向（Ｎ）	弱（1分）	较弱（2分）	一般（3分）	较强（4分）	强（5分）
1. 做出精确的测量（如测量长、宽等）					
2. 笔算能力					
3. 口算能力					
4. 打算盘					
5. 你的数学成绩					
（四）空间判断能力倾向（Ｓ）	弱（1分）	较弱（2分）	一般（3分）	较强（4分）	强（5分）
1. 解决立体几何方面的问题					
2. 画三维的立体图形					
3. 看几何图形的立体感					
4. 想象盒子展开后的平面图					
5. 想象三维物体					
（五）形态知觉能力倾向（Ｐ）	弱（1分）	较弱（2分）	一般（3分）	较强（4分）	强（5分）
1. 发现相似图形中的细微差别					
2. 识别物体的形状差异					
3. 注意物体的细节部分					
4. 观察物体的图案是否正确					
5. 对物体的细微描述					
（六）书写知觉能力倾向（Ｑ）	弱（1分）	较弱（2分）	一般（3分）	较强（4分）	强（5分）
1. 快而准地抄写资料					
2. 发现错别字					
3. 发现计算错误					
4. 在图书馆能很快查找编码卡片					
5. 自我控制能力（如长时间抄写）					

续表

（七）眼手运动协调能力倾向（K）	弱（1分）	较弱（2分）	一般（3分）	较强（4分）	强（5分）
1. 玩电子游戏的能力					
2. 篮球、排球、足球运动能力					
3. 乒乓球、羽毛球运动能力					
4. 打算盘的能力					
5. 文字录入能力					
（八）手指灵巧度（F）	弱（1分）	较弱（2分）	一般（3分）	较强（4分）	强（5分）
1. 灵巧地使用很小的工具					
2. 穿针眼、编织等使用手指的活动					
3. 用手指做一件小工艺品					
4. 使用计算器的灵巧程度					
5. 弹琴					
（九）手腕灵巧度（M）	弱（1分）	较弱（2分）	一般（3分）	较强（4分）	强（5分）
1. 用手把东西分类					
2. 在推拉东西时手的灵活度					
3. 很快地削水果					
4. 灵活地使用手工工具					
5. 在绘画、雕刻等手工活动中的灵活性					

测试分析

在上面的测试选项中，选"强"得5分，选"较强"得4分，选"一般"得3分，选"较弱"得2分，选"弱"得1分。统计每一类能力的自评分数，然后将自评分数除以5，把最终得分填入表6-2的对应位置中。

表6-2　职业能力倾向得分表

职业能力倾向	G	V	N	S	P	Q	K	F	M
得分									

根据结果对照职业能力倾向对照表（见表6-3），可以将对应的职业类型作为参考来确定职业方向。

表6-3　职业能力倾向对照表

职业类型	职业能力倾向								
	G	V	N	S	P	Q	K	F	M
生物学家	1	1	1	2	2	3	3	2	3

续表

职业类型	职业能力倾向								
	G	V	N	S	P	Q	K	F	M
物理科学技术员	2	3	3	3	2	3	3	3	3
数学家、统计学家	1	1	1	3	3	2	4	4	4
计算机程序编制者	2	2	2	2	3	3	4	4	4
经济学家	1	1	1	4	4	2	4	4	4
社会学家、人类学者	1	1	2	2	2	3	4	4	4
心理学家	1	1	3	4	4	3	4	4	4
历史学家	1	1	4	3	3	3	4	4	4
哲学家	1	1	3	2	2	3	4	4	4
政治学家	1	1	3	4	4	3	4	4	4
社会工作者	2	2	3	4	4	3	4	4	4
法官	1	1	3	4	3	3	4	4	4
律师	1	1	3	4	3	4	4	4	4
职业指导者	2	2	3	4	4	3	4	4	4
大学教师	1	1	3	3	2	3	4	4	4
中学教师	2	2	3	4	3	3	4	4	4
小学、幼儿园教师	2	2	3	3	3	3	3	3	3
营养学家	2	2	2	3	3	3	4	4	4
画家、雕刻家	2	3	4	2	2	5	2	1	2
产品设计师	2	2	3	2	2	4	2	2	3
舞蹈家	2	2	4	3	4	4	4	4	4
演员	2	2	3	4	4	3	4	4	4
电台播音员	2	2	3	2	2	4	2	2	3
作家、编辑	2	1	3	3	3	3	4	4	4
翻译人员	2	1	4	4	4	3	4	4	4
体育教练	2	2	2	4	4	3	4	4	4
体育运动员	3	3	4	2	3	4	2	2	2
秘书	3	3	3	4	3	2	3	3	3
统计员	3	3	2	4	3	2	3	3	4
办公室职员	3	4	3	4	4	3	3	4	4
商业经营管理者	2	2	3	4	4	3	4	4	4
警察	3	3	3	4	3	3	3	4	3
导游	3	3	4	3	3	5	3	3	3
驾驶员	3	3	3	3	3	3	3	4	3

三、大学生的职业能力

　　大学生在大学阶段，除了学习知识，都在主动或被动地培养自己的职业能力。这一阶段的职业能力大多以理论为主，有其自己的特点。

（一）大学生职业能力的发展特点

大学生由于还未进入职场，自身的职业能力还在进一步的学习发展中，但其基本雏形已经具备。大学生职业能力的发展具有以下3方面的特点。

（1）基础性。大学生在校期间，一般以发展专业职业能力和一般职业能力为主。专业职业能力主要是通过学习专业课程，并进行教学实践，如考试、写论文等方式得以发展的。一般职业能力的发展则贯穿整个学习生活中，如对学识问题的探讨、进行辩论比赛、阅读好的书籍，这些都有助于一般职业能力的培养。

（2）延伸性。大学生在校内外参与各种实践活动，如参与学生会、社团活动和兼职等，在各种活动中所扮演的角色和接触的团队各不相同，在这些活动开展的过程中，不可避免地要和他人进行接触、沟通与协调，这能不断提高大学生的语言表达能力、人际交往能力和组织协调能力等，使大学生的特殊职业能力得到发展和提升，并有了延伸性。

（3）潜能性。虽然一部分大学生参与了各种校内外实践，但由于时间短、活动繁多零碎，不能形成系统、完整的职业活动，因此有很多潜在的职业能力还未开发或有待发现。

（二）如何提高大学生的职业能力

随着社会工作对专业化、精细化要求的提升，出现了许多跨专业的行业。对于即将步入社会的大学生来说，就需要增强自身的职业能力来增加就业竞争优势。在了解了我们作为大学生群体一员的职业能力特点后，我们应思考如何针对这些特点，并结合自身条件，来培养和增强自己的职业能力。下面提出5点意见供大学生思考。

（1）认真学习专业知识。专业知识的积累能为自己的知识储备奠定坚实的基础。

（2）规划职业生涯发展。可以根据规划上对职业能力的需求来对自身进行有针对性的能力培养和提高。

（3）参与职业培训。通过参与职业培训可以快速容易地获取有关职业能力方面的知识，可以在培训老师的指导下有规划地对自身职业能力进行培养和提高。

（4）多进行反思总结。要将在学校学到的知识与在社会实践中的所学相结合，并在二者之间不断反思总结，以获得对提升自己职业能力有用的经验。

（5）勇于实践和创新。要从实际出发，做实干者，在实干中总结经验教训、认识规律。只有这样才能在实践中创新，并将创新的成果发扬光大。

> **提醒**
>
> 现在许多大学生毕业找工作时，往往遇到专业不对口的尴尬局面，造成就业难的问题。究其原因是没有做好职业发展规划，缺乏对社会环境和行业环境的了解与分析。4年的大学教育只能为大学生的职业生涯发展奠定基础，对职业生涯起决定性作用的还是大学生本身。这就需要大学生提前做好职业规划，并对照规划有步骤、有条理地安排自己的大学学习与生活。

就业指导篇

第七章 大学生就业形势与政策

本章导读

高考填报志愿选专业一直是困扰大多数学子的难点，很多大学生以为学的是热门专业，找份好的工作不会有什么问题。需知职场的需求冷热是一个动态的过程，没有永远的热门，也没有永远的冷门。如果只考虑当前的热门或冷门，不去充分分析未来行业发展、岗位需求等综合因素的变化，盲目地追求所谓的热门，当热门变成冷门，求职就会遇到问题。对于大学生而言，在迈出职业生涯的第一步时，应当了解就业现状与前景，才能做出正确的择业判断。接下来，我们就来了解大学生就业形势与政策的相关知识。

第 一 节 大学生就业形势分析

大学生就业前，应先对当前的就业形势有一个清晰的认识，以帮助自己做出正确的择业判断。就业形势反映了一段时间内就业市场的整体趋势。每个阶段，每个时期，就业形势都会发生不同的变化，大学生应理性分析与应对。

一、大学生就业现状与前景

近年来，大学生就业现状和前景逐渐成为社会普遍关注的一个话题。那么，大学生就业到底面临怎样的形势呢？目前，对大学生而言，就业形势总体来说比较严峻，除了就业人数逐年上升之外，就业需求结构性的变化、专业的热门与冷门转化快也是就业形势严峻的重要因素之一。同时，新兴产业蓬勃发展，又为大学生带来更多的机会。可以说，当前的就业环境，对于大学生来说，既面临诸多挑战，同时又充满了机遇。在这种情况下，大学生认清当前的就业现状与前景，能够帮助大学生在严峻的就业形势下，找准定位，树立正确的就业观，敢于抓住机遇，迎接挑战。

近几年来，我国大学应届毕业生的人数逐年上升。近 10 年高校毕业生人数如图 1-1 所示。

2022 届高校毕业生规模预计 1076 万人，同比增加 167 万人。不包括城镇待业人员和海外学成归来的学子，高校毕业生就业人数就已突破了千万。下面对就业形势受经济发展形势的影响和大学生的就业环境进行介绍。

（一）大学生由"精英"迈向"大众"

近年来，随着经济和各项事业的不断发展，我国高等教育模式已从传统的精英化模式向现代的大众化模式转变。在"大众化教育"阶段，接受高等教育成为多数人的权利，因此，与"精英教育"阶段相比，大学生不再是"宠儿"了，一样要公平地参与社会竞争，双向选择，自主择业。

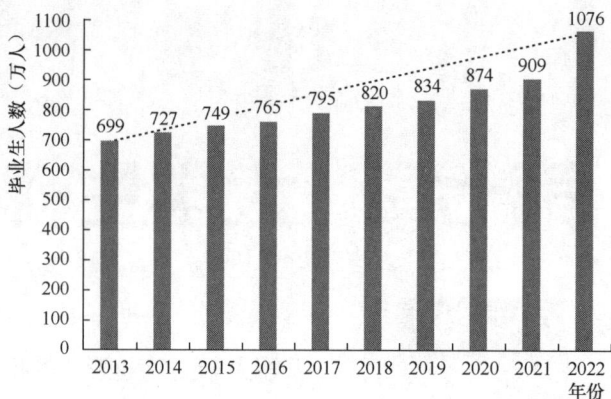

图 1-1　近 10 年高校毕业生人数

提醒　现在的大学生必须清楚地意识到，就业机制已向市场化、网络化转变，不能再像以前那样被动或消极地等待机会的来临，而应主动出击，通过各种渠道，如学校的就业信息网、各大网络招聘网站、企业的官方网站、本地人才市场等，寻找就业机会。

（二）大学生就业市场从"卖方"步入"买方"

在"精英教育"阶段，高校毕业生供给小于社会需求，大学生处于"卖方市场"。但是当高等教育迈向"大众化教育"阶段时，大学毕业生紧缺的时代一去不复返，大学毕业生与市场需求逐渐呈现"供需平衡"，直至"供大于求"的现状。此时，大学生就业基本趋于市场化，价格机制在就业市场的调节作用越来越大，在今后很长的一段时间内，高校毕业生将处于"买方市场"。

现在，大学毕业生层次间的较量是一个较明显的趋势，同层次、同专业毕业生的培养质量和特色竞争将格外激烈。这样一来，一部分大学生通过竞争将成为社会的精英，同时也必然会有一部分大学生从事与大众化相适应的"蓝领工作"。

阅读材料

不要好高骛远，把握当下

小郭是某大学市场营销专业的本科生，临近毕业时，一所大型国企来学校招聘，听闻这个消息后，整个市场营销专业的学生都倾巢出动了，除了几个已经找到不错工作的学生外，几乎所有人都参加了这场招聘会，就连其他专业也有同学参加。最后，这家企业只在小郭所在班级上挑选了3名学生，剩下的同学都是失望而回。

后来，陆续也有一些企业来学校招聘，但招聘人数都很少，每次对市场营销专业招聘两三个人，甚至有时还要求本科以上学历。小郭总结了一下，来学校招聘市场营销专业本科生的总人数在20人左右，是他们班级总人数的三分之一。慢慢地，小郭放低了对于企业性质、薪酬的要求，终于找到一份工作。在该单位里，恰好有一位和他同专业的师兄也在这里工作，他们成了同事，并聊起了当前大学生的就业情况，这位师兄不禁慨叹：如今大学生的就业形势一年不如一年，本科生的总量更是一年多于一年，远远超过了市场需要。

由此可以看到，在现在"僧多粥少"的大环境下，大学生在求职时要客观分析个人的条件，不要好高骛远。任何一项工作都要有人去做，只要努力加用心，任何一项工作都可以做得非常出色。不要太在意企业的性质、福利这些客观因素，最重要的是找到一个适合自己发展的平台。

（三）就业形式由"单一"走向"多样"

高等教育逐渐步入大众化发展阶段，已不仅仅是数量的变化，还包括培养模式、教学方式、培养目标等一系列的改变。培养目标和要求的多样化必然导致毕业生就业取向、就业形式的多样化。

（1）就业地点有大城市、中小城市、城镇等。

（2）就业单位属性有党政机关、事业单位、国有企业、民营企业等。

阅读材料

灵活就业，不要在乎地点

小金从小在教育世家长大，爸妈都是高级英语老师，从小她的英语就非常好，还经常参加各种英语演讲比赛并获得了不错的成绩。小金性格非常开朗，交了很多好朋友，古灵精怪的她经常逗得周围的朋友哈哈大笑。马上面临毕业了，她也开始犯愁了，因为到目前为止，她还没有找到满意的工作，经过这几个月的碰壁，也是真真切切地感受到了就业形势的严峻。

"工作难找，你不要太着急，慢慢来，不行的话就回老家吧，老家是小县城，竞争压力没那么大。"放下电话的小金觉得压力更大了。父母的话显然是在安慰她，因为一个小县城怎么会需要外语人才呢？整年都不见得有几个外国人光顾。可小金还是不甘心，决定继续找工作，一次一次的打击，让小金的心情跌到了低谷，她决定考虑父母的建议，回老家求职。

电话铃声又一次响起了，妈妈打电话来告诉她，县上最大的一个家具厂正在招聘翻译员，正好可以发挥自己的特长。虽然工资待遇比不上大城市，但发展前景好，而且竞争压力也没那么大。小金一听回家还可以发挥自己的特长，马上从大城市找工作失利的阴影中走出来，重整旗鼓回家应聘这份工作。

参加了厂里的招聘考试，在二十几个应聘者当中，小金以出色的口语和笔试能力胜出，正式加入销售科，负责外贸部门的翻译工作。

中小城市不一定没有理想的就业机会。随着市场经济的不断发展，许多中小城市都有了自己的龙头企业，这些企业的发展同样需要大量的人才。与其在大城市激烈拼杀，不如选择一个中小城市定下心来工作，创造属于自己的一片天地。

（四）用人标准由"重学历"转向"重能力"

现在，各类企业和机构招聘人才时，首先看重的是大学生的能力和学识水平，学历高低仅作为参考，不是硬性指标，更没有苛刻的要求。如果学历和能力都不符，不仅找不到工作，还会被人瞧不起。为了寻求一份好工作，大学生应在提高自身能力水平上下功夫。

长期以来，我国大部分企业都会对求职者的学历做出硬性要求，求职者学历越高，就业就越容易，求职者文化程度的高低成为企业选才用人的重要参照因素。但是，近年来，用人单位用工要求由原来的侧重求职者学历水平，开始向注重求职者的实际工作能力和综合素质等方面转变，学历因素对求职者的影响略有下降。

阅读材料

同等学历，能力更重要

小君是金融学专业毕业的研究生，金融行业发展前景好、收入高，专业也被戏称为最有"钱"途的专业。不管是在哪个口径统计出来的薪酬数据中，金融行业都位居前列。小君也感觉自己算是幸运儿，选择了当下最热门的专业，找到理想工作完全没有问题。

因此，她信心满满地来到人才市场，搜罗各种适合她专业的岗位，简历也投了不知道多少份。一开始她打算去银行、证券、保险行业谋求职位，可门槛实在太高，最终她选择了财务行业。于是，她开始关注国有企业、合资企业、民营企业等的招聘信息，也相继参加了一些单位的笔试、面试，但最终的结果都不满意，要么工资太低，要么地理位置偏远。为这些事情，她陷入了苦恼之中，时常在想"也许不读研究生，早点就业，会不会好点呢？"

后来，她的老师了解到她就业的情况，特意把她叫到办公室安慰了一番，还主动为她介绍了一家从事期货的民营企业。这家民营企业的老总通过与小君的面对面交谈后，发现她除了学历上有点优势外，在工作能力和特长等方面还不如一名本科生，企业里面本科毕业且能力比她强的大学生有很多。小君应聘的职位，不仅需要学历的支撑，更重要的是数学和英语要好，同时还需要相应的交际和沟通技巧。这些能力她都不具备，所以工作也就成泡影了。

由此可以看到，研究生学历就业形势也不容乐观。大学生应该注意，个人学历固然重要，但在同等学力水平基础上，提升个人素质和能力更加重要。要想保证自己有较强的竞争力，就需要认真分析就业环境，做好充分准备。

（五）用人单位对学历要求进一步提高

随着高校的不断扩招，每年毕业的大学生不断增多，大学生的地位不再"高高在上"，同样一家公司、同一个职位对于学历的要求，可能每年都会有所提高。虽然学历不代表一切，但在相同的条件下，学历还是用人单位考虑的因素之一。

提醒　2018年考研报考人数达到177万，有56%的考生出发点是为了"更好的工作"，而考研大军中往届毕业生占了四成。

（六）战略新兴产业受青睐

随着国家发展的大布局，特别是与"一带一路"建设、京津冀一体化、粤港澳大湾区等相关的项目行业，对人才吸引力巨大。电子信息及互联网等 IT 行业、机械制造业、房地产建筑业对毕业生的需求旺盛，物联网、智能装备、新材料、新能源汽车等战略性新兴产业对毕业生的需求也呈上升趋势。

（七）专业的热门与冷门转化快

学习的最终目的是学以致用，为适应社会发展的需求，学校教育也在不断改革，其专业设置、课程设置与社会的关联度不断上升。教育改革在一定程度上缩短了学校与社会的差距，弱化了理论与实践之间的距离。

高校应该合理调整学科结构和专业设置，使之与未来就业趋向相结合，面向社会、面向市场，立足未来办学。

（八）片面的人才观依然存在

近年来，随着高等教育大众化及就业压力的增加，大学生的就业观念也有所改变，就业期望值有所降低，但"万般皆下品，唯有读书高""望子成龙""望女成凤"等封建思想依然严重，大多数毕业生希望到大城市、大机关、大公司、大院所、大企业等比较体面的岗位就业。毕业生择业时容易受社会上一些舆论的左右，盲目追随，而不考虑自身条件及职业特点和社会整体需求。

大学生自身定位与社会发展对人才需求的实际状况存在较大的差异性，结果出现了很多大学生找不到工作，而又有不少工作岗位没有人愿意去的不正常现象。某些相对冷门的专业，如机械、技术工种，用人单位欠缺技术人才，一些大学生即使专业对口，也因为"工作看来不够体面"而拒绝工作机会。

（九）素质要求大于学习成绩

随着社会经济的发展，用人单位的择才观念也在发生变化。据调查显示，用人单位对大学生的基本能力要求依次为环境适应能力占65.9%；人际交往能力占56.8%；自我表达能力占54.5%；专业能力占47.7%；外语能力占47.7%。能力成为影响大学生成功就业最基本、最直接的因素。除了专业能力外，用人单位还提出了明确的非专业能力要求，主要集中在表达能力、协调沟通能力、人际交往能力、组织管理能力、适应能力和实践能力等方面。影响大学生就业的非专业能力还有很多，如学习能力、应变能力、观察能力和分析能力等，尤其是学习能力，已成为现代用人单位考察大学生的一个重要因素。

二、大学生应树立正确的就业观

在当前的就业形势下，大学生应该以怎样的态度来应对这复杂的就业局面呢？或许很多人都难以回答。其实，无论是"就业猛于虎"，还是"工作并不难找"，每一位大学生都应有良好的心理准备，树立正确的就业观。

（一）认清就业形势，把握就业机会

当代大学生应理性看待当前的就业形势，把握社会发展的趋势。由于某些学校和媒体过分渲染就业形势的严峻性，而某些大学生不假思索地全部吸收，导致大学生就业信心不足。其实，我国不断发展的经济给大学毕业生带来了一些新的机遇和条件，面对这些机遇和条件，大学生应积极把握，同时又要理性选择，切忌盲目跟风。因此，广大毕业生应全面冷静地分析自身情况和社会发展趋势，调整心态，不断充实自己，把握每次就业机会。

（二）提高个人素质，增强就业竞争力

大学生在校学习期间，除了努力学习课本知识外，还必须培养良好的职业道德，树立正确的世界观、人生观、价值观。大学生还应当具有创新精神，面临激烈的社会竞争，能视变化为机遇，视困难为坦途，对生活、对未来充满期望，充满热情。同时，大学生还要注重能力的培养，能力是一个人素质的外在表现。大学生应尽可能培养自己处理信息的能力、处理人际关系的能力、处理好人与资源的能力、系统看待事物的能力、运用技术的能力等。只有这样，才可能在社会上有更好的立足之地。

（三）找准自己的位置

找准自己的位置是大学生择业中最为重要的。不管是"双向选择"还是"自主择业"，最后你只能落实到一个具体的工作岗位。要选择适合自己的岗位，首先要从需求信息入手，信息越多，选择的余地就越大；信息越可靠越有利于做出决定。

同时，要善于筛选信息，筛选信息要从主客观两个方面考虑。从主观来讲，要考虑自身条件适合哪些单位、哪些职业；从客观来讲，要考虑用人单位的工作性质、发展前景、人才结构、需求情况、是否与自己的预期相同。只有综合考虑主客观因素，大学生才能在择业的过程中不至于迷失方向，通过理性的"双向选择"寻找到适合自己的工作。

第 二 节　大学生就业帮扶政策与措施

正所谓挑战与机遇并存，困难与希望同在，虽然大学生在就业时可能会面临种种困难，但同时也存在很多机遇。不管是国家提出的种种鼓励、支持政策，还是各高校、各单位提供的机会平台，对于大学生来说都是一个很好的机遇。每一年，教育部、人社部及地方都会出台相关的就业帮扶政策，以支持大学生就业。

一、国家就业帮扶政策与措施

为促进高校毕业生多渠道就业创业，努力实现更高质量和更充分就业。2018 年，教育部关于高校毕业生就业做出了以下 4 个方面的指示。

（一）鼓励毕业生服务国家发展战略

（1）引导毕业生到重点领域就业。各地各高校要围绕国家经济社会发展需要，主动对接国家发展战略需求，向重点地区、重大工程、重大项目、重要领域输送毕业生。结合"一带一路"建设、京津冀协同发展、长江经济带发展，大力开拓就业岗位。落实区域协调发展战略，引导毕业生到中西部地区、东北地区和艰苦边远地区就业。

（2）促进毕业生到新兴领域就业创业。各地各高校要结合建设科技强国、质量强国、航天强国、网络强国、交通强国、数字中国、智慧社会要求，引导毕业生到高技术产业、战略性新兴产业、先进制造业和现代服务业等领域就业创业。深入挖掘互联网、大数据、人工智能和实体经济深度融合创造的就业机会，在共享经济、现代供应链、人力资本服务等领域拓展就业新空间。

（3）鼓励毕业生到国际组织实习任职。各地各高校要加强政策支持力度，在经费资助、教学管理、就业服务等方面出台具体举措。高校要结合人才培养特色和学科优势，加快培养具有参与全球治理能力的高素质人才。加强与国际组织的联系，拓宽合作交流渠道。及时收集发布国际组织招聘信息，把国际组织相关内容纳入就业指导教材和课程，通过开展讲座报告、项目推介、组

建社团等多种方式，为毕业生到国际组织实习任职提供咨询、指导、培训等服务。

（二）鼓励毕业生到基层就业

（1）拓宽毕业生基层就业渠道。各地各高校要深入贯彻《关于进一步引导和鼓励高校毕业生到基层工作的意见》（中办发〔2016〕79号）精神，落实好基层就业学费补偿代偿等政策，实施高校毕业生基层成长计划。服务乡村振兴战略，引导毕业生到现代种植业、农产品加工、农村电子商务等一二三产业就业创业。继续组织实施好"教师特岗计划""大学生村官""三支一扶""西部计划"等中央基层就业项目。鼓励毕业生到城乡基层从事教育文化、健康养老、扶贫开发等工作，到社会组织就业。

（2）继续做好大学生征兵工作。各地各高校要加强与兵役机关协调配合，落实学费资助、复学升学、就业创业等优惠政策，共同组织咨询周、宣传月等活动。加强高校大学生征兵机构建设，面向毕业生、在校生及新生等群体开展宣传动员，在高校放暑假前对体检、政考合格的学生发放"大学生预定兵通知书"。

（3）鼓励毕业生到中小微企业就业。各地各高校要充分发挥中小微企业吸纳毕业生就业的主渠道作用，广泛收集发布岗位信息，办好全国中小企业网上百日招聘等活动。省级教育部门要积极配合人力资源社会保障、税务、中小企业主管部门等，落实小微企业吸纳毕业生的社保补贴、培训补贴、降税减负等优惠政策。高校要关心毕业生在中小微企业的成长发展，支持毕业生在小微企业进行产品研发和技术创新。

（三）提供全方位就业指导服务

（1）优化就业精准服务。各地各高校要广泛应用"互联网+就业"新模式，通过新职业网、智慧就业等平台，根据毕业生和用人单位需求，开展精准对接服务。推动搭建跨区域、跨行业、跨类别的招聘信息服务平台，鼓励举办分层次、分类别、分行业的中小型校园招聘活动，更多采用网上初选、线下面试的便捷校园招聘模式。

（2）加大就业困难群体帮扶力度。各地各高校要重点帮扶建档立卡贫困家庭、少数民族、身体残疾等毕业生就业困难群体，配合有关部门落实好求职创业补贴等政策。要通过开展个性化辅导、组织专场招聘、优先推荐岗位、发放求职补助等方式，确保困难群体就业一个不能少、一个不能掉队。要与人力资源社会保障部门做好离校未就业毕业生的信息衔接和服务接续工作。

（3）规范就业工作管理。各地各高校要严格落实就业签约"四不准"要求，不准以任何方式强迫毕业生签订就业协议，不准将毕业证书、学位证书发放与签约挂钩，不准以户档托管为由劝说毕业生签订虚假协议，不准将顶岗实习、见习证明材料作为就业证明材料。建立健全毕业生参与的就业状况统计核查机制。严禁发布带有歧视性内容的招聘信息，严密防范"培训贷"、求职陷阱、传销等不法行为，切实维护毕业生权益，确保校园招聘活动公平、安全、有序。有条件的地区要积极推动建立入职定点体检和结果互认机制，尽力避免手续过于烦琐、重复体检。

（4）提高就业指导能力。各地各高校要加强就业指导教师的培养培训，在专业技术职务评聘中充分考虑就业指导教师的工作性质和工作业绩，推进就业指导教师队伍职业化、专业化、专家化。把学生职业发展与就业指导课程贯穿于整个人才培养体系，将课程与学科专业相融合，探索慕课等新型课程形式。要为大学生职业发展提供个性化咨询指导。

（5）充分发挥高校毕业生就业状况反馈作用。各地各高校要认真落实就业情况统计和监测责任制，确保就业数据真实准确。不断完善就业质量评价指标体系，按时向社会发布高校毕业生就业质量年度报告。鼓励开展毕业生就业创业与职业发展状况跟踪调查，推动形成就业与招生计划、人才培养、经费拨款、院校设置、专业调整的联动机制。

（四）加强组织领导和宣传教育

（1）强化组织保障。各地各高校要认真落实就业"一把手"工程，建立就业工作目标责任制，切实做到就业创业工作"机构、人员、经费、场地"到位。省级教育部门要加强与相关部门的协调配合，共同研究制定就业政策，开展就业服务。高校要完善就业部门牵头，学工、招生、教学、创业、武装等部门参与的工作机制，形成齐抓共管的工作格局。

（2）加强监督检查。各地各高校要开展就业创业政策和工作落实情况督促检查，建立就业创业情况通报、约谈、问责等工作制度，对工作创新成效显著的要总结经验、表扬推广；对于不履责、不作为的现象要及时纠正并要求限期整改，对发生就业率作假等违规行为的要严肃查处并追究领导责任，确保政策和工作落实到位。

（3）深化思想教育和宣传引导。各地各高校要落实全国高校思想政治工作会议精神，把思想政治工作融入高校毕业生就业创业工作全过程，坚持立德树人，引导毕业生树立科学的就业观和成才观。加强正面宣传，广泛宣传基层就业创业毕业生典型事迹，宣传解读国家促进就业创业的政策措施，努力营造有利于就业创业的良好舆论氛围。

> **提醒**　作为即将就业的大学生应随时查看学校相关的就业信息，把握就业机会。同时，在国家大的就业政策和框架的支持下，各地方还会出台相应的就业支持政策，也需要多上地方的就业网站查看。

二　部分省市就业帮扶政策与措施

高校毕业生人数一年比一年创新高。面对庞大的求职大军，除了国家层面，地方层面也出台了政策、措施，为高校毕业生就业"保驾护航"。

浙江省制定了《浙江省人民政府关于做好当前和今后一段时期就业创业工作的实施意见》（以下简称《实施意见》）。《实施意见》明确，社会组织吸纳高校毕业生就业同等享受企业吸纳就业扶持政策，科研单位吸纳高校毕业生参与研究的按规定将社会保险补贴纳入劳务费列支，以及推荐高校毕业生到国际组织实习任职。

海南省人力资源和社会保障厅与省财政厅制定了《海南省就业补助资金管理办法》（以下简称《管理办法》）。《管理办法》提出了为劳动者提供创业补贴，补贴对象为首次创办企业或从事个体经营，且所创企业或个体工商户自工商注册登记之日起，正常运营1年以上的离校3年内高校毕业生（含技师学院高级技工班、预备技师班和特殊教育院校职业教育类毕业生）和就业困难人员。补贴标准按每个法人6000元给予一次性补贴。同时，对招用毕业年度高校毕业生的小微企业或社会组织，与补贴对象签订1年以上劳动合同并为其缴纳社会保险费，履行合同满1年后，按每招用1人给予一次性奖励1000元。

长沙则对到当地工作的博士、硕士、本科等全日制高校毕业生，两年内分别发放每年1.5万元、1万元、0.6万元租房和生活补贴；博士、硕士毕业生在长沙工作并首次购房的，分别给予6万元、3万元购房补贴。

成都市《2023年促进高校毕业生等青年就业创业工作方案》围绕实施青年专项技能提升行动，将有意愿培训的高校毕业生等青年全部纳入职业培训服务范围，持续完善"毕业生点单、就业部门亮单、培训机构接单"的"三单式"培训模式，拓展新型学徒制培训、技能研修、新职业等多种模式，大力推行"线上+线下""集中+分散""长班+短班"相结合的培训方式，引导高校毕业生自主选择，实现培训项目化，力争使有就业和培训意愿的高校毕业生在离校前均能接受一次培训，增强高校毕业生适岗能力和职业发展能力。积极组织动员青年参加各类技能竞赛活动，引导青年技能成才。

郑州市财政局《关于印发郑州市用人单位招用应届高校毕业生补贴等3个实施细则的通知》（郑人社〔2022〕18号）对于用人单位招用30人（含）以上50人（含）以下的，按每人2000元的标准给予一次性补贴。招用50人以上的，按每人3000元的标准给予一次性补贴。一个年度内同一用人单位最高补贴100万元。上述补贴标准，根据属地原则，市辖区由市财政与各区1：1进行分担，各县（市）由同级财政全额负担。

第三节　大学生就业流程

马上就要毕业了，毕业生们也即将完成从学校到职场的跨越。那么，大学毕业生在正式入职之前，一般需要办理哪些手续呢？图7-2所示为大学毕业生就业流程。

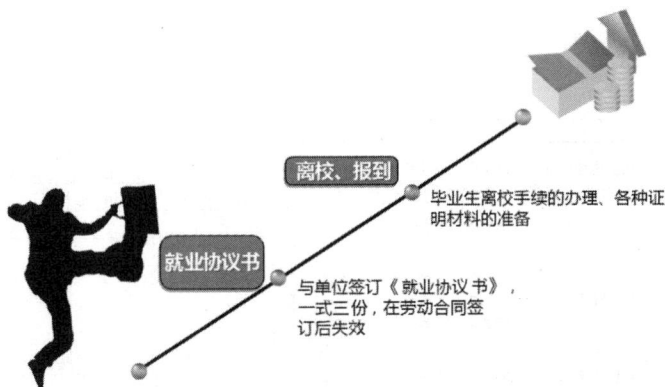

离校、报到
毕业生离校手续的办理、各种证明材料的准备

就业协议书
与单位签订《就业协议书》，一式三份，在劳动合同签订后失效

图7-2　大学毕业生就业流程

一、签订就业协议书

《全国普通高等学校毕业生就业协议书》（以下简称《就业协议书》）是高校毕业生和用人单位在正式确立劳动关系前，经双向选择，双方在规定期限内就确立就业关系、明确双方权利和义务而达成的书面协议。协议条款应该是协议主体之间权利与义务的明确表示，对双方当事人皆具约束力。一经订立后，当事人不得随意解除，否则应承担违约责任。

《就业协议书》明确了毕业生、用人单位、学校三方在毕业生就业中的权利和义务。《就业协议书》一般统一制表，如图7-2所示。

提醒　《就业协议书》一般统一制表，但由于各个省市的要求不同，内容也会有所差别。例如，《就业协议书》的"备注"页，一般用于学校填写就业时需要学生注意的事项；"签约须知"页，即《就业协议书》的第三页，是就业协议的具体条款内容，但因地域不同，也会存在一些差异。

备注：

编号：

全国普通高等学校毕业生就业协议书

毕业生＿＿＿＿＿＿＿＿＿＿＿

学　号＿＿＿＿＿＿＿＿＿＿＿

用人单位＿＿＿＿＿＿＿＿＿＿

学校名称＿＿＿＿＿＿＿＿＿＿

教育部高校学生司制表

按《普通高等学校毕业生就业工作暂行规定》的要求，为维护国家就业计划的严肃性，明确毕业生、用人单位、学校三方在毕业生就业工作中的权利和义务，经协商，毕业生、用人单位、学校三方签订如下协议：

一、毕业生应按国家规定就业，向用人单位如实介绍自己的情况，了解单位的使用意图，表明自己的就业意见，在规定的时间内到用人单位报到，若遇到特殊情况不能按时报到，需征得用人单位同意。

二、用人单位要如实介绍本单位的情况，明确对毕业生的要求及使用意图，做好各项接收工作。凡取得毕业资格的毕业生，用人单位不得以学习成绩为由提出违约，未取得毕业资格的结业生，本协议无效。

三、学校要如实向用人单位介绍毕业生的情况，做好推荐工作，用人单位同意录用后，经学校审核列入建议就业计划，学校负责办理派遣手续。

四、学校应在学生毕业前安排体检，不合格者不派遣，如用人单位对毕业生身体条件有特殊要求，原则上应在签订协议前进行单独体检，否则，以学校体检为准。

五、毕业生、用人单位、学校三方如有其他约定，应在备注栏注明，并视为本协议书的一部分。

六、本协议经各方签字、盖章后生效。三方都应严格履行本协议，若有一方提出变更协议，须征得另两方同意，由违约方承担违约责任并在备注栏注明违约金数额。

七、本协议一式三份，毕业生、用人单位、学校各执一份，复印无效。

八、本协议未尽事宜，经毕业生、用人单位、学院三方协商同意，在备注栏填写协商内容，视为本协议的一部分。

毕业生情况及意见	姓　名		性别		年龄		民族	
	政治面貌		培养方式			健康情况		
	专　业			学制			学历	
	家庭地址							
	应聘意见：							
	毕业生签名：　　　　　年　月　日							

用人单位情况及意见	单位名称					单位隶属		
	联系人		联系电话			邮政编码		
	通信地址			所有制性质	全民、集体、合资、其他			
	单位性质	党政机关、科研事业单位、学校、商贸公司、厂矿企业、部队、其他						
	档案转寄单位名称							
	档案转寄详细地址							
	用人单位意见：			用人单位上级主管部门意见：（有录用自主权的单位此栏可略）				
	签章　　　　年　月　日			签章　　　　年　月　日				

学校意见	学校联系人		联系电话			邮政编码		
	学校通信地址							
	院系意见：			学校毕业生就业部门意见：				
	签章　　　年　月　日			签章　　　年　月　日				

图7-2　《就业协议书》模板

（一）《就业协议书》的主要特征

毕业生与用人单位双向选择达成意向后，用人单位要先与毕业生签订就业协议，当劳动者正式到用人单位报到时，再签订劳动合同，从而确定劳动关系。从法律上讲，《就业协议书》是一种民事合同，主要有以下特征。

（1）《就业协议书》是当事双方的民事法律行为。毕业生与用人单位通过双向选择达成意向，约定毕业生毕业后到用人单位工作，其基础是相互协商的民事法律行为。

（2）《就业协议书》是当事双方在平等互利基础上的民事法律行为。毕业生可以根据自己的需求选择经济效益好、能够发挥自身特长的用人单位；用人单位也可以自由选择优秀毕业生到单位工作，不存在一方当事人强迫签订就业协议书的情况。

（3）《就业协议书》是当事双方设立各自权利义务的民事法律行为。《就业协议书》主要规定毕业生的工作期限、工作岗位、工资报酬、劳动待遇、就业协议终止条件、违反协议的责任等，明确了毕业生到用人单位工作的权利等。

（二）填写《就业协议书》的注意事项

毕业生在填写《就业协议书》时，应注意查看和填写如下内容。

（1）学生部分。专业名称应为学生现在所学的专业名称，应与学校登记的专业名称完全一致，不得误写、简写。

（2）用人单位部分。主要应注意3个方面：一是用人单位名称与单位公章应一致，不得简写、误写或写别名；二是用人单位性质应填写单位的经济类型，如国有、独资、合资、民营、私营等；三是档案转收详细信息（包括单位名称、邮政编码、详细地址等），若某些外资、私营、民营等单位没有人事档案保管权，应填写委托保管档案的单位地址，如某人才市场等。

（3）甲乙双方协商达成条款部分。主要应注意3个方面：一是服务期、见习期等条款，必须明确填写；二是各项福利、违约金等必须注明；三是甲、乙双方就有关事项协商达成附加条款，如甲方有何特殊的体检要求等均可在协议中写明。

（三）签订《就业协议书》的程序

毕业生与用人单位在签订《就业协议书》时应遵守相应的程序，所有相关人员签字盖章后，《就业协议书》才能生效。签订《就业协议书》的基本程序如下。

（1）毕业生到学校就业办领取写有本人编号的《就业协议书》。

（2）毕业生和用人单位经双向选择、达成就业意向后，双方在就业协议书上签字盖章。

（3）用人单位或毕业生本人将《就业协议书》交至学校院系，由学校院系签署意见并加盖公章，纳入就业计划派遣。

（4）用人单位或毕业生本人将《就业协议书》交至学校学生处就业指导科，由就业指导科签署意见并加盖公章。

（5）学校、毕业生、用人单位各留一份。

> **提醒**　《就业协议书》每人只能有一份，复印无效，应妥善保管；《就业协议书》中档案转寄地址、单位、邮编应填写清楚，以免档案误投，损害毕业生自身利益；如今校方为鉴证方，《就业协议书》在毕业生和用人单位双方签约后即可生效。

（四）解除《就业协议书》

《就业协议书》的解除根据提出解除方的不同，分为单方解除和三方解除，具体内涵如下。

（1）单方解除。单方解除包括单方擅自解除和单方依法或依协议解除。单方擅自解除属违约行为，解约方需承担违约责任。单方依法或依协议解除，指一方解除就业协议有法律或协议依据，如毕业生未取得毕业资格，用人单位有权单方解除就业协议。此类单方解除就业协议的情况，解除方无须承担法律责任。

（2）三方解除。三方解除指毕业生、用人单位、学校三方经协商一致，取消原先签订的协议，此类解除三方均不承担法律责任。

二、离校、就业报到

大学生在校学习期满，并且各科成绩合格达到毕业要求后，就要在6月着手办理离校手续，然后准备到用人单位报到。大学毕业生要积极主动地配合学校做好各项工作，做到文明离校，顺利就业。

（一）离校

毕业生完成学业，离开学校前还有一些必要的离校手续需要办理，主要包括毕业鉴定、填写普通高等学校毕业生登记表、毕业体检、领取就业报到证和户口迁移证等。

① 毕业鉴定

毕业鉴定是毕业生临近毕业时，通过回顾自己大学期间的德、智、体、能等综合情况的表现，为自己所做的准确且客观的评价和总结。鉴定的主要内容如下。

（1）思想、道德素质。对党的领导和党的路线、方针、政策等方面的认识，参加学校组织的各项思想政治教育活动情况；遵守国家各项法规、制度及校规、校纪的情况；参与社会实践活动的情况等。

（2）学习情况。学习成绩和专业知识的掌握程度，学习态度和学习自觉性方面的表现，科研活动成果及创新能力方面的表现等。

（3）身心素质方面。身体健康状况、心理健康状况，参加各项体育活动的情况等。

（4）综合能力方面。自己的专长和特点，交际与沟通能力，对社会的认知和适应能力等。

（5）存在的主要缺点、问题及今后的努力方向。

大学毕业生在进行毕业鉴定时，一定要认真听取老师和同学们的意见，要实事求是，不能弄虚作假，也不能满纸空话、套话；态度要端正，字迹要工整；奖励和处分都要写清楚，尤其是对处分切不可隐瞒。

② 毕业生登记表的填写

普通高等学校毕业生登记表是由教育部制定的学生毕业材料之一，要归入学籍档案，凡取得毕业资格的毕业生都必须认真填写。内容主要包括毕业生基本情况、学习经历、社会关系、个人总结、毕业实习单位和主要内容、毕业论文题目、本人工作志愿、学校意见等。

毕业生登记表是毕业生在校综合情况的反映和记载，是学校对毕业生在校期间的综合评价材料，毕业生要按照每个栏目的具体要求认真填写。学校也要认真核实其中的各项内容，要以对国家负责、对毕业生负责的态度严肃对待。

③ 毕业生离校手续的办理

毕业生办理离校手续的时间一般在毕业生离校前的一周左右，按照学校的相关规定进行。毕业生须持学校统一发放的离校手续单办理相关手续，主要流程如下。

（1）毕业生到所在院系领取离校手续单。

（2）到校党团部门办理党团组织关系转接手续。

（3）到图书馆办理归还图书及借书证等手续。如果将学校的图书损坏或丢失，应按照学校的有关规定予以赔偿。

（4）到财务部门进行费用核对、清退。

（5）到宿舍管理部门办理退宿手续，交还宿舍钥匙。家具如有损坏，应按照学校的有关规定予以赔偿。

（6）到学生管理部门交还学生证。

（7）到教务部门交还借用的教学仪器和用具。

（8）到校医院交还医疗证。

（9）对于享受国家助学贷款的毕业生，到贷款管理部门办理有关手续。

（10）以上手续办理完毕后，领取毕业证、学位证、就业报到证和户口迁移证。

为深入贯彻党的二十大精神，全面落实党中央、国务院关于高校毕业生就业工作决策部署和《国务院办公厅关于进一步做好高校毕业生等青年就业创业工作的通知》（国办发〔2022〕13号）的要求，中共中央组织部、人力资源社会保障部、教育部、公安部、国务院国资委发布《关于做好取消普通高等学校毕业生就业报到证有关衔接工作的通知》（以下简称《通知》）。《通知》明确，2023年起，不再发放《全国普通高等学校本专科毕业生就业报到证》和《全国毕业研究生就业报到证》（以下统称"就业报到证"），取消就业报到证补办、改派手续，不再将就业报到证作为办理高校毕业生招聘录用、落户、档案接收转递等手续的必需材料。《通知》具体包括以下内容。

❶ 简化求职就业材料

2023年起，不再发放《全国普通高等学校本专科毕业生就业报到证》和《全国毕业研究生就业报到证》（以下统称就业报到证），取消就业报到证补办、改派手续，不再将就业报到证作为办理高校毕业生招聘录用、落户、档案接收转递等手续的必需材料。

❷ 建立去向登记制度

教育部门建立高校毕业生毕业去向登记制度，作为高校为毕业生办理离校手续的必要环节。高校要指导毕业生（含结业生）及时完成毕业去向登记，核实信息后及时报省级教育部门备案。实行定向招生就业办法的高校毕业生，省级教育部门和高校要指导其严格按照定向协议就业并登记去向信息。高校毕业生到户籍和档案接收管理部门办理相关手续时，教育部门应根据有关部门需要和毕业生本人授权，提供毕业生离校时相应去向登记信息查询核验服务。

❸ 做好户口迁移衔接

高校毕业生户籍可以迁往就业创业地（超大城市按现有规定执行），也可以迁往入学前户籍所在地。迁入地公安机关要根据毕业生就业情况、本人意愿和迁入地落户政策要求，办理户口迁移手续。

❹ 做好档案转递衔接

2023年起，组织人事部门和档案管理服务机构在审核和管理人事档案时，就业报到证不再作为必需的存档材料，之前档案材料中的就业报到证应继续保存，缺失的无需补办。高校要及时将高校毕业生登记表、成绩单等重要材料归入学生档案，按规定有序转递，个人不能自带和保管。到机关、国有企事业单位就业或定向招生就业的，转递至就业单位或定向单位；到非公单位就业、灵活就业及自主创业的，转递至就业创业地或户籍地公共就业人才服务机构，其中转递至就业创业地的，应提供相关就业创业信息；暂未就业的，可根据本人意愿转递至户籍地公共就业人才服务机构，或按规定在高校保留两年。档案接收管理部门要及时向社会公布服务机构和联系方式，各相关单位和公共就业人才服务机构要认真做好毕业生档案接收工作。

❺ 做好报到入职衔接

用人单位可凭劳动（聘用）合同或就业协议书（含网签协议）或普通高等教育学历证书或其他双方约定的证明材料，为高校毕业生办理报到入职手续，参加工作时间按照高校毕业生毕业后实际入职之日计算，法律法规另有规定的从其规定。

❻ 完善信息查询渠道

用人单位、户籍和档案接收管理部门、公共就业人才服务机构在办理招聘录用、落户、档案接收转递等业务时，可通过查看学历证书、劳动（聘用）合同（就业协议、录用接收函）等，或通过全国高校毕业生毕业去向登记系统，查询离校时相应毕业去向信息。高校毕业生和有关单位可通过中国高等教育学生信息网（查询和验证高校毕业生学历、学位信息。

《通知》要求，各地各有关部门、用人单位和高校要认真梳理调整原涉及就业报到证的办事规则流程并及时公告，进一步精简证明材料，切实做好取消就业报到证有关工作衔接。

CHAPTER 08

第八章　大学生就业准备

学习目标

掌握大学生就业知识和能力的准备

掌握就业信息的收集和利用

掌握自荐材料的准备

本章导读

　　每个人对自己的未来都有不同的期望与判断，选择实习就业、自主择业、延时就业，或者自己创业，没有绝对的"对"与"错"，工作的好坏也不能单纯以工资的高低或工种的不同来评判，只要找到适合自己的工作，能在工作岗位中实现个人价值，并且能为企业和社会创造财富，这就是好工作。但在就业前，大学生要做好的充分的准备，包括知识与能力、就业信息备和自荐材料等方面的准备。

第 一 节　知识与能力的准备

　　职场人士经常为一件事情所苦恼：是做一个所有领域样样皆懂的"全才"呢？还是做精通一个领域的"专才"呢？其实对于大学生而言，只要自己在就业前做好了充足的准备，拥有较多的知识和能力，良好的职业素养，不管是"全才"，还是"专才"，都有其用武之地。

一、知识准备

　　知识是从事各行各业所必须具备的基础，而且每个职业所需要的知识内容是不一样的，在当代，想要成为一个优秀的职业人，应储备一下几方面的知识。

（一）专业知识的准备

　　专业知识主要指该职位所必须具备的专业技能，一般来说，专业知识优秀的毕业生更容易找到理想的职业。

　　由于用人单位在实际工作中更加注重大学生的工作能力，某些学生产生专业知识并不重要的错觉，认为专业知识在以后的工作中基本都用不上，因此学习起来就很懒散，不用心。实际上，在同等条件下，用人单位在无法直观地发现具体个人谁更优秀的情况下，会根据大学生在校的成绩来进行人才选择，特别是专业课的成绩。因为专业知识是大学生在就业时最重要的资本之一，所以大学生在校期间应注意知识的积累，特别是专业知识的积累。

（二）英语等外语知识

随着全球化的发展，掌握一门或一门以上的外语是每个大学生增加竞争力所必须具备的能力。越来越多的跨国公司来我国投资创办企业，若求职者没有良好的外语口语能力和读写能力，连简单的日常工作沟通都没法完成，求职的成功率就会很低。因此，熟练地掌握一门外语能让你在众多的求职者当中脱颖而出。

（三）其他知识

现在是一个多元化的社会，需要的知识也呈多元化结构。因此，大学生除了牢固掌握专业知识，还需要掌握一些其他有助于职业发展的知识。

（1）基础通用知识：指的是除了专业学术知识之外的基础知识，诸如人文知识、法律知识等。基本的法律知识是每个大学生都必须了解和掌握的。作为祖国未来的建设者，大学生一定要知法懂法、遵法守法。而人文知识涉及的面很广，可以运用到各行各业中，如文员、秘书、助理等文职工作者，以及导游、教师等职业。从某种意义上说，基础通用知识是一个人综合职业素养的体现。

（3）办公知识与技能：指的是电子办公与企业运营管理方面的知识与技能等。现代企业办公基本都离不开互联网与计算机，这就要求大学生掌握网络与办公软件的应用，如 Windows、Office 系列办公软件、简单的图像处理软件等。在日常工作中，每个人都会不知不觉地参与企业的运营与管理，因此熟悉与企业相关的知识，能够帮助你快速正确地理解公司的动态和决策，使你与企业共同进步、共同成长。

二、能力准备

一个人在某个岗位上是否胜任，除了可以从知识方面考察，还可以从能力方面考察。大学生除了不断的提升个人能力，还要锻炼和提升沟通与协作、创新、决策等方面的能力。

（一）沟通与协作能力

良好的沟通能力有利于培育大学生健康的心理，让大学生走出自我封闭的禁区，有利于大学生消除孤独感，使大学生形成愉悦的情绪体验，让大学生更好地掌握人际交往的艺术。同时，沟通与协作能力是大学生未来事业成功的必备条件。沟通与协作能力主要考察一个人在团队中是否可以很好地与他人相处合作，并且发挥其自身的最大作用。当今社会上，一个项目、一项事业能否成功，依靠的不再是一个人的个人能力，而是团队的力量。

沟通与协作能力要求一个人在团队中首先做好自己的事情，然后要信任他人，包括信任他人的工作能力、工作方式。个人在团队合作工作中应注意换位思考，这是高效发挥团队能量，提高自身协作能力的关键因素。切忌遇事推诿，或者存在永远都是他人的错误、自己没有任何责任的思想。

（二）创新能力

创新是人类社会进步的根源，它以现有的思维模式提出有别于常规的见解，通过利用现有的资源，改进或创造新的事物（包括产品、方法、元素、路径、环境），并获得一定有益的效果。影响创新能力的因素有很多，除了长期形成的社会因素外，还包括个人因素。个人因素主要指因为缺乏创新意识、创新欲望和创新兴趣，长期形成的思维定式等导致了创新能力受限。

培养创新能力是与时俱进的要求，从某种意义上来说，具备良好的创新能力，就意味着具有较高的潜在价值和发展空间。

当今社会，不管是大学生还是职场中人，都将创新能力看作一种非常强大、不可超越的能力。其实创新能力说大，可以是一项发明；说小，可以是一项举措的小改变。对个人而言，不让思维受限，善于发现新事物，善于从新事物中获取信息，并应用于现有事物，就是一种创新。

阅读材料

创新开拓新方向

胡亮是一位技术高超的软件开发人员，为了实现创业的梦想，他毅然放弃了优越的工作条件，创办了一家属于自己的手机游戏公司。在公司成立之初，他按照自己的工作经验来设计产品，但在已经具有激烈竞争的市场中，他的产品很难脱颖而出。但他毫不气馁，以顽强的意志继续开拓新的方向。他通过对市场的分析和对以往经验的归纳总结，设计出了在各个手机系统上都能使用的产品。为了使公司发展得更好，他决定在iPhone手机上设计游戏软件，经过他和公司成员的共同努力，他们成功开发并上线了2款iPhone手机游戏，成功将自己的技术和创意融合在一起，开辟了一个新的市场。

（三）决策能力

在职场中，不管是一般岗位还是一些关键岗位，肯定都会碰到各种需要当事人当机立断处理的情况，而处理该事情的好坏程度也受当事人决策能力的影响。决策能力是指个人对未来行为目标的决断和选择的能力，良好的决策能力可以让个人、企业少走弯路、少犯错误，以较小的代价达到目标效果。

培养决策能力应从日常小事做起，不能事事让父母、朋友拿主意。虽然决策能力需要培养，但决策能力的培养也是有章可循的。决策能力主要由以下几个方面构成。

（1）开放的提炼能力。开放的提炼能力指以开放的态度吸收各种方法、方案，然后准确、迅速地提炼出解决问题的各种方案。该能力包括两个方面：一是不要局限于传统的思想中，要以开放和包容的态度尽可能获取更多的决策方案；二是对获取的决策方案进行对比、提炼，把握各种方案的本质，正确评估每个方案的条件、效果及可行性。

（2）准确的预测能力。预测是决策的基础，决策是预测的延续。要具备卓越的决策能力，首先应具备准确的预测能力。

（3）准确的决断能力。准确的决断能力指从众多的决策方案中选择最有利方案的能力，以及在危机时刻当机立断的能力。要保证决断的事情对于企业是有利的，在进行决断时应把握5点：一是选择的方案是可以实施操作的；二是选择的方案应与企业的宗旨和目标相符；三是选择的方案要能被决策方案的受益人所接受；四是选择的方案要能被决策方案的执行者所接受；五是正确评估决策方案的风险，多方面分析决策的优缺点，为选择方案的后续工作做准备。

（四）实践操作能力

实践操作能力，也称动手能力，它是把创造性思维变成实际的物质成果。这种能力对于大学生来说是最需要培养的，因为在校大学生更多的是注重专业理论知识的学习，或在一些基础理论实验室进行简单且常规的动手训练，实践能力较弱。

作为一名大学生，如果只懂得专业理论，而不具有实践操作能力，是不可能赢得用人单位青睐的。因此，大学生在校期间不仅要积累知识、学好文化理论，而且要积极通过参加模拟实验、科研活动及利用生产实习和勤工俭学等机会，着重培养和提高实际动手能力，以满足日后的工作需要。

（五）信息处理能力

现代社会是信息社会，大学生必须具备灵活处理信息的能力。这种能力主要体现在以下3个方面。

（1）对各种信息具有高度敏感性，能广泛地接收各种信息。

（2）对有用信息具有简化、归类、存档和联想发挥的能力，并能把这种经过筛选和加工的信息，连同自己的认识、评价运用到学习、生活和工作实践中。

（3）熟悉现代化的信息工具，特别是会利用计算机来检索和提取自己需要的信息。

第 二 节　就业信息的准备

大学生具备了良好的职业素养，拥有较多的知识和能力，就业就会高枕无忧吗？能力和素养是一个人职业生涯举得成功的基石，大学生要想进入喜欢的行业，获得理想的职位，就业前，大学生还应当广泛收集各类就业信息，然后从众多的就业信息中找到适合自己的职位。

一 就业信息的收集

随着社会的发展，社会上有越来越多的招聘就业渠道，学校也有自己的就业主管部门，可供大学生利用的就业信息收集渠道、手段日益增多。一般情况下，大学生可以选择的主要途径有以下几种。还有更多的求职方法将在第十章中详细介绍。

（一）学校就业渠道

当前，就业形势日趋严峻，各高校都专门设立了为毕业生就业提供服务的机构，如毕业生就业指导中心、就业工作处或就业办公室等。这类机构所提供的信息，无论是全国性的、地方性的还是行业性的，一般都来自政府部门或大型企业，主要是由用人单位根据高校学科专业设置提供的。该途径的准确性、权威性、可信度非一般就业渠道可比，而且通过这个渠道获取的信息，专业对口性强、成功率高，是大学毕业生放心的就业信息渠道。

（二）双选会

双选会，顾名思义即双方选择的招聘会，是专门为大学毕业生准备的，它搭建起了毕业生与单位之间的桥梁，在双方都愿意的前提下可以签订三方协议。双选会一般是当年 11～12 月、下一年 3～4 月在各高校举行，每年年底各大城市也要举办相应的大型双选会。

（三）网络

通过互联网获得就业信息是现代大学毕业生就业的主要渠道。互联网提高了招聘、就业的便捷性，只要有一台可以上网的计算机或一部智能手机即可。互联网中包含了大量的招聘信息，大学毕业生可选择的范围更广。通过互联网获取招聘信息有以下几种渠道。

❶ 政府官方就业信息网站

我国各级政府建立了针对大学生的就业信息网站，例如教育部大学生就业网、北京高校大学生就业创业信息网、上海学生就业创业服务网等。图 4-5 所示为教育部大学生就业网的截图。

图 8-1 教育部大学生就业网截图

❷ 国内专业招聘网站

互联网上存在大量的招聘网站，如智联招聘、前程无忧、猎聘网、中华英才网、58 同城等。这些网站均能提供就业信息，大学毕业生可通过各网站提供的岗位，结合自身情况与用人单位联系，传达就业意向。

❸ 企业官方网站

一些较大型的企业都有自己的官方网站，企业的招聘信息也会发布到自己的官方网站上，大学生可通过发布的信息，寻找到适合自己的岗位后，与对方联系。

❹ 学校的就业平台

为了做好学校招聘资源的整合，提供相应的就业服务和政策资讯等，方便大学生更好地选择职业，越来越多的学校设立了自己的网络就业平台，将用人单位的招聘信息发布在就业平台上，供学生选择。

（四）社会人际关系

个人的接触面总是有限的，拓宽社交范围可得到许多有价值的信息。亲朋好友、家人及其他社会关系是最直接的社交范围。由于他们分布在社会的各个领域、各条战线，因此通过他们了解和收集社会需求信息的针对性更强，信息的可信度和有效度都会比较高。

（五）实习、实践活动

大学生寒暑假的社会实践单位及毕业实习单位等一般都是与专业对口的。在实习过程中，毕业生不仅能将自己所学的知识直接用于管理、生产或其他社会服务；而且可以更为直接地了解服务单位内的人员需求情况。同时，服务单位对自己也有一定的了解，假如单位有意招人而你又积极主动，这就是一个很好的机会。

阅读材料

主动出击多渠道收集就业信息

大三下学期，小李所在的班级被安排到外地实习两个月，正当班上其他同学都在准备未来两个月的实习时，小李却在准备其他的事情。他先找到不随同一起去外地的班主任，拜托班主任如有合适的单位请帮忙推荐，并留下几份自荐材料，然后他又去学校就业办公室，请办公室的老师有重要的信息及时通知他。接着，他还找到一个低年级的师弟，请他帮忙在学校就业信息栏看到重要的招聘信息时通知他。最后，他仔细查询了即将离开的两个月中各地人才交流会的信息，并根据实际情况做了安排。一切准备就绪后，小李便安心去实习了，在实习期间他参加了几个单位的面试，实习结束，他的工作也落实了。

二、就业信息的筛选

由于就业信息的来源和获取的渠道不同，内容也会存在虚实兼有的情况，因此，对收集到的信息进行去粗取精、去伪存真的整理、筛选，就成为使用信息的必要前提，这也将为自己的求职提供服务与帮助。

（一）挖掘重要信息

一般来说，学校发布的一些就业信息是比较有针对性的，可以作为重点信息分类保存。而对于国家和政府对本专业的毕业指导性意见及相关政策的资料收集也不能忽视。

首先，尽量筛选和本专业有关的用人单位的信息，一般来说，你的专业就是你的优势，其次，筛选与个人特长相关的招聘信息，兴趣是成功的源头，特长皆源自于兴趣，因此，与自己特长有关的岗位也需重点留意。

（二）类比同类信息

大学生在查看招聘广告时也要多留一个心眼，对于应聘者年龄、学历、工作经验等条件都要求过低，但工资却较高；或者招聘内容过于简单，只留下电话就要求应聘者直接去面试的，这些招聘信息就要特别留意，这很可能是广告陷阱。

因此，大学生一定要善于对比同类信息，学会换位思考。换作你是老板，你会招聘什么样的员工，发什么样的薪水，如果这些信息与实际差别太大，那很可能是不真实的，应主动摒弃。

（三）科学的分析和取舍

大学生要对所获得的就业信息进行分析鉴别，科学取舍。分析就业信息包括3层含义，分别如下。

（1）可信度分析。一般来说，学校毕业生就业主管部门提供的信息可信度比较高，而通过其他渠道收集到的信息，由于受时间性或广泛性影响，还需要进一步核实，才能判断其可信程度。

（2）有效度分析。有效度分析是对信息的可用性进行鉴别，如该信息是否与自己的兴趣、特长、专业、爱好甚至收入、工作环境、地域等相符，更要注意用人单位对生源地、性别、学习成绩、个人素质等各方面的要求。

（3）内涵分析。内涵分析包括用人单位的性质、要求及限定条件等。通过分析，对就业信息去粗取精，剔除无用的信息，保留与自己的兴趣或专长有关的信息。

（四）虚心向他人询问了解

大学生由于刚走向社会，没有太多的经验和阅历，对于招聘广告中一些不实或夸大的信息，不容易分辨。此时，可以向有经验的师长或朋友请教，多学习一些分辨是非的能力。一些招聘单位喜欢玩文字游戏，在某些苛刻的条件上，用词比较模糊或带有歧义，引导求职者往好的方向理解，一旦成功签约，后悔莫及。对于拿不准的求职信息，可以多找几个人商讨，肯定有益无弊。

（五）避免盲目从众

每个人的特长、专业有差别，即使同样的专业，也因人而异。因此，在求职时，大学毕业生千万不要有随大流的想法。寻找什么样的工作岗位，一定要结合自己的特长和兴趣爱好，切不可盲从。

如听说现在教师工资待遇不错，很多大学生都放弃自己的专业，也不管自己有没有教师资格证、普通话证等，一窝蜂地去各大学校应聘。求职时不要有盲目从众的心理，如果只是听别人说这个岗位好，就盲目签约，结果可能工作不久就想毁约，也可能在工作中产生消极怠工的现象，严重的还会导致失业。

（六）留下适合自己的信息

大学生用各种各样的方法，从不同途径收集的信息，当然不可能全部保留，要经过筛选、比较，然后按照自己拟定的求职方向及计划，留下适合自己的信息。将这些信息分门别类地进行整理，理清应聘顺序和应聘重点后，再各个击破，相信一定会有一个理想的工作岗位在等待着你。

> **提醒**
>
> 筛选重要的求职信息时，应寻根究底，仔细了解具体内容。如岗位的历史、现状、前景、要求条件等。对该职位的待遇、进修培训、晋级晋升等信息要通过合适的方式侧面了解。了解得越深、越透彻，就越能准确找到适合自己的职业。

阅读材料

适合自己的岗位，才是最好的

赵霖是某学校生物工程专业的应届毕业生，听别人说现在电力行业收入高、福利又好，加上父母对其求职的影响，赵霖决定将求职定位在大城市的供电局，但在人才市场上他几乎很难觅得供电局招聘的职位。由于赵霖仍执意要进供电局工作，以致错失许多就业机会。

难道天下的求职者都是这样的"执着"吗？为什么不能绕过这种盲目从众的心理，选择适合自己的职位呢？对于应届毕业生而言，除了要正确筛选各种求职信息外，还应明白，适合自己的职位才是最好的。本例主人公赵霖，可以找出一张白纸，制作一个适合自己的职业清单，不要再"执迷不悟"。

三　就业信息的运用

收集信息、分析筛选信息的目的是为了最终的运用，就业信息的运用包括自己运用和分享给他人两个方面。

（1）自己运用信息。筛选信息的主要标准：是否适合自己。无论信息的准确性、及时性、有效性多高，如果不适合自己，那么它就没有价值。大学毕业生在择业时，要将自己的实际情况与就业信息进行认真的对比衡量。

（2）分享给他人。收集到的信息中存在有些信息对自己没用、但对他人可能十分有用的情况。遇到这种情况时，可将其分享给他人使用，这不仅是对他人的帮助，同时也增加了与他人交流信息的机会。通过这种交流，也许会从别人手中获得对自己有益的信息。

第三节　自荐材料的准备

自荐在很大程度上决定了自己是否能够获得进一步面试的机会，这就要求大学毕业生在选择求职信息、决定应聘之前，一定要准备好必要的自荐材料。自荐材料一般包括封面、求职信、导师推荐信、毕业生推荐表、个人简历及一些辅助材料。

一、自荐材料的要求

准备自荐材料的目的是吸引用人单位对自己的兴趣，使其给予面试的机会。由于用人单位最初是通过自荐材料来了解求职者的，因此，自荐材料的质量，对用人单位决定是否与求职者进一步接触起着至关重要的作用。一份好的自荐材料应遵循以下几个通用的原则。

（一）内容翔实，格式规范

自荐材料既要全面反映自身的基本情况，又要反映求职目标与意向等内容。所以，自荐材料的内容应全面，突出重点，切忌长篇累赘。尤其要注意的是，切忌为了赢得用人单位的好感而弄虚作假，那样只会画蛇添足、弄巧成拙。同时，自荐材料在格式设置方面应尽可能统一、规范，不用特殊、生僻的字体，字号大小应符合日常公文的要求，给用人单位留下良好的印象。

（二）富有个性，针对性强

由于不同的用人单位对求职者要求不尽相同，求职材料的准备也要根据不同的单位有所差异，下面分别介绍几种不同类型单位对自荐材料的要求。

（1）如果想去"三资"企事业单位，那么最好准备中英文对照的自荐材料。

（2）如果想去少数民族地区择业，使用民族文字撰写自荐材料效果则会更佳。

（3）如果想去广告设计类企业，那么自荐材料最好能体现出求职者的个性和创意。

（4）如果想去文学类企业，那么自荐材料最好能体现出较好的文字功底。

（三）设计美观，杜绝错误

自荐材料无论是手写还是计算机打印都要注重大方、整洁和美观。现在大多数用人单位在进行招聘时都比较重视应聘者自荐材料的美观性，如果非设计类专业的学生想使自荐材料更加美观，可考虑在网上下载比较符合自己特点的自荐材料模板，然后在模板基础上修改为自己希望的效果。

除了设计的美观性外，自荐材料最重要的一点是要杜绝错误，无论是语法错误，还是错别字、标点符号错误或印刷错误，都应尽量避免。因为任何一个小小的错误都可能会给人留下不认真、不负责的印象。

二、自荐的方式与技巧

毕业生要想让用人单位认识自己、了解自己、选择自己，通过自荐方法宣传自己、展示自己、推销自己是最有效和最直接的方法。如果毕业生在进行自荐时，能巧妙运用相应的自荐技巧，一定可以成功打开就业之门。

（一）自荐的方式

自荐最常见的方式分为直接自荐和间接自荐两种。其中，直接自荐是由本人向用人单位做自我介绍、自我评价、自我推销；间接自荐是借助中介机构或相关材料推荐自己，即不必亲自出马，只需将自己的想法和条件告诉第三方，或形成材料就能达到推荐自己的目的。

综合起来，自荐的方式主要包括以下几种。

（1）参加人才招聘会自荐。带上个人自荐材料到人才招聘会上推荐自己。

（2）登门自荐。带上自荐材料亲自到用人单位推荐自己。

（3）在实习或社会实践过程中自荐。通过各种实习和社会实践的机会推荐自己。

（4）书面自荐。通过邮寄或递送自荐材料的方式推销自己。此种方式扩大了推荐范围，不受时空限制，不受"临场发挥"和"仪表效应"等的影响，是毕业生求职择业过程中常用的自荐方式。

（5）他人推荐。请老师、父母、亲友、同学推荐以达到自我推荐的目的。

（6）广告自荐。借助新闻传播媒介进行自荐，这种形式覆盖面广、时效性强。

（7）学校推荐。这是一种间接的自荐方式。

（8）网络推荐。这是近年来新出现的一种自荐方式，是借助互联网进行自荐，这种自荐方式时效性好、覆盖面广，今后会被越来越多的毕业生和企业招聘人员所接受。

上述几种自荐方法并非独立存在，在现实的求职活动中，需要综合应用方能达到自我推荐的目的。一般来说，几种方法并用效果会更好，但因人而异，究竟采取哪种自荐方式，应从自身的实际需求出发。

（二）自荐的技巧

求职洽谈过程中的每一个细节都将决定面试的成败。在毕业生招聘会上，我们常常会看到这样的景象：有的毕业生在规定时间里连自己的基本情况、就业意向都讲不清楚；有的不修边幅；有的讲话态度不礼貌等。这样的人，用人单位自然不会接受。归根结底，还是因为求职者缺乏起码的求职择业方法和技巧。

❶ 自荐只是手段而不是目的

大学生自我推荐，首先需要解决认识问题，清楚自荐仅仅是一种说服手段，即让用人单位认可、接受，肯定自己的知识、技能和理想，从而获得成功的机会。如果以推荐自己为目的，不管结果怎样，只是一味地推荐，结果只会得不偿失。

❷ 自荐要积极主动

自荐是求职者的主动行为，任何消极、等待的态度都是不可取的。因此，在推荐自己时，必须积极主动。例如，不等用人单位索要材料，便主动呈送。这样，往往给人一种态度积极、求职心切的感觉。

❸ 自荐要有自信和勇气

自荐要有自信和勇气。自信是现代人所必须具备的心理素质。一位心理医生曾说过："你越对自己有信心，就越能造成一种你很行的气氛"。大学生自我推荐，首先必须相信自己，清醒地知道自己具备达到目标所需的实力，并完全依靠自己的实力进行竞争。

阅读材料

与众不同的毛遂自荐

今天是某音乐学院最特别的日子，因为，著名歌手——谭××将来音乐学院参观访问。不少人都想乘此次难得的机会让自己的子女拜其为师，于是使出浑身解数，请这位歌王来听听他们子女的歌喉。

出于礼貌，谭老师耐着性子听着各种各样的声音，却一直没有表态。李涛是农民的儿子，凭着刻苦与努力考入了音乐学院，并且在学院里面的成绩也很优秀。他也想得到谭老师的指点，但他没有任何背景，想找到与谭老师见面的机会十分困难，突然李涛灵机一动，就在窗外引吭高歌世界名曲《夜曲》。谭老师立即有了反应，"这个年轻人的声音好像还不错。他叫什么名字？"就这样，李涛幸运地成了谭老师的学生。

此次毛遂自荐是成功的，通过该案例，不难发现主人公自荐成功的关键，除了自身的信心和勇气外，他独特的面试方式及出现机遇时果断出击的态度也是不可缺少的。所以，胆量是条件，技巧是关键，水平是保证，三者缺一不可。

④ 自荐要诚恳、谦虚、有礼貌

诚恳、谦虚、有礼貌是为人处世的基本条件，是赢得用人单位好感的应有态度，对大学毕业生应聘十分重要。

（1）诚恳。诚恳即做到言而有信。大学生自荐应以"信"为本，在介绍自己时，要讲真话、有诚意、不吹牛撒谎，给对方以信任感。例如，自己对某题目不明白时，可告诉考官："对不起，我不知道这个题目。"这恰恰反映出你直率、老实的性格。

（2）谦虚。谦虚是一种美德，是尊重对方的一种态度。在就业市场上，常有不少学生口若悬河，夸夸其谈吃了"闭门羹"。因此，切记：任何时候，虚心、谦逊都是最受用人单位欢迎的态度。

（3）礼貌。礼貌是道德的一种外在表现形式，它在人际关系调节中具有不可忽视的作用。大学生自荐时，无论是表情，还是一句称呼、一个小动作或一声感谢，都能反映一个人的内在修养和素质，都会被用人单位看在眼里，作为评价的话题。

⑤ 自荐要留意对方的需要和感受

自我推荐，应注重对方的需要和感受，并根据他们的需要和感受说服对方，从而被对方所接受。比如，自己所告诉的正是对方所要的，自己所问的，正是对方要告诉的。要做到这点，事先要有所准备，想一想一般用人单位需要什么、他们会提什么问题、对什么最感兴趣等；除此之外，要学会临场的"察言观色"，把握对方心理，随机应变。

⑥ 自荐要善于展示自己

善于展示自己，即"展示适时，展示适度"。"热门"的用人单位往往门庭若市，要想在强手如林的竞争中脱颖而出，就必须做到以下几点。

（1）会介绍自己。"良好的开端是成功的一半"。自荐时，要先入为主，一开始就简明扼要，说明来意。介绍自己时要言简意赅、有理有据。

（2）会提问题。提问题是为自我服务，除了想弄清楚某些情况外，还可以借助提问题，更好地展示自己。比如，"贵单位需要什么样的大学生？"

（3）会回答问题。回答问题是为了说明情况，展示自己。因此，要学会正确运用闪避、转移、模糊应答、引申等回答问题的方法。

（4）会发挥优势。发挥优势指展示自己要有特色。自荐必须从引起别人注意开始，如果别人都不在意你的存在了，如何能推荐自己呢？引起别人注意的关键是要扬长避短，展示自己的特色，使对方对自己产生兴趣。大学生自身特点因人而异，关键在于会表现，能"技高一筹"。

阅读材料

展示自己很简单

钱亮学的是家具设计专业，毕业后就留在了大学所在的城市求职。钱亮的目标很明确，就是想找一份家具设计的职业。家具公司看到他大学刚毕业，又缺乏实践经验，都不愿聘用他。可钱亮并没有泄气，他深入家具市场进行调研，重点分析了一些家具滞销的原因，然后信心十足地来到一家不太景气的家具公司毛遂自荐。

"我们公司已经招满了，你再去别家看看。"钱亮刚开口，便遭到了对方的回绝。"您能听我把话说完吗？"钱亮不甘示弱，诚恳且有礼貌地指出该公司家具滞销的原因，并提出了相应的改进方案，最后还立了"军令状"："请给我3个月试用期限，如果我设计的家具不能打开市场，我立马走人，并且这3个月的工资我也不要。"老板认为钱亮说得很真诚且是内行话，再加上他所提出的改进措施也切实可行，便同意了他的请求。

两个月后，在订货会上，钱亮设计的新颖、实用家具受到了大力追捧。于是，老板立马与他签订了劳动合同，并给了他不错的待遇。

"毛遂自荐"这一特殊的求职方式正被人们越来越多地运用，但结果却是，有人如愿以偿，有人却屡屡碰壁。除去主、客观因素外，这与自荐者所采用方法与策略有很大关系。本案例中的主人公采用正确的方法展示了自己的特长，并做到知己知彼、投其所好，这才使其成功的概率大大提升。

❼ 学会使用自荐材料

再好的自荐材料，也要会使用。不会使用，则势必影响自荐效果。如何使用，就需要根据实际情况而定。

❽ 自荐要"知难而退"

各有所需，量材录用。假如你已极尽全力却仍然说服不了对方，没能被对方所接受，此时你就应该"知难而退"，另找门路。倘若期望值过高，就应该适当地降低期望值。

❾ 自荐要把握好时间

自荐时间不宜过长。因为在招聘会上，人往往很多，有时还要排队，你必须在最短的时间内，最大限度地推销自己。

❿ 善于"包装"自己

在竞争激烈的今天，包装不仅限于功效，更主要的在于它能弥补个人的不足，提高个人的价值，包装分为外包装和内包装。

（1）外包装是通过一些非语言媒介对自荐发挥作用，如衣着发型、动作、行为举止、体态气质等得体适度，给人以大方、端庄、涵养、自信，符合大学生身份的感觉。

（2）内包装是建立在有真才实学的基础之上的，是将多种抽象和具体相结合进行自我推销的一种方法。其内容主要包括出色的口才、个人知识的累积及扎实的专业基本功等。内包装如果运用得当，则有助于给人形成完美的第一印象。

⓫ 自荐要注意控制情绪

人的情绪有振奋、平静和低潮3种表现。实践表明，无论是谁，心情紧张时，说话总是节奏过快，使听者很费力，容易厌烦。大学生初次接触社会，缺乏说话技巧。因此，在自荐时，一定要学会控制情绪，说话节奏要适中，可以表露出自己的才华、学识、能力及社会阅历，增加对方对自己的了解。

三、毕业生就业推荐表

就业推荐表是学校为毕业生统一设计、印制的求职材料，一般由以下3部分组成。

（1）毕业生本人的情况介绍（附学校教务部门提供的在校学习成绩单）。
（2）毕业生所在院系的推荐意见。
（3）毕业生所在学校就业主管部门的推荐意见。

用人单位往往对就业推荐表比较重视，在发给学生录用通知或正式签约前一般要求提供该表的原件。该表要求手写，毕业生在填写时应认真仔细、字迹端正、内容翔实，切不可马虎潦草，更不能弄虚作假。

提醒

毕业生就业推荐表填写错误或遗失后，应立即向学校毕业生就业工作办公室汇报，一经确认属实并出具证明后，方可到学生就业指导与服务中心办理补发手续。补发以一次为限。除此之外，毕业生不得任意涂改已经盖有公章的就业推荐表。

四、简历的编写和制作

简历是大学生学习生活、工作经历的一个缩影。通过简历，用人单位对毕业生的工作经历、受教育程度、兴趣、特长等情况有一个初步了解。

简历的真正目的是让用人单位全面了解自己，从而为自己创造面试的机会。它一般和求职信及其他材料一起送到用人单位。

（一）简历的格式

简历的格式应便于阅读，使用人单位对自己有良好印象。

简历一般采用表格形式，这样可以比较直观、清晰地将求职者的个人情况、经历表达出来。简历的书写格式一般有两种：一种是按年月顺序列出自己的学习工作经历；另一种是根据需要有选择地列出自己的学习、工作经历，充分表露自己具有的技能、素质。对于刚从大学毕业的大学生来说，学习经历较简单，所以一般采用第一种格式；如有几年工作经历后，可选择第二种格式。

（二）简历的组成部分

简历是毕业生向用人单位自我展示，自我推销的手段和形式。简历按不同分类方法可以分成多种，并没有固定的格式；但无论哪一种简历都应包括以下几个部分的内容。

个人简历模板

求职意向：_____

个人概况：_____

姓名：_____ 性别：_____

出生年月：_____

健康状况：_____

毕业院校：_____ 专业：_____

电子邮箱：_____ 联系电话：_____

通信地址：_____ 邮编：_____

教育背景：（_____年—_____年_____大学_____专业学习）

主要课程：

英语水平：_____ 计算机水平：_____

论文情况：_____

获奖情况：_____

实践与实习：_____

个性特长：_____

（三）简历填写的基本原则

个人简历虽然没有固定的格式，但在填写过程中也应遵循一定的规则。写简历有 4 条重要的原则：内容一定要真实，以一个工作目标为重点，将个人简历视为一个广告，尽量陈述有利条件以争取面试机会。

❶ 真实性

简历是大学毕业生交给企业的第一张"名片"，不可以撒谎，更不可以夸夸其谈，但可以选择优化处理。即可以把自己的强项突出展示，将弱势进行忽略。比如你是一位应届毕业生，可以重点突出在校时的实习、志愿者等工作经历，不单单是陈述这些经历本身，更重要的是提炼出自己从中汲取的经验，而这些收获很可能会在今后的求职过程中持续发挥效用。

❷ 突出重点

一个招聘者希望看到求职者对自己的事业采取的是认真、负责的态度。不要忘记用人单位在寻找的是适合这一特定职位的人，这个人将是多个应聘者中最合适的。因此，如果简历的陈述没有工作和职位重点，或把自己描述成一个适合于所有职位的求职者，那么很可能将无法在任何求职竞争中胜出。

❸ 把简历看作广告

最成功的广告通常要求简短而且富有感召力，并且能够多次重复重要信息。因此，求职者的简历应该限制在一页以内。个人概况的介绍最好不要以段落的形式出现，尽量运用短语使语言鲜活有力。

在简历页面上端可以写一段总结性的语言，陈述自己在求职上最大的优势，然后在个人介绍中，将求职者职业发展与就业本岗位的优势，通过经历和成绩的形式加以叙述。

❹ 陈述有利信息

要陈述有利信息，争取成功的机会，也就是说尽量避免在简历阶段就遭到拒绝。在自荐阶段，相应的教育前景、技术水平和能力是应聘者在求职过程中取得成功的关键，应聘者只有符合这些关键条件，并将这些信息在简历中进行有利陈述，这样才能打动招聘者并赢得面试机会。

综上所述，在编写简历时，要强调工作目标和重点、语言简练、多用动词，并且尽量避免可能会使你被淘汰的不相关信息。

（四）简历填写的要求

个人简历对于求职者获取初步面试极其重要，因此，在填写简历时一定要真实，符合自己实际的情况，保证简历的内容都是属于自己的。同时，也要注意相关的填写要求。

❶ 个人基本信息

个人基本信息主要包括姓名、性别、出生年月、身体状况、政治面貌及自己的联系方式（包括通信地址、联系电话、电子邮件）等。一般来说，填写个人基本信息时，应讲究条理性和点到即止，关键信息写出即可，让招聘者感觉个人信息比"户口本"还详细。

❷ 求职意向

希望从事的行业或职业一定要写清楚，以使用人单位了解求职者从事该行业的决心。在填写求职意向时要直截了当地表明应聘职位，如"求职意向：行政助理"。

❸ 教育背景

"教育背景"对大学生简历来说是排在第一位的重要信息，包括毕业学校、所学专业、学位等。填写时，注意时间上应该是倒序，即把最近获得的学位或最高学历写在前面，即大学—中学、博士—硕士—学士、所学专业等。

❹ 主要课程

毕业生应将在校学习的主要课程（主修课、辅修课与选修课）进行罗列，尤其是体现与所谋职位相关的学科和专业知识。当然,不必面面俱到,如果用人单位对你的大学成绩感兴趣,还可以给他们提供全面的成绩单,不需要在求职简历中进行过多的描述,做到有的放矢。

为了强调专业特长,尤其是特殊专业,也可以把与应聘工作相关的课程集中起来,特别是专业课程,以使用人单位能够一目了然,选择到他们所需的人才。

> **提醒**　需要注意的是,如果招聘职位与所学专业对口,则不需要写主修课程;如果专业不对口,则应写出与招聘职位有相关性的五六门核心课程。

⑤ 工作实践经历

工作经历是简历中的重头戏,无论是全职还是兼职,是校园实习还是社会实践,是发表的文章还是成果等,都可以算是工作经历。

(1)社会活动和课外活动。近年来,越来越多的用人单位渴望招聘到具有一定应变能力、能够从事各种不同性质工作的大学毕业生,尤其是商贸性公司、国家机关等。在这些社会活动中,你的责任心、协调能力、社交能力及人格修养将得以充分展示,所以社会实践活动和课外活动,对于仍在求学,尚无社会经历的毕业生来说,是应聘时一个相当重要的简历内容。

(2)勤工俭学经历。即使勤工俭学的经历与应聘职业无直接关系,但打工赚钱可以显示你的意志,并给人留下能吃苦、勤奋、负责、积极的好印象。

(3)生产实习。生产实习提供了学生理论联系实际的机会,可以增加阅历,积累工作经验。描述该内容时,应尽可能写得详细、具体,并可强调取得的收获,如果入学前有较多工作经验,也可有选择地列出与应聘职位有关的经历。

书写的内容一般包括:职务、职责及业绩。其中,工作成就一定要数字量化表达,让人感到你的真实经历,避免使用许多、大量、一些、几个这样模糊的词汇。

⑥ 获奖情况

在校期间获得的各种奖励、奖学金或其他荣誉称号是学生生活中的闪光点,应列举出来。如果多次获得多项奖学金,也可一一列出,以增加分量。但需要注意的是,在罗列奖项时一般应采用时间倒叙的形式,或者按使用价值从大到小的顺序进行排列。

⑦ 能力、特长

能力、特长应包括教育培训的程度,因为教育和培训可以转化为能力、特长。能力是求职择业和事业成功的重要保证。能力包容的内容很多,主要有以下两个方面。

(1)思维能力。主要包括思维的独立性、抽象性、敏锐性、批判性、创造性、灵活性等诸多方面。

(2)工作能力。主要包括言语表达(包括外语)能力、写作能力、学习能力、专业能力及发明创造能力等。如果重新谋求某个职位,求职者还应分析自己的工作成绩和缺点,以便在求职时扬长避短。

⑧ 兴趣与爱好

兴趣是爱好的推动者,爱好是兴趣的实行者,人们对职业的选择往往以自己的兴趣和爱好为出发点,这就更应该认真分析自己的兴趣和爱好。例如,在工作、学习之余,是爱好读书还是闲聊;是爱好跑步还是打球;是爱好舞蹈还是音乐等,这些是在求职择业前必须考虑的因素。因为有的职业需要某种兴趣爱好,而有的职业则明确禁止和反对某种爱好。

如果没有兴趣爱好也可不写，可直接描述你的性格特点。性格特点与工作性质关系密切，所以，用词要贴切，以展示你的品德、修养或社交能力及协作能力等。

⑨ 自我鉴定

自我鉴定，一般是概括自己的突出优势、工作态度或座右铭等。表达不能太啰唆，应言简意赅，力求有总结升华的效果。

阅读材料 ✓

冗长的自我鉴定

我认为诚信是立身之本，是我今后立身处世的根本。我应该继续保持这一优良传统，鼓励自己奋发向上。我有个特点，就是做事从来都有始有终，要做的事就要全力以赴，追求最好的结果。急功近利是我最大的缺点，我喜欢一口气学很多东西，但是造成了样样懂，门门差的结局。如今想想，这样其实并不好，如果我一段时期内专注于某一种学问，不求博学但求精通，相信一定能更深刻地理解并掌握这门知识。自从发现自己这个缺点后，我常常提醒自己，步入社会后一定不能一心多用。

通过4年的大学生活，我不仅学到了很多知识，更重要的是有了较快掌握一种新事物的能力。思想变成熟了，性格更坚毅了。与很多同学和老师建立起了深厚的友谊，并在与他们的交往中不断完善自己。社会适应能力也有很大提高，为将来走向社会奠定基础。

这种自我鉴定给人的感觉就是将个人的特点杂糅在一起，无法突出优势且不易记忆。正确的方式是采用分句表达，并对重点内容添加着重号，这样便于突出重点且让人记忆深刻，例如以下表述方式。

（1）诚实、性格坚毅，做事从不会半途而废。

（2）喜欢一心二用甚至多用，这一缺点已经努力纠正。

（3）对于新事物的掌握能力很强，并具有较强的交际能力。

（五）简历的撰写技巧

编写简历是一门艺术，许多求职者因不会编写简历而在求职中马失前蹄。那么，如何编写简历，才能让自己的简历在众多简历中脱颖而出呢？其实，一份好的简历除了版面清晰规整、内容有针对性外，还应运用一些技巧，这样才能打动招聘者。

❶ 一页为宜，针对性强

应届毕业生基本都还没参加正式工作，所以经历有限，一般一页简历就能将各方面情况清楚说明。如果经历较丰富、较为出色的同学，采用两页简历也完全足够了。

如果超过两页，很可能说明你的信息中无用的内容太多，比如应聘销售岗位的简历，重点表达自己的销售能力和最终成果，对于自己曾经的科研经历和能力及成果就当作绿叶，衬托一下即可，不必浓墨重彩。总之，简历要针对不同岗位的能力要求，突出自身的优势及能力。

❷ 突出关键，吸引目光

简历的整体内容较多，在一些需要引起重视的地方，或者某些关键词上，可以采用粗体、标红、添加下画线等方式进行突出强调，整个简历一般可有三四处采用此方法。

❸ 表达客观，语言朴实

简历是一种客观表达求职者经历和能力的材料，措辞一定要诚恳、朴实，不要过于华丽。比如"我希望拥有这样一个人生，它在经历了无数风雨后仍是一道最亮丽的彩虹……"，这类句子最好不要使用。

④ 结构分明，阅读舒适

招聘人员每天要阅读大量的简历，已经养成了一种阅读习惯和逻辑。一般简历的逻辑顺序是个人信息—求职意向—教育背景—工作实践—获奖情况—自我鉴定。有的同学独树一帜，将顺序颠倒或者重大调整，违背了招聘者的阅读习惯，让他花更多时间寻找信息而不是阅读信息，最终只会弄巧成拙。

⑤ 消除错字，预防歧义

由于目前的简历大多是用计算机打字，易出现错别字现象，比如将"师范大学"错打成"示范大学"等。甚者还会产生歧义。避免错别字和歧义的方法是在投递前和同学互换简历，互相查看，查漏补缺。

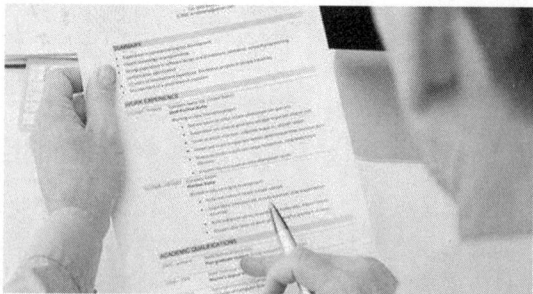

> **提醒**
>
> 撰写个人简历时，基本内容要简洁、易懂、清晰、齐全。同时，要突出用人单位最关心的应聘者的经验、能力和发展潜能等，一定不要写对自己择业不利的情况。除此之外，简历的内容要真实可靠，自信但不自夸，注意美观，利于阅读。

五、求职信的编写和制作

求职信实质上就是简短的自我介绍信，是求职材料的一部分。它通过表述求职意向和对自身能力的概述，引起用人单位的重视和兴趣。如果能让招聘人员把自己的求职信从一大堆信件中挑选出来，那就成功了一半；如果能让招聘人员乐意且集中心思看下去，那就成功了90%。因此，写好求职信是十分重要的。

求职信是展示个人才能、自身个性的主要方式，求职者可根据应聘职位的需求重点描述自己与该职位匹配的特长或事件。一份成功的求职信具有多种特性，例如以下几种。

（1）着眼现实，有针对性，最好能对单位的情况有所了解，以免脱离实际说外行话。

（2）实事求是，言之有物，优点要突出，缺点也不要隐瞒，不可夸夸其谈，弄虚作假。当然，对缺点的论述要适度，点到为止。

（3）富有个性，不落俗套。如果能谈一谈行业前景展望、市场分析或建设性意见会有更好的效果。在这方面没有什么成规，需要求职者动脑筋发挥。

（4）言简意赅，用语得当，文法及标点准确无误。废话连篇的求职信会引起反感。

阅读材料

别样的自荐形式使求职成功

王明去应聘一家公司的市场主管职位。由于待遇丰厚，接待大厅被应聘者围得水泄不通。看到这个情况，王明灵机一动，走到入口处高声喊道："请大家自觉遵守秩序！排好队。"应聘者看到王明与招聘公司的工作人员站在一起，以为他也是考官，便很快排好了队；然后王明又把大家的简历收在一起，当然近水楼台，他把自己的简历放在了最上面，这样王明便成了第一个面试的求职者。考官已将王明刚才的行为看在眼里，看了他的简历，便说："你被录用了。"

自荐材料是文字形式的自荐，要将自荐材料送到用人单位手上，还必须有一定的方式。常规的自荐方式包括面对面、电话、邮件、他人推荐。其实在实际求职过程中，求职者不应拘泥于自荐的形式，而应当根据各种环境、具体情况，采取不同的方式进行自荐，这往往能够抢先一步取得成功。但也要注意：由于不同领导看人的角度不同，思维模式也不同，不走寻常路的自荐方式可能会有反效果，本案例中王明的行为还是值得考究的。

（一）求职信的格式

一般来说，求职信属于书信的范畴，因此，其格式应当符合书信的一般要求。主要包括称呼、正文、结尾、落款和附件5个方面的内容。

（1）称呼。求职信的称呼往往比一般书信的称呼更正规，例如"先生""女士""同志"等。

（2）正文。正文是求职信的核心部分，主要包括求职缘由、自己的条件、专业特长、业务技能、其他潜在能力和求职目标等内容。大学生要根据用人单位的招聘信息或要求来具体介绍自己，通过对自己能力的描述，有针对性地推荐和介绍自己，表明自己拥有胜任某个工作岗位的能力。其正文开头应表示对用人单位的敬意，然后通过直叙的方式详略得当地进行表述即可。

（3）结尾。结尾一般应写明希望对方给予答复，期望能有机会参加面试，并简短地表示敬意、祝愿。如此致之类的词，然后换行顶格写"敬礼""祝工作顺利""事业发达"等相应词语。

（4）落款。落款包括署名和日期两部分。署名，如"求职人×××"、"自荐人×××"或"愿成为您部下的×××"等，应注意与信首的"称呼"相对。日期一般写在署名右下方，建议用阿拉伯数字。

（5）附件。求职信一般都要求同时寄一些有效证件，如外语等级证书、计算机等级证书、获奖证书的复印件及简历、近期照片等。最好有附件目录。

（二）求职信的内容

求职信的内容主要包括以下4个方面。

❶ 开头

开头一定要抓住阅信者的心，调动起他的注意力，使他有想继续往下看的冲动。不要写套话、空话、过多客气的话。例如：尊敬的××领导：首先感谢您在百忙之中……

此外，在求职信的开头，要注意对收信人的称呼，如果知道招聘单位的负责人，可以写出负责人的职务、职称等，例如：尊敬的人力资源部赵总监；如果不知道招聘单位的负责人，可以用尊敬的销售主管等，并且还要有问候语，例如"您好"。

❷ 正文

正文是求职信的核心部分。应包括个人的基本情况、自荐目的、条件展示即个人的才能和特长，阐明自己对该单位感兴趣的原因并表明自己希望到该单位供职的愿望等。

首先，介绍个人的基本情况，如姓名、性别、年龄、政治面貌、就读学校和专业等。注意详略得当，最好能附有近期全身照片，使用人单位对求职者的基本情况有大致的了解。

其次，说明求职信息的来源，做到师出有名。假如没有掌握用人单位的求职信息，而你又非常希望到该单位工作，也可写信投石问路，但必须表明你对该单位的印象和你愿意到该单位从事某种工作的强烈愿望。

再次，说明应聘岗位和能胜任本岗位工作的各种能力。表述自己对该单位的招聘岗位很感兴趣的原因，以及自己能够胜任该岗位工作所具备的条件、能力，主要是向用人单位说明自己有着与该工作岗位所需的各种专业知识和技能，并且有一定的实践经验，让用人单位感到不论从何种角度，你都能胜任此项工作，是应聘该岗位最合适的人选。

最后，介绍自己的潜能。比如，向用人单位介绍自己曾经担任过的各种社会工作及取得的成绩，预示着自己有管理方面的才能，有发展和培养的前途。例如，向宣传和公关部门推荐自己时，介绍自己的文艺、摄影、书法和口才潜能，就预示着自己可以承担相应的工作任务。

3 结尾

毕业生在求职信的结尾部分有几个方面需注意。

（1）表示希望得到面试的机会。例如"盼复""期盼贵公司回音"等，毕业生还可以主动表示面谈的愿望，以显示毕业生对应聘此岗位的重视和诚意。

（2）表示祝愿或敬意。例如"祝您身体健康""祝工作顺利"等，以体现大学毕业生的良好素质。

4 落款

落款是求职信的最后部分，包括署名和日期两个部分。其中，署名写在右下角，要写全名，并且字迹要清晰、工整，名字前可写上应聘者字样。日期写在名字下面（年月日）。

阅读材料

自荐不当，错失面试机会

尊敬的先生/小姐：

您好！

我是通过阅读报纸，获悉贵公司正在招聘杂志编辑人员的。我自信符合应聘要求，特拟此信应聘该岗位。

本人名叫李××，今年25岁，毕业于××大学新闻系，具有编辑、校对经验，并熟悉编辑流程，个人简历如下。

2016年7月—2016年12月，我在销售量达10万份的《××报》工作，主要工作是采访和撰写稿件。

2017年1月—2017年8月，在××出版社担任编辑，主要工作是策划组稿、编加等。

2017年8月至今，在《××杂志》广告部担任区域经理，主要工作是负责华南地区的广告业务。

因目前的工作感觉压力过大，而且需要频繁出差，故希望谋求一份较稳定的工作。当然，过去的经验不能说明一切问题；但我认为自己从未离开过本行业，这也算是我的一个优势。希望贵社能录用我，并且相信通过我和贵社的一起努力，一定可以将贵社发展壮大。

敬请电话约见，静候回音。

　　此致

敬礼！

应聘者：李××

2018年××月××

　　附：简历表1份
　　　　成绩单1份
　　　　联系地址：××路××号
　　　　电话：133×××××××

　　以上求职信有多处瑕疵。首先，开篇就谈自己绝对能胜任此项工作，虽然展示了自信，但没有事实依据，显得有点过；其次，通过以往的工作经验，小李在两年内换了3份工作，说明他是一个很不稳定的员工。总体来说，小李过于自信，用词欠妥，并暴露了自己的缺点。

（三）求职信的撰写原则

　　一封好的求职信，无论在形式还是内容上都必须给阅读者留下好印象。那么毕业生在撰写求职信时，有哪些写作原则呢？

❶ 语气自然

　　语句要简单明了、直截了当。履历表所用词语要生动，使句子有力，不要依靠词典，特别是不能出现一些从未用过的令人费解的词语或难懂的句子；写信就像说话一样，语气要正式但不能僵硬。

❷ 通俗易懂

　　求职者要考虑阅读对象的知识背景，切记：不要使用生僻词语、专业术语。因为人事经理不是你这个专业的行家，所以，不能用太过专业的字眼，一方面，人事经理会对自己看不懂的东西失去兴趣；另一方面，未免有卖弄之嫌。

❸ 言简意赅

　　在重点突出、内容完整的前提下，尽可能简明扼要，切忌面面俱到。专门招聘的工作人员不仅工作量大且时间宝贵，他们不可能花费大量时间在你冗长的履历上，并且可能反而导致招聘工作人员的反感。所以，多用短句、每段只表达一个意思。

❹ 具体明确

　　不要使用模糊、笼统的字眼；多使用实例、数字等具体的说明。比如："我设计的捕鱼神人 App 为公司创收超过 50 万元"会比"我设计的捕鱼神人 App 为公司创收颇丰"更有说服力。

（四）求职信的撰写技巧

　　目前，很多应届毕业生在求职时，只注重个人简历，而忽略了求职信。其实，一封准备充分、有的放矢的求职信，不仅可以吸引招聘者的目光，而且可以提高求职的成功率。那么如何才能让求职信脱颖而出呢？那就需要掌握以下技巧了。

❶ 态度真诚、摆正位置

　　写求职信时，首先应该想清楚公司要我来干什么，而不是写自己需要什么；其次应该写自己能为公司做什么，而不是写自己得到该职位对自己有什么益处。有了这样的态度，才能摆正位置。

❷ 整体美观、言简意赅

　　求职信文字的整洁、美观很容易引起用人单位对求职者的好感，相反如果字迹潦草，龙飞凤舞，则会给用人单位留下不好的印象。

❸ 恰如其分、有的放矢

　　求职信的主要目的是吸引招聘者，引起招聘者的兴趣，因此，在开头应尽量避免客套话、空话。求职信的核心部分是自己胜任工作的条件，这并非多多益善，而要有针对性，有的放矢，所以在动笔之前要着眼于现实，并对应聘单位和岗位情况有所了解，才能使写出的内容恰如其分。

❹ 以情动人、以诚感人

语言有情，有助于交流思想，感动对方。写求职信更要注意这一点。

❺ 要有新意、拒绝平庸

现在写信求职的人很多，如果没有特色，平平庸庸，毫无新意，就难以给招聘者留下深刻印象。求职信的新意可以从凸显你的特长、展示你的文采、表现你的书法等方面入手。但需要注意的是，这并不是要你自吹自擂，而是要用事实说话。

最后，提醒求职者在写求职信时，还要切忌图 8-2 所示的 6 点注意事项。

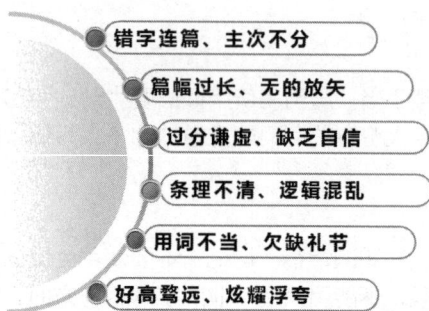

- 错字连篇、主次不分
- 篇幅过长、无的放矢
- 过分谦虚、缺乏自信
- 条理不清、逻辑混乱
- 用词不当、欠缺礼节
- 好高骛远、炫耀浮夸

图 8-2 写求职信的注意事项

（五）英文求职信

现在，越来越多的企业对毕业生的英语水平要求很高，英文求职信也被越来越多地使用。特别是应聘外资企业，要求必须使用英文求职信。英文求职信的书写与中文求职信是有区别的，这不仅是两种文字本身的差异，还有两种文化传统、习惯的不同。英文求职信的格式与要求如下。

（1）英文求职信的开头，第一个词和专有名词的第一个字母要用大写，注意标点符号。

（2）英文往往一词多义，要准确运用，语言以庄重为好。

（3）无论手写或打印求职信，必须亲自签名，以表示郑重。

（4）如要邮寄，注意信封的写法。

CHAPTER 09

第九章　大学生就业心理分析

学习目标

掌握大学生就业心理调适的方法
掌握大学生应具备的心理素质
掌握大学生职场情商的培养方法

本章导读

面对就业市场的巨大压力，大学生的内心充满复杂的矛盾和深深的困惑，在就业过程中出现了各种各样的心理问题。与此同时，用人单位又非常重视求职者的心理素质，因此，大学生在就业前，不仅要学习广泛的知识，不断提升个人能力，还要有充分的心理准备和正确的认识，并通过积极开展自我调适、提高心理素质、保持健康心态等方式，来促进就业或创业的顺利进行。

第一节　大学生就业心理调适

不少大学生在就业过程中总会产生心理障碍、心理矛盾或心理误区，如果不能有效地处理这些心理问题，会对求职造成阻碍。因此，大学生应学会在就业过程中进行自我心理调适，有效地进行自我控制和调节，消除心理困扰，维持心理平衡，并寻找最佳的解决途径来实现自己的目标。

一、大学生就业的心理障碍

人的心理需要一种微妙的平衡，太过自卑或自信、太过浮躁或优柔寡断都是不健康的心态。而大学生在求职过程中，因面对就业市场的激烈竞争，他们所经历的不仅是严峻的就业考验，而且要承受各种心理问题，如焦虑、自卑、怯懦、畏惧、逃避、偏激、抑郁、自负、嫉妒、攀比、依赖、优柔寡断、盲从等。

（一）焦虑

焦虑指一种缺乏明显客观原因的内心不安或无根据的恐惧。在求职过程中，焦虑心理是非常普遍的。从投递简历开始到笔试、面试，这一系列等待的过程，都很容易让求职者产生焦虑的心理。如焦虑是否会得到这份工作、笔试中是否出现失误，诸如此类问题。

一般而言，适当的焦虑可以增强人的进取意识，激发上进心，从而产生求胜的心理；但是，如果是过度焦虑，且自身无法化解，就会导致心理障碍，严重时将会影响毕业生求职过程中主观能动性的发挥。

阅读材料

学会化解自身焦虑

从临近毕业的半年起，陈亮每天都不断重复着"参加招聘会—投递简历—面试"的过程，在一次次的被拒绝中，日趋沉重的焦虑替代了他原本拼搏进取的决心，也影响着他择业的思路。虽然陈亮在不停地调整自己的择业目标，但他发现自己离预定的目标越来越远。他心灰意冷，并开始出现心悸症状，有时候还整整夜夜地失眠。为此，他开始喝酒，希望借助酒精来缓解自己的焦虑，但仍然于事无补。他的脾气也越来越暴躁，还常常和身边的人发生口角，甚至一度产生了厌世的情绪。

幸好后来经过家人和好友的劝说，再加上一份工作的成功聘用。陈亮才逐渐恢复了原来的自信。他回忆起那段可怕的日子，这样说道："基本每天就在焦虑与烦躁中度过，每一分每一秒都是煎熬。"

上面的案例中，导致主人公陈亮焦虑的根本原因是心理太脆弱，一旦被用人单位拒绝，就会对自己的能力产生怀疑，导致焦虑越发严重，一时又找不到缓解的方法。因此，刚毕业的大学生要摆正心态。通常刚毕业时不太可能一步就达到理想状态，要学会接受现实，认清自我，避免陷入焦虑的情绪之中。

（二）自卑

自卑心理在大学生就业过程中也是极为常见的。一些大学生由于客观原因产生了自卑心理，如非名牌大学、冷门专业、家庭经济环境单薄、社会关系贫乏等；有些大学生则是由于主观因素造成自卑心理，如自身素质和就业竞争力过低、性格内向、不善于表达、心理负担重、自我控制能力差等。

不管自卑心理是如何产生的，在自卑心理的作用下，大学生常常会精神不振、整日唉声叹气、内心孤寂，导致求职屡屡受挫。自卑心理好比是大学生求职道路上的一个绊脚石，它会使大学生择业标准的心理高度一降再降，最终导致失业。

自卑心理产生的原因是多种多样的，有个人原因、家庭原因、社会原因等，但主要还是个人原因居多。大学生应该对自己的能力和未来充满信心，做一个自信的求职者或创业者，给自己和别人带来动力。

（三）怯懦

大学生在求学期间，毕竟以理论学习为主，没有太多的实践技能，往往在求职时，因为

缺乏实际工作经验，担心说错话给用人单位留下不良印象，因而说话音量过小或者干脆不敢说话。

阅读材料

胆小懦弱，难以成功

相信每一位面试者都会想尽办法给用人单位留下好印象，可是在求职时，往往克服不了心理上的怯懦，造成事与愿违的局面。即将毕业的小杨生长在农村，由于家境贫寒，大学4年小杨都在勤工俭学，几乎没添置过什么衣服。看着身边家境优越的同学，不仅穿得好，而且随手拿的都是最新的电子产品，对于这些电子产品小杨都只能远远地看，却不敢碰触，生怕碰坏了赔不起。

由于家境和自卑的影响，小杨在班里沉默寡言，很少和同学们聊天，即使遇到事情也不会说出来，只是一味地忍让，老是感觉自己不如别人、低人一等，久而久之就形成了怯懦的性格，最终他成了班里的隐形人。现在，即将步入社会，小杨也要准备应聘的相关事宜，可生性怯懦的他却面临了巨大的挑战，在求职过程中总是谨小慎微，老是怕跟人谈的时候说错话，生怕一句话说错或一个问题回答不好给用人单位留下不好的印象，以致不敢放开说话，因此，每每面试他都是"不战而败"。尽管他自己也在努力改变，但收效甚微。不知道在求职的路上，小杨还要持续多久才能成功。

谨小慎微几乎是像小杨这样的学生的通病，生怕自己的一丁点儿错误影响他人，把自己缩在自己编织的壳里，这种状态只能存在于校园当中。一旦大学毕业迈入社会，就会面临各种竞争，太过怯懦的性格必将导致竞争的失败。只有正确认识到自己的不足，发现自己的优势，扬长避短，用勇气去战胜怯懦，才能为自己的未来争得一席之地。

（四）畏惧

初入社会的毕业生遭遇挫折是在所难免的，有的毕业生在遇到挫折后，能够积极调整心态、重拾信心，再战"沙场"；可有的毕业生在挫折的打击下，往往会一蹶不振，并对求职产生畏惧心理，只要一听到周围的同学谈论找工作的事他就头疼，并远远地避开。其实，这是由于求职的失败经历已经在他们的心中烙下了深深的印记，出于心理上的自我保护机制。产生畏惧心理的毕业生会选择逃避失败、逃避就业，以此来减轻挫折对他们的心理打击。

事实上，挫折并不可怕，只要毕业生能够转变看待挫折的角度，就能够将挫折当作是迈向成功之门的一次考验。

（五）逃避

逃避实际上就是一种抵触心理，大学生因为过惯了校园生活，对父母和学校的依赖性很强，一旦独立面对社会，会发现社会竟然是如此的错综复杂，特别是看到一些社会的阴暗面，自己不想面对，常常产生逃避心理和抵触情绪。

（六）偏激

大学生在求职过程中，很容易出现偏激心理，固执地认为某种职业发展前景很好，一定要将自己的择业目标定在这一方向，并努力克服重重困难实现目标，但最后多半都是以失望告终。其实，这都是大学生没有认真去审视自己和审视未来的结果，被一些固有观念或道听途说所影响。

阅读材料

适合自己的，才是最好的

张小丽一直以自家的表姐为榜样，表姐在大学毕业以后，只通过短短的3年时间就变成了有车、有房一族。今天是外婆的80岁大寿，全家团聚，表姐也在，张小丽趁机会向表姐请教如何能快速成功，表姐说做销售吧，准能赚大钱。一心想证明自己实力的小丽，听后热血沸腾，暗暗下定决心，一定要像表姐那样，好好干出一番事业来。

张小丽从小性格就比较内向，在公共场合总是悄悄地在某个不起眼的角落里，也不善于表达自己。一次开班会，老师点名让她发表自己的看法。她一紧张居然口吃起来，从那之后，只要遇到紧张的场面，小丽就会条件反射地犯口吃。

转眼就到了找工作的季节，张小丽也听了表姐的建议，一门心思地找了一份销售保险的工作。她自己心里清楚，保险的工作不是每人都能干得来的，但一心想成为出色保险业务员的她，认为靠自己的努力一定可以成功。我们知道，保险销售除了要靠一张能说会道的嘴巴外，人脉资源也至关重要。但这两个基本条件，小丽均不具备。首先小丽家在异地，本城并没有什么人脉，卖保险很是吃力；其次，小丽在拜访陌生客户时，由于口才不佳，再加上有点怯懦，使她连连受挫，连续3个月都没有业绩。没有业绩就拿不到工资，好在家里的亲戚给他"赞助"了一单，不过之后的几个月又没有业绩了，最终小丽退出了这个曾让她热血沸腾的行业。

现在，很多大学生都存在某种偏激的思想，认为某种行业出路一定很好，或者某种行业出路一定不好。但是往往会忽视自身的缺点，光靠一腔热血，终会碰壁。要懂得克服自身缺点，汲取别人的成功经验，选择属于自己的人生道路。

（七）抑郁

大学生求职过程中往往会因为屡屡遭受挫折，不被用人单位认可、接受，导致情绪低落、愁眉不展，产生抑郁心理。

（八）自负

有的大学生在校是风云人物、学生会干部，再加上自己所学专业比较紧俏，自身条件也很好，有不少用人单位有意签约，因此，容易自信过头，产生骄傲的心理。持这种心理的毕业生，往往自认为高人一等，傲气十足。在求职时，好高骛远，对自己的期望过高，对用人单位横挑鼻子、竖挑眼，很难找到自己满意的工作。

（九）嫉妒

嫉妒在大学生中是比较常见的一种心理，只不过是轻重有别。在求职问题上，看到同学在自己之前找到了比较理想的工作，自己却一无所获，此时，就会产生一种嫉妒心理，心有不甘。

阅读材料

都是嫉妒心作怪

某舞蹈学校需要招收一名有表演经验的学生做舞蹈老师，得知这一消息的毕业生们都跃跃欲试。众多精英参与竞争时，机会就是能者上，最终，舞蹈专业的小静获得了这个难得的机会。

小静的同学有的羡慕、有的嫉妒，其中一名叫涂敏霞的学生，因妒忌生恨，居然说此次招聘有"内幕"，在同学之间传播谣言。因为影响较大，导致小静没脸出门，整天郁郁寡欢，一度起了轻生的念头。后来事情终于水落石出，是因为涂敏霞认为自己各方面条件都比小静好，可主考官偏偏录取了小静，自己却落榜了，她心有不甘，才会散布谣言诬蔑小静。

幸亏此次事件给小静造成的只是精神伤害，没有产生严重后果，学校对涂敏霞进行了批评与教育。

嫉妒是一把"双刃剑"，用得好会化作成功的动力，用不好则会伤人伤己。本例中的涂同学就是因为遇到自己不能理解或者认为不公平的事情时，没有正确处理，才会因妒生恨，惹出祸端。

（十）攀比

一些大学生在求职时，不是从自身实际出发，而是与同学攀比，特别是看到与自己成绩和能力都差不多的同学，却找到令人羡慕且收入可观的工作时，觉得自己找不到理想的工作就会很没面子。

为了获得心理上的平衡，会为此重新设计自己的求职目标，其结果是高不成、低不就，错失了一些就业单位，陷入被动之中。

（十一）依赖

依赖心态往往产生于独立性较差的大学生身上。因为从小学到大学，很多事情都是父母包办，自己习惯了在温室里生活，不愿意去面对社会的竞争，完全是在父母和亲戚的庇护下生活，还希望通过他们给自己找到一份稳定的工作，这是一种不健康的心态。

（十二）优柔寡断

有些大学生虽然心中已有了意向单位，但仍然抱着等一下、看一看的念头，签协议一拖再拖，这就是优柔寡断心态。

阅读材料

去大公司，还是小公司？

张华毕业于××师范学院的数学专业，他是个开朗热情的人，对自己的面试也做了充分准备。但是，小张有一个致命的缺点，就是面临选择时总是优柔寡断，等错失机会后才后悔莫及。

毕业后，小张也和其他同学一样，开始了面试生活，期间他也面试过多家企业，可是不知道什么原因，总是在通过两三轮的面试和笔试后就没有了下文。

2017年10月，小张同时接到了两家公司的好消息，他们都决定录用小张。开心之余，小张有点发愁了：一家是大公司，工作环境很好，制度也很健全，薪酬还可以，但关键是所提供的职位与小张所学的专业完全不对口；而另一家是一个小公司，所提供的职位也是小张一直都感兴趣的，可是薪酬不如大公司。这让刚走出学校的小张无从选择。

正在小张犹豫不决时，那家大公司通知小张明天正式上班了，而那家小公司则约他2天后正式上班。小张真是左右为难，一边不想放弃高薪的工作，另一边又不想放弃自己的专业。最终，还是在同学的劝说下，帮小张做了最后的决定。

大学毕业生到大公司工作还是去小公司工作，是一个两难的选择，这还要看求职者的个人情况，要具体情况具体分析。本例中的主人公小张同时取得了两份工作的机会，如果不是在同学的帮助下，他很可能因为自己优柔寡断的性格错失此次就业机会。

（十三）盲从

大街上经常看到一种现象：不知道什么原因，在某家店门口排起了长龙，自己也边排队边问别人干什么，这就是典型的盲从现象。有的大学生具有较强的依赖性，自主性较差，在就业找工作时，不先考虑自己的兴趣爱好，而是一味地从众，什么工作热门就去做什么，根本不去思考自己能否有能力胜任，是否有发展空间等问题。

阅读材料

盲从丢失了升职机会

吴丽在公司待了5年，一直兢兢业业地做着自己的本分工作，既没有特别优秀的闪光点，又没有什么大的差错。对于公司规定的任务，她也尽量完成，从不反驳老板的任何意见。但每次公司有升职的机会，总是轮不到她。

一天，她找到老板说："为什么才进公司3年的小王都升职为项目负责人了，我还是一个普通的员工？我的业务做得也不差啊！"老板说："如果我要你下个月把业绩提高5倍，你能做到吗？"吴丽马上心急地说："我可以试试，一定会尽最大努力完成的。"老板笑了笑说："这个要求对公司的任何一个人来说都是不可能的。我并不是不相信你的能力，而是这个目标本身就是错误的。你没有从事情的本质出发来看待问题，而是一味迎合我。要想不断上升，只会点头是不行的，还要学会说'不'。我为什么升小王为项目负责人，因为每次会议小王都会仔细分析自己和公司的不足，提出解决的办法，而你从来都是默默不语。"

吴丽十分羞愧，只能打道回府。她下定决心在这方面进行改变，但这需要时间和努力。

二、大学生就业的心理矛盾

心理矛盾也可理解为心理冲突，它是指两种或两种以上不同方向的动机、欲望、目标及反应同时出现，而引起的紧张心态。职业目标上理想和现实的反差、职业选择上独立性和依赖感的错位等，这些都是大学生就业心理矛盾的具体表现。

（一）理想与现实的矛盾

当代大学生的理想丰富多彩，大学生在就业时总是踌躇满志、豪情壮志，准备在社会上拼搏一番。但由于涉世尚浅，对社会了解还不够深，理想往往脱离客观现实，在就业上与社会需要存在着较大差距。

一些大学毕业生想留在大都市，追求社会地位高、经济效益好的工作岗位，而不愿意到边远地区或条件较差的地方去工作；一些大学生只看重工资收入，但并未真正思考走商业路线，过自己的理想与现实之间的差距，甚至不了解自己的气质、性格、能力、兴趣适合于何种职业，因而产生了理想与现实之间的矛盾。

（二）独立性与依赖性的矛盾

大学生毕业后即将告别学校和老师，踏入社会，成为独立生活的成年人。由于进入了独立生活的空间，其自主意识增强，渴望独自决定自己的选择。然而，意识上的独立并不代表能力上的独立。

有些大学生认为学习以外的事情都不需要他们操心，许多事情还要依赖家长、亲朋好友、老师及社会的帮助。对自己喜欢什么样的工作，适合什么单位缺乏主见，对激烈求职竞争中的"双向选择"感到茫然，寄希望于家长的帮助和学校的安排，将自己的前途交于他人安排。这种心理上的矛盾，容易使大学生感到无奈和苦恼，从而对生活失去信心。

（三）渴望竞争与缺乏勇气的矛盾

目前，随着就业制度的不断改革，大学生的就业环境也日益完善，大多数毕业生已经意识到，在激烈的市场竞争条件下，没有强烈的竞争意识，是不可能成功的。然而，当真正面对竞争机会时，很多大学生又变得畏首畏尾、顾虑重重、缺乏勇气。

产生这种现象的真正原因在于主观能动性不强，缺乏实践的能力和勇气，尤其是在就业过程中面对困难时，如果不善于调整目标和自我，就容易打退堂鼓，从而拱手让出了竞争的权利。

（四）所学专业与未来工作的矛盾

在就业中，不少大学生将"专业要对口"作为就业的重要标准，只要是专业不对口，就认为不适合自己的职业发展，这是不现实的。因为社会中真正意义上完全与所学专业对口的工作岗位并不多，于是这就产生了所学专业与未来工作的矛盾。

事实上，在现代化的市场经济中，产业结构、职业结构是不断变化的。实际工作中更多的是强调求职者的学习能力、接受新事物的能力、适应环境的能力等，因此，毕业生完全不必为"学不能致用"而苦恼。

（五）多种选择与优柔寡断决策的矛盾

毕业生在就业过程中，常常会遇到多种选择的情况，每一种选择都有诱惑，都不舍得放弃。此时会感到束手无策、举棋不定，迟迟不与用人单位签约，一山还望一山高。思想上产生冲突，心理出现矛盾。这种矛盾的产生是由于大学生不能客观地面对现实，缺乏分析和解决问题的能力，遇到问题分不清主次，因此在矛盾面前顾此失彼、措手不及。

（六）自卑与自傲的矛盾

在市场经济的就业机制下，所有大学生在择业时都站在了同一起跑线上。在大城市激烈竞争中的失败，让许多大学生的傲气深受打击，由此产生了自卑、消极的心理状态。

如某些医科大学的毕业生，他们宁可承受着巨大的就业竞争压力，一心要到大城市、大医院里面工作，也不愿意到发展前景好、机会多的小医院、基层岗位上工作。在他们的认知过程中，总以为大医院的发展一定比小医院好，于是自傲与自卑的心理矛盾时刻困扰着这些毕业生，导致在择业过程中处处受挫，错失许多就业良机。

（七）渴望创业与缺乏承受挫折的矛盾

许多大学生毕业后想干一番大事业，试图在自己的专业领域进行创业，有所成就并实现自己的人生价值。但是，不少大学生缺乏艰苦创业的心理准备，害怕受挫，想走捷径来早日实现理想目标。而人生往往是没有捷径的，只有经过艰苦奋斗、努力拼搏，才可能成功。

三、大学生就业的心理误区

大学毕业生在巨大的就业压力下，会产生种种困惑和不适应，甚至产生一些心理误区。所谓的心理误区是指大学生在求职就业过程中，由于受到错误引导或生活、学习受挫，而产生的有失常态的心理活动。

（一）消极等待

有些毕业生认为自己条件好，对一般单位不屑一顾，挑三拣四，对就业一直采取消极和等待观望的拖延态度，以至于错失了许多就业良机，甚至赋闲在家。

（二）急功近利

急功近利是大学生就业时最常见，也是最难避免的一个心理误区。它是指大学生在就业时一味地追求经济收入丰厚、社会声望较高的职业，同时，产生向往经济发达、生活环境优越地区的心理倾向。大学生就业的这一心理倾向，在外资企业、合资企/事业单位及北上广地区最为常见。

首先，这些被大学生首选地区的岗位毕竟有限，不可能满足大学生的普遍要求；其次，大学生自身条件各有差异，这些为大学生普遍向往的地区和职业，未必是自己成就一番事业的最佳选择。

（三）情绪波动

大学生就业过程中，情绪上易出现异常波动，最为常见的表现有焦虑、不安，甚至抑郁等消极的情绪状态。

据调查，大学生就业前抑郁、焦虑情绪普遍存在，并且女生的焦虑程度高于男生，抑郁程度则低于男生。造成大学生就业前情绪波动和异常的原因主要是严峻的就业形势、缺乏自信和承受压力的能力、家庭因素等。

（四）怀才不遇

有些大学生自视能力超群，非同凡响，但在就业的道路上处处碰壁，于是开始抱怨自己没有施展才能的机会，整日怨天尤人，闷闷不乐。其实，认为怀才不遇是一种心理误区，俗话说"酒香不怕巷子深""是金子总会发光的"。只要自己有真才实学，不怕没有人赏识。

实际上在求职时，用人单位不只看毕业生的学历文凭或学习中的成就，还要看毕业生是否掌握社会所需要的"才能"。因此，正确做法是调整自己的心态，重新审视自己，积极采取行动弥补不足，然后成功推销自己。

四、运用多种方法进行自我调适

人的心理活动总是处于"平衡—不平衡"的螺旋式发展过程中，毕业生的心理活动也是如此。当产生各种心理冲突时，毕业生应当正确对待，采用多种方法进行自我调节，不要慌张，也不要被动消极。

（一）自我反省

面对就业中的各种矛盾和问题，大学生首先要正确认识和评价自己，明确自己未来的发展方向，了解自己的性格特点，知道自己的优势与不足，认识到自己最适合干什么职业等问题。

只有通过理智、冷静的自我思考，才能客观地评价自己，才能在就业中准确定位自己，进行科学的人职匹配，为理想的职业目标做好充分的知识、能力和心理准备。

阅读材料

自我反省，重获信心

英文专业毕业的林萌萌，意外收到了某学院的应聘通知，虽然应聘岗位与萌萌所学专业不是很对口，但她还是很幸运地接到了面试通知。第二天，林萌萌以饱满的精神状态和事先准备好的自荐材料，提前15分钟到达面试现场做准备。

应聘流程很简单，首先是笔试，笔试通过后才是面试。笔试时萌萌作答如流，没有任何难度，到了面试环节，前几分钟还很顺利，可到了快结束时，主考官突然提出一个情景问题，让萌萌措手不及，不过萌萌很快就缓过神来，急中生智顺利回答了所有问题。面试结束后，主考官让她等候通知。

半个月的时间过去了，萌萌自认为此次应聘过程没有任何问题，面试成功是理所当然的。好不容易等来了结果，学院的答复却是没有通过。这让林萌萌有点接受不了，她立即询问了被拒原因，答复的老师说是"专业不对口"。听到这个理由，林萌萌立刻抱怨起来，专业不对口，我的简历上写得清清楚楚，你们没有看吗？简直是浪费我的时间。电话另一头的老师没有多说，随即挂了电话。

放下电话后，林萌萌冷静下来，开始反思自己"难道真的只是专业的问题？还是院方认为我能力不够？还是……"，一连串的问题在萌萌的脑海里不断浮现。

人人都会有各种失败的经历，不可因为一两次的挫折而一蹶不振。只有认真反思后才能获取自信，而只有自信和奋斗才能成就未来。

（二）培养自信

在就业过程中屡屡失败，这是大学生自信心减弱、自卑感增强的主要原因之一。因此产生怯懦、逃避、冷漠的消极想法也不在少数。自信心是前进的动力，也是成功的保障，所以，我们在做心理调适时，培养自己的自信心是极其重要的。

（三）适度宣泄

宣泄法就是将心里的焦虑、烦躁、冲动等不良情绪用对人无害的方式发泄出来，以求得心里舒畅，得到舒缓压力的目的。有一种既简单又有效的办法，就是跑到一个空旷的地方，对着远方大声呼喊。当然，最好的办法还是倾诉，向父母或者朋友倾诉自己的忧愁、苦闷，在此过程中获得更多的感情支持和理解，增强克服困难的信心。

毕业生可以通过跑步、郊游、聊天等方式适度地宣泄自己的情绪，恢复心理平衡；也可以通过写日记的方式，将自己就业过程中积压的不良情绪从笔端流泻出来，以达到心理平衡的目的。

（四）正视挫折

对于乐观的人来说，挫折是人生的一种挑战和考验，正视挫折和教训才使得我们成长，使得我们变得更成熟、聪明。

大学生在求职期难免会遭遇各种各样的挫折，但这仅仅是人生的一个小插曲，要敢于正视，不因小挫败而失锐气。在面对挫折感觉惊慌失措、怯懦抑郁时，要想办法调整自己的心态，把挫折视为正常现象，并以积极进取的心态认真总结，不断努力，反复尝试，最终实现职业生涯目标。

（五）保持乐观

爱因斯坦曾经说过："真正的快乐是对生活的乐观，对工作的愉快，对事业的兴奋"。不管是为人处世，还是工作学习，都应该时刻保持一种乐观的心态，相信事情一定会往好的方面发展下去。

在生活中，大学生可以多参加一些娱乐活动，多结交一些朋友，陶冶情操，同时转移就业压力，一举多得。此外，还应积极参加各种公益活动，在帮助他人的同时还会从中得到认可与快乐。总之，大学生的人生才刚刚开始，拥有乐观的心态是最重要的，一定要笑对人生。

阅读材料

乐观面对生活，生活就会充满阳光

　　王旭军是个性格开朗，嘴角随时带着微笑的大男孩，因为他乐观、外向的性格，让他在校期间结交了很多朋友。现在，刚进公司仅仅两个月的小王，就和公司两个同事的关系特别好，不仅如此，他还博得全公司上上下下的好感。要问小王有何秘诀，他笑着说："乐观"。乐观的人心中总是充满了希望，而且能保持积极的态度去做事，无论在什么情况下，他都把自己视为公司的一员，不把自己置身事外。在工作中他总是积极主动、善于合作、虚心请教、热心助人，这样的人，相信没有哪个老板和员工会不喜欢！

　　王旭军所在公司虽然算不上大，但麻雀虽小五脏俱全。公司不仅制度健全，而且每一个项目的开展都有严格的流程，王旭军首先用一个月的时间来熟悉公司的所有流程，然后再用一个月的时间来了解不同项目的开发手续和流程。现在，公司决定将一个新项目的策划交由王旭军来独立完成，这对于刚进入行业的他来说，简直是高兴坏了。相比其他的同学，虽然进了大公司却连参与项目策划的机会都没有，只能为公司老板打打下手，真的是幸运太多了。王旭军很庆幸自己当时的择业方向，没有一味地要求大公司、高待遇。

　　本案例中，王旭军是个乐观的人，他始终坚持用阳光、乐观的心态去面对生活和工作，那么生活和工作一样也会回报给他阳光。而且人最快乐的是创造财富的过程，而不是创造财富的多少。有的大学生勉强进入公司后，整天无所事事，怨天尤人，当别的同学在工作岗位积累了丰富的经验准备大干一场时，他才发现，自己把大好的时光和机会都白白浪费了。

（六）学会转移注意力

　　转移注意力是进行自我心理调适最重要的方法之一。当心理问题出现时，我们可以通过环境、参加娱乐活动等方式转移注意力，例如回归大自然，爬山、旅游不仅可以放松身心，开阔眼界，而且能在亲近大自然的过程中受到大自然的启发。

　　除此之外，我们还可以通过听音乐的方式来转移注意力。每个人的性格、音乐修养和乐曲爱好不同，所以应有针对性地选择不同的乐曲。

　　（1）心情抑郁时，宜听旋律流畅优美、节奏明快的一类乐曲，如《百鸟朝凤》。

　　（2）心情焦虑时，则应听节奏舒缓、风格典雅一类的乐曲，如《姑苏行》。

　　（3）如果正处于愤怒的时候，宜听旋律优美、恬静悦耳、节奏婉转一类的乐曲，如《春江花月夜》《月光》等。

　　（4）夜晚失眠时，宜听旋律缓慢、清幽典雅的乐曲，如《二泉映月》等。

提醒

　　大学毕业生在进行自我心理调适时，除了上面介绍的几种方法外，还可以试试"肌肉张弛放松训练法"，即通过手臂、头部、躯干、腿部的逐次放松而达到全身放松的方法。该方法可以减轻或消除大学毕业生身上的各种不良身心反应，如紧张、焦虑、恐惧、入眠困难等。

第 二 节　大学生就业与心理素质

　　就业是大学生走向社会的第一步，也是大学生人生中的一次重要选择。当前严峻的就业形势加重了大学毕业生的就业压力，使得大学生的就业心理问题日益凸显。

一、心理素质对大学生就业的影响

一个人的心理素质是在先天素质的基础上，经过后天的环境与教育的影响而逐步形成的。心理素质包括人的认识能力、情感品质、意志、气质和性格等个性品质诸方面。心理素质的水平直接影响人的发展、人的活动效率及人对各种环境的适应。因此，心理素质对大学生就业的影响是非常大的。

（一）对确定就业目标的影响

心理素质对大学生确定正确的就业目标起着至关重要的作用。拥有良好心理素质的大学生才能客观、正确地评价自我，并客观分析社会和用人单位所需的人才，从而在求职择业的坐标中找准自己的位置。

如果心理素质不良，就会导致自我认识失衡，造成情绪紧张慌乱，意志力下降等一系列心理问题，难以找准职业定位，从而带来就业的困扰。

（二）对就业实现过程的影响

大学生的就业过程，实际上是一个选择与被选择的过程，也是用人单位评判、筛选大学生的过程。大学生在就业过程中将要面临自荐、面试、笔试等一系列的考验。能否顺利地通过这些考验，心理素质起着重要作用。此时，良好的心理素质，可以使大学生在面对困难时，沉着冷静、乐观向上、勇于创新、缜密思考、果断决策。

面对就业，无论成功与否大学生都应及时地进行自我调整，正确支配自己的感情和行动。特别是在面对失败时，更要有效地克制自己、调整自己的心境，尽快摆脱消极和负面情绪的影响，避免情绪过度波动。

（三）对职业适应的影响

大学生就业走上工作岗位后，角色的转变、工作环境的变化及人际关系的变化，将给大学生带来种种新的考验。

良好的心理素质对职业适应的实现起着促进和保障作用，可促使职场新人充分发挥自己的聪明才智，挖掘自己的潜力，把握自我，拓展自我，与新的环境保持平衡，尽快适应职业角色。从而找到最能发挥自己才华、实现人生抱负的舞台。

阅读材料

心理素质很重要

某五星级酒店客房部主管在检查房间时，发现305房间的面盆里有一根头发，台面和镜子还有水珠。经查后得知是实习生胡琳琳打扫的房间。经理把胡琳琳叫到305房间，让她自己看，胡琳琳没说话，赶紧拿起抹布擦拭起来，她觉得已经擦拭干净后，让经理再检查。经理说："镜子上面怎么还有水珠？台面的缝隙里还有水印。"胡琳琳拿起抹布再次擦拭起来。擦完之后，经理又来了，并且后边还跟着主管。经理又检查一遍说："小胡你是怎么搞的？这个酒杯里还有手印，连这点活都干不好！你是怎么上培训课的？如果总是这样，我看你还是趁早回家吧！"经理的声音越来越严厉。这一次，胡琳琳掉下了眼泪。她觉得自己已经尽力了，重做了几遍都未达标，心想会不会是经理故意找碴儿。最想不通的是，经理还当着主管的面，这么严厉地训斥自己，真是一点儿面子也不给，本该五点就下班的，结果六点半了还没下班。她越想越气，伤心地哭了。

本案例主人公小胡接受不了经理严厉的批评，伤心地哭了，这说明小胡的心理素质脆弱，这也是当今大学生普遍存在的心理问题。实习生应该以高标准要求自己，不应该有怨气，这样才能克服不足，提高工作质量，迅速进步。

另外，酒店和学校是两个截然不同的环境，学生在学校受的是循循善诱的教育，而酒店对过失是毫不讲情面的惩戒管理。因此，从学校到酒店，大学毕业生要随之转变思想，调整心态，做好迎接各种挫折的思想准备。

二、心理素质对大学生择业的影响

心理素质对大学生择业的影响主要体现在以下 4 个方面。

（一）气质对择业的影响

气质是人的典型的、稳定的心理特征。心理学家把气质分为多血质、胆汁质、黏液质及抑郁质 4 种类型。不同气质类型的人在生活和工作中会表现出不同的心理活动和行为方式。气质没有好坏之分，对人的智力发展和成就高低不起决定性作用，但是对人的职业有一定的影响。

（1）多血质。多血质的人活泼、好动，反应灵敏，喜欢与外人交往，兴趣和情趣容易变换，对任何事情都有兴趣。但兴趣广泛容易变化，注意力易转移，情绪波动大，一旦遇到困难，容易灰心丧气。多血质类型的大学生，一般适合从事外交、公关、管理、纺织、服务、医疗、法律、体育等工作。例如，企业家、教师、医生、律师、军人、推销员等职业。

（2）胆汁质。胆汁质的人精力旺盛、脾气急躁、容易冲动，心境变换剧烈，反应迅速，但缺乏自制力和耐性。胆汁质类型的大学生适合于难度较大，需要随机应变的工作，不适合稳重、细致的工作。一般可以选择演员、外交接待人员、导游、导演、飞行员、宇航员、节目主持人、演讲者等职业。

（3）黏液质。黏液质的人安静稳重、沉默寡言，显得庄重，思维、语言、行动都显得迟缓，情绪兴奋点较低，感情不易外露，注意力不易转移，坚韧、执着、淡漠，自我控制力较强。但是容易因循守旧，不愿意改变旧习惯去适应新环境。黏液质类型的大学生不适合从事那些变化多端、随机应变的工作，适合做有板有眼、需要忍耐力和持久力的工作。一般可以选择秘书、护士、化验员、资料员、出纳员、保管员、话务员、会计师等职业。

（4）抑郁质。抑郁质的人孤僻、行动迟缓，善于观察他人不易觉察的细节，情绪体验深刻、细腻、持久，但处事谨慎，性格腼腆，难以承受心理上较大的负担，面对困难总是畏缩不前。优点是兴趣专注、不易转移、善于忍耐。抑郁质类型的大学生不适合那些变化多端、当机立断的工作，适合耐心细致、脚踏实地的工作。一般可以选择法官、外科医生、档案管理员、打字员、排版员、化验员、雕刻师等职业。

> **提醒**
>
> 　　不同职业对人的气质有特定的要求，如医务人员要求耐心、细致；飞行员要求机智灵敏、注意力集中等特点。气质具有相对稳定性，纯粹属于某一气质类型的人极少，大部分人都是几种气质类型兼具的混合体。因此，大学生在择业时要注意扬长避短。

（二）性格对择业的影响

性格是个性心理中表现最明显，也是最重要的心理特征，一个人的心理特征主要从其对事物的态度和习惯化的行为方式表现出来。性格的分类方法很多，常见的是分成内向型和外向型两大类。

（1）内向型性格的特点：慎重、自我克制、乐于独处、反省、固执、深思、孤独、自尊心强、不喜欢与人交往、少言寡语、富有责任感、有耐心、较稳重等。内向型性格的大学生适合的职业有科学研究员、报刊编辑、银行职员、会计、打字员、考古研究员、电话员、档案管理员、地质勘探员、图书管理员等。

（2）外向型性格的特点：大胆、果断、爽快、大方、活泼、乐于与人交往、灵活、随和、坦率、自信、冒失等。外向型性格的大学生适合的职业有政治家、社会活动家、公关人员、律师、商人、商品销售、导游、时装模特等。

大多数人是偏向于某种类型或属于中间类型，在择业时，要善于把自己的性格特点和职业特点结合起来考虑，有利于更好地发挥个人的性格优势和潜能，从而避免性格的不足对择业产生的不良影响。

（三）兴趣爱好对择业的影响

兴趣是最好的老师，它对人的发展有一种神奇的力量。当一个人对某种职业感兴趣时，就会对该种职业活动表现出肯定的态度，并全身心地投入其中，然后调动自己最大限度的潜能，从而获得工作的快乐。反之，被强迫做自己不愿意做的工作，对精力和才能都是一种浪费。

人的兴趣千差万别，有的兴趣在于运动，有的兴趣在于思考。不同的兴趣使人对不同的职业产生不同的态度。兴趣与职业的联系有以下10种倾向。

（1）喜欢做有规律的工作，愿意按常规、有秩序地进行活动的人，可以考虑的工作有图书管理员、档案整理员、打字员、统计员等。

（2）喜欢与人打交道，对信息传播、推销、采访等活动有兴趣的人，可以考虑的工作有推销员、记者、教师、服务员、行政管理人员等。

（3）对分析、推理、测试等活动感兴趣，喜欢做研究的人，可以考虑的工作有工程技术、化学、生物、地质勘探、侦察等。

（4）不喜欢与人交往，愿意做具体事情的人，可以考虑的工作有工程技术建筑、会计等。

（5）喜欢进行操作，动手能力强，对零件、机械感兴趣的人，可以考虑的工作有驾驶员、机械制造等。

（6）喜欢指挥和管理，有组织协调能力、喜欢获得众人尊敬和获得声望的人，可以考虑的工作有行政人员、导演等。

（7）喜欢创造性工作，善于抽象思维，有想象力和创造力的人，可以考虑的工作有科学研究、经济分析、新产品开发等。

（8）乐于帮助人，具有同情心的人，可以考虑的工作有医生、护士、律师、咨询员、福利员、科技推广员等。

（9）对艺术有浓厚兴趣，喜欢完成具体工作，善于欣赏和思考的人，可以考虑的工作有美容美发、装潢设计、园林设计、版面设计等。

（10）对人及人的心理和行为感兴趣，喜欢研究人的问题的人，可以选择考虑的工作有心理咨询师、教师、人力资源等。

在职业选择过程中，能够充分考虑自己的兴趣爱好是十分重要的。当代大学生应当注意培养多方面的兴趣爱好，广泛的兴趣可以促使人们注意和接触多方面的事物，为自己选择职业创造更多有利的条件。

（四）能力倾向对择业的影响

人的能力一般可分为技能（现有的突出能力）和倾向性能力（经过培训可能获得的技能）两种。心理测验表明，人的各种能力是有差异的，有人擅长语言、有人擅长操作、有人擅长实践。研究表明，倾向性能力和职业选择有如下规律。

（1）数理逻辑能力强，有一定的模仿能力、观察能力和创造能力的人，适合从事理论研究、大学教师、审计、统计等工作。

（2）组织管理能力强的人，适合从事机关公务员、教师、编辑、导演等工作。

（3）记忆能力、模仿能力、操作能力强的人，适合从事建筑、装潢、制造、维修、试验、保管等工作。

（4）思维敏捷、反应迅速、注意力集中的人，适合从事法官、警察、律师、驾驶员等工作。

（5）形象思维能力、表达能力、写作能力、观察能力、社交能力强的人，适合从事教师、记者、翻译、导游、推销员、律师等工作。

（6）具有特殊能力的人要根据其特长选择职业，如舞蹈、杂技、戏曲、美术、音乐等工作。

大学生在选择职业时，不能好高骛远，单从兴趣爱好出发，要实事求是地检测自己的学识水平和职业能力是否能够适合做某项工作。

三　大学生应具备的心理素质

心理素质作为评估人才综合素质的重要一环，越发引起用人单位的关注，而大学生群体作为推动社会进步的核心力量，需要具备良好的心理素质。

（一）积极的学习态度

大学生要充分利用在校期间的学习机会，努力学习，并在学好专业技能的同时，加强综合素质的培养。大学生不仅要拥有丰富的知识，而且要培养创新思维能力，多参加有意义的活动，开阔自己的眼界，为今后的择业打下坚实的基础。

（二）良好的情绪情感

情绪和情感都是人对客观事物所持的态度体验，只是情绪更倾向于个体基本需求欲望上的态度体验，而情感则更倾向于社会需求欲望上的态度体验。简单地讲，情绪是人的生理反应，主要表现为喜怒哀乐等。情感是人对客观事物是否满足自己的需要而产生的态度体验，主要表现为爱、恨、幸福、厌恶等。大学生培养良好的情绪情感，有利于在择业过程中发挥自己的特长和优势。

大学生正处于青春期，充满了活力与朝气，但情绪不稳定，容易激动。与中学生相比，大学生已经具有一定的调节和克制自己的情绪情感能力，但较之成年人仍显得动荡多变，极不稳定，这种状态对其择业是很不利的。大学生只有在良好的情绪下才能有效地进行思考和行动，充分发挥自己的才智。

阅读材料

稳定的情绪带来就业机会

刘军与张小磊是大学同班同学，而且两人还在同一个寝室。两人在平时的学习与思想考评中都很优秀，毕业时，刘军和张小磊同时接到一家大型国有企业营销部的面试通知。

面试时，刘军与张小磊被分在两个会议室，主考官问了刘军一系列关于专业和职业认知的问题，刘军对答如流，并不时地提出自己的见解，受到主考官的赞赏。在另一个会议室张小磊的面试也进行得相当顺利，主考官对他也表示非常满意。

在面试就要结束时，主考官向刘军与张小磊提出了同样的问题："对不起，我公司计算机突然出了故障，参加面试的名单里没有你，非常抱歉！"此时，在第一会议室的刘军听了主考官的话后，立即失去了原有的风度和素质，他生气地质问主考官为什么会出现这样的事，自己在学校时是非常优秀的，成绩总是前几名，这次连面试的机会都没有，难道是贵公司在诚心要人。这时主考官对他说："你先别生气，其实我们的计算机并没有出错，你以第一名的成绩进入了我们的面试名单，刚才的小插曲是我们出的最后一道考题。我们感觉你的其他条件都不错，但心理承受能力有问题。一名营销人员必定会经历工作中的各种风险。我们需要有良好心理素质的人才，显然，这个职位并不适合你"。

刘军听后，整个人都傻眼了，没想到这也是一道考题，所有付出都前功尽弃了。在第二会议室的张小磊听了同样的问题后，他面带微笑，十分镇静地说："我对贵公司发生这样的失误感到十分遗憾，但今天既然我来了，就说明我与贵公司有缘，我想请您给我一次机会。这次计算机失误对我来说是意外，对贵公司来说也是意外，它或许意外地使你们选择了一个优秀的员工。"

主考官露出满意的神态："你是一个不错的小伙子，我愿意给你这个机会"。

从上面的案例来看，刘军和张小磊是同班同学，并且两人都很优秀，在职场上却面临了两种不同的结局。刘军的面试刚开始很顺利，却在最后一关败下阵来，原因在于其心理承受能力太差，不能有效控制自己的不良情绪；而同样的问题，张小磊却能顺利通过，反映了他良好的情绪控制能力和心理素质。由此可见，管理好自己的情绪，对成才和就业有着重要的影响。

（三）坚强的意志品质

意志是一个人成才的重要心理条件，也是求职择业时必须具备的心理素质，坚强的意志是通向成功大门的钥匙。在大学生就业的过程中，不论是主观还是客观原因，都会遇到各种各样意想不到的矛盾和困难，如果没有坚强的意志，就会产生心理压力，造成心灰意冷、彷徨苦闷、摇摆不定等情况。

大学生可以通过以下几种途径来培养自己的意志品质。

（1）学会在活动中清楚地认识到自己的行为目的和社会意义，自觉克服困难，排除干扰，勇往直前。

（2）学会在活动中适时果断地下决心，提高对事物的判断力和敏感性。

（3）学会在意志行动中正确支配和控制自己的行为和情绪。

（4）面对多种动机时，能够分清轻重缓急，分清主要矛盾和次要矛盾，主动排除干扰、确保达到预期目的。

（5）要在行动中具有不怕困难，不达目的绝不罢休的意志品质。

第三节 大学生职场情商的培养

大学生踏入职场的那一刻，就不再是大学生了，而是职场新人。作为一名新人，有很多东西需要学习，而首先要学习的就是如何提高情商。情商是一个人感受、理解、控制、运用和表达自己及他人情感的能力，情商很大程度上影响着一个人的成功。它在职场中起着十分重要的作用，且占据重要的地位。

一、职场情商的内涵

情商又称情绪智力，主要是指人在情绪、情感、意志、耐受挫折等方面的品质。心理学家们普遍认为，情商水平的高低对一个人能否取得成功也有着重大的影响作用，有时其作用甚至要超过智力水平。职场情商，就是一个人掌控自己和他人情绪的能力在职场中的具体表现，侧重于对自己和他人的工作情绪的了解和把握，以及如何处理好职场中的人际关系。

正所谓"智商决定录用，情商决定晋升"，职场情商是一个职业人士不可或缺的素质，是我们在职场获得成功的关键。在职场中，情商高低有时甚至会左右工作成效。因此，打造职场情商是人们在21世纪不可或缺的必修课。

二、职场情商的重要性

大家都知道，在职场中有时情商往往比智商还重要。那么，情商到底在职场上有多重要呢？

有项调查结果显示，一个人的智商和一个人的情商对他工作上的贡献比为1：2，从这个方面看，情商的重要性是智商的两倍，而且职位越高，情商与智商的贡献比例就越大，一般是1：6～1：4。由此可见，成功人士不一定是高智商，但一定是高情商的。

图9-1可在一定程度上展现情商在职场中的重要性。

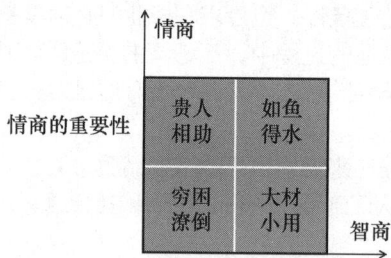

图9-1　情商在职场中的重要性

三、大学生提高职场情商的法则

对于初入职场的大学生来说，由于职场情商的缺乏，在工作中容易犯错误、碰钉子。要想避免这些现象的出现，就需要掌握提高职场情商的一些基本法则，如认识自我、学会控制情绪、不怕吃亏、注重细节、学会多赞美别人、保持低调、学会沟通等，为今后成为一名成功的职业人而积极做好准备。

（一）正确认识自我

职场情商，既然关系到人际关系，就必然存在一个角色定位的问题，即面对什么人，自己又处于什么样的一个角色，这就是通常所说的认识自我。如果对自我认识不清，那么很有可能对人际关系的处理就不到位，对待领导不像对待领导，对待同事不像对待同事，有时甚至会影响到客户对自己单位的形象认知。

（二）学会管理情绪

职场情商中，最重要的就是要学会管理自己的情绪，洞悉人心，并调整自己的心理，张扬好情绪，收敛坏情绪，从而赢得别人的认可和尊重。

每一个心智正常的职场人，肯定都不愿意跟别人发生冲突，更不愿意被别人的情绪干扰，所以，职场人都希望自己能跟别人保持良好的人际关系。那些能成大事的人，往往是理智型的，而不是情绪化的。

（三）不怕吃亏

很多人都怕吃亏，尤其是大学生。在面对利益冲突时，往往盲目地以自我为中心，去躲避这种伤害。但是不要忘记，在职场上，虽然存在竞争，但它是一个利益共同体。你吃了一点亏，却能赢得别人的尊重，而这些尊重往往是不能以金钱来衡量的。

阅读材料

吃亏，有时真的是福

张杨洋是一家公司的销售总监，他能走到今天这一位置，全靠他不怕吃亏、义无反顾的精神。

张杨洋历经周折，好不容易才进入现在的公司工作，他非常珍惜这个工作机会。他刚进公司半年时间，公司为了扩大规模，决定在甘肃开拓新市场。公司里所有的员工心里都明白，甘肃条件艰苦，如果发展得好，最多也就得到跟现在差不多的待遇；但是如果发展不好，可能几年的努力就全白费了。公司里没有哪一个员工想去。此时张杨洋主动站了出来，表示愿意去甘肃，并向领导保证，他不把甘肃的市场开拓出来就不回来。领导被张杨洋的勇气和自我牺牲精神打动了，直接升任他为部门经理，并给他权力和资金，让他好好把西北部市场做好、做大。

同事们都觉得张杨洋的做法非常不明智，开拓一块新市场，尤其是甘肃市场，快则3年，慢则要5年以上，而要是留在公司总部发展，机会可能更多，何必再出去吃苦、受累呢？但是，张杨洋从不后悔自己的决定，他到了甘肃后，积极开动脑筋，不怕吃苦受累，仅仅用了两年的时间，就把甘肃市场开发出来了。虽然业绩只有公司总部的十分之一不到，但了不起的是，份额却占当地的第一。而张杨洋此时的收入只有总部同等级别经理的一半。就在大家都嘲笑他时，老总却把他召回了总部，并把总部销售总监的位置给了他。

张杨洋虽然表面上吃了亏，但他的前途却因此而广阔了。

本案例中，张杨洋去甘肃开拓新市场，这件事情表面上看，不仅自己的收入无法保证，甚至连晋升机会也比别人少很多。但是他心甘情愿地做，没有退缩，并深信吃亏也是一种磨炼，越是别人不敢干、不愿干，才越能体现出他的坚强意志和才干。

（四）注重细节

在人际关系的处理上，细节的处理非常微妙，也非常重要，能体现出一个人职场情商的高低。注重细节，则会表现出对他人的一种关心和重视，能增进人和人之间的感情。

阅读材料

细节决定成败

有一家刚起步的"飞轮达"快递公司，它的投递员从城南赶到城北已经是满头大汗、气喘吁吁了。但是，为了保证流感时期客户的安全，公司规定快递员在接见每一个客户时都要戴上口罩，然后，双手捧起快件递到客户手中，说声"让您久等了，请把快件收好"。小小的"飞轮达"快递公司以其守信和特别的细节——口罩，赢得了客户的信任，一时之间，闻名遐迩。

（五）学会沟通

几乎所有招聘广告中都会强调应聘者应具有善于沟通的能力，这也正说明了沟通是职场中必不可少的一部分。很多老板有时候，宁可招一个专业技能一般但沟通能力较为出色的员工，也不愿招来一个整日独来独往、我行我素的"独行侠"。

能够与客户、同事、领导进行流畅沟通，可以体现一个员工的职场情商，同时，学会沟通也是培养职场情商的重要原则。

阅读材料

不要将自己封闭

小墨刚毕业，在一家广告公司上班，他性格内向，平时也不太爱说话。因此短时间里，他和同事也不熟，工作中一旦遇到问题，他都是按照自己的个人看法，主观臆断地处理问题。

有一次，经理交给他一个任务，要他为公司即将上市的新产品做一个宣传海报，小墨将相关产品信息复制进U盘后就赶去制作公司。来到制作公司后，对方的设计人员问小墨想做成哪种形式，何种价位，打算何时投放等一系列问题，小墨听后，整个人都傻了，由于他之前完全没有和上级沟通过，因此全都答不上来。这时，他只好硬着头皮拨通了经理的电话，问清楚海报的制作要求后，经理把他训斥了一顿。小墨心里难受，但也无话可说。

回到公司，同事张晓跟他聊天，说到：其实人际交往和工作一样，你要主动一点，如果你不去沟通，别人就无法理解你的想法。如果你事前把海报的相关要求问清楚了，也不至于让经理后来大发雷霆，而且领导训斥完后，你也要有回应呀，万不可一声不吭，这样会让领导以为你懒得理他。小墨听了张晓的一番话后，顿时觉得自己在职场上要学习的东西太多了。

大学生进入新的工作岗位，通常会对周围的环境产生一些抵触情绪，不愿与他人沟通和交流。但是到了工作岗位，就不再像是校园里面的单打独斗，而是一个团队的协作。既然是团队就会遇到很多人和事，无论是什么事情，只要去沟通，大事也会变成小事。如果不去沟通，那么小事就会变成大事。

（六）善于倾听

在职场上，大学生不仅要学会控制情绪，还要学会倾听。情商高的人，在倾听的时候，不喜欢发表意见，你说，他听，你不说，他在一旁陪着你。针对你所说的一切，他不会打断你说话，哪怕你说的是错误的。他会在你需要听取意见时，说出自己的观点，且不会挑战你的情绪爆发点。

（七）谦虚做事

有些大学生，为了彰显个性和能耐，总喜欢炫耀自己、显摆自己，他们以为这样就能获取别人的尊重，殊不知，这样会令人反感。大学生在职场上，要谦虚低调，这也是大学生体现自己具备良好职场情商的重要表现。

（八）学会多赞美别人

在与同事相处的时候，多发现别人的优点、长处，多赞美别人，这样会让自己与同事相处融洽，会让自己工作更容易开展。

（九）让别人有舒适感

如果把所有与人际关系中相关的知识凝聚为一句话，那就是所有人都希望被重视，都渴望被认可。

因此，当别人犯错时，别急着横加指责，更不要私下讨论；当别人遇到难关时，提供力所能及的帮助会让人心存感激，但不能因此走向极端——试图去讨好任何人。试图讨好所有人，不仅会让自己疲劳，更是一件没有尽头的苦差事。

（十）泰山崩于前而色不变

我们每天都有可能遭遇各种意料之外的事情，不管是在生活上，还是工作中。有的事情常常出乎预料，此时，我们会着急、焦虑、感到无助，甚至想要放弃。但是，请记住，没有一件事重要到如果搞砸了就会天崩地裂的程度。

当坏事发生时，别忙着"追责"，那只会让自己陷入不良情绪之中，应该先想想如何"善后"，怎样让事情变得没那么糟。当局面转好后，心情也会随之渐渐平静。在职场中，那些不论发生什么情况，总能心平气和，照顾他人情绪，找出解决之道的人，会渐渐赢得别人的尊重和信任。

（十一）保持和谐

一个成功的团队，必然是一个和谐的、团结的团队。与领导保持和谐，与同事保持和谐，这些都是支持一个人走向成功的必要条件。而如何妥善处理职场中的各种关系，往往取决于职场情商的高低。有时一个小小的转变，说不定就能让你在职场中找到如沐春风的感觉。

CHAPTER 10

第十章 大学生就业途径与求职方式

学习目标

熟悉大学生就业的主要途径

掌握大学生求职的不同方式

了解求职陷阱和防范意识

本章导读

大学生就业的途径很多，既可通过市场就业，又可通过公务员考试，还可以通过自主创业等途径完成就业。其中，市场就业是目前高校毕业生的一种主要就业途径，因此，在进入就业市场前，大学生要了解相关的就业政策和用人单位的招聘程序，收集、处理就业信息，做好就业前的准备。

对于即将毕业的大学生来说，应未雨绸缪，做好各项就业准备，并遵循一定的就业流程，然后通过多种途径来促成就业。

第 一 节 大学生就业途径

自"分配工作"落下历史的帷幕之后，便开始了"自主择业，双向选择"的就业形式，大学生的就业途径由单一化走向多样化。下面分别介绍现在大学生就业的主要途径。

一、自主择业

供需见面会（双选会）是毕业生择业的重要方式。每年3～4月、11～12月各高等院校陆续开始举办用人单位和毕业生供需见面会，毕业生和用人单位经过双向选择相互确定后，签订《就业协议书》；或者毕业生直接进入用人单位实习，待正式毕业后，正式签订劳动合同，成为该用人单位的正式员工。

大学生可以通过人才市场、网上招聘平台找到用人单位，通过发送简历的方式，让用人单位了解自己的具体情况，然后再根据用人单位发出的面试邀请参加对方的面试活动，完成应聘过程。

二、公务员考试

我国对国家机关行政人员实行公务员制度，国家每年都会招考公务员，因此报考国家公务员也成为部分大学生就业的渠道之一。

国家行政机关录用公务员，采取公开考试、严格考察、平等竞争、择优录取的办法。国家公务员录用考试包括笔试和面试两个环节。考试的内容根据公务员应具备的基本能力和不同职位类别分别设置。一般考试内容包括公共科目和专业科目，其中公共科目包含《行政职业能力测验》和《申论》，专业科目依据不同职位类别分别设置。

随着就业形势的严峻，以及公务员工作的相对稳定等特点。当前，参加公务员考试的大学生越来越多，竞争也越来越激烈，甚至出现数千名考生竞争一个岗位的现象。

三、延时就业

延时就业指大学生在毕业时，暂时未找到满意的工作，或由于其他原因暂缓找工作或先回家庭所在地，然后再就业的就业方式。

对最终需要踏上工作道路的大学生来说，可以延时就业，但不能一直延时。对于大学生来说，未及时就业，容易给别人留下"就业期望值过高"或者"自身素质不强"的印象。

有的大学生在择业过程中存在"等""靠"思想，导致"延时就业"，形成"不就业"的情况，只好回家依靠父母积蓄，过"啃老族"的生活。

阅读材料

考研，还是就业

高佳成的家在四川凉山的一个小镇上，4年前考入成都一所高校学习"计算机科学与技术"专业。4年的大学生活在懵懵懂懂中过去，高佳成发现曾经热门的专业在职场上开始有点"水土不服"。

就业难是现在大学生所面临的严峻问题，因此大四上学期，高佳成就开始找单位实习，为毕业后找工作做准备，结果发现还是晚了。同寝室的好友，从大二开始就在当地的一家科技公司实习，可是几年下来"留下的希望不大"。高佳成自己也投了无数份简历，经历了多次面试，也积攒了不少经验，可工作依然没有着落。现在，但凡好一点的单位，就算招个助理岗位，都要求本科以上学历，想找个专业对口、好一点的单位，没有研究生学历，想都别想。于是，高佳成准备考研，延时就业。

随着高校扩招，每年涌入社会的应届毕业生不断增加，在随之带来的就业压力下，选择考研的人会越来越多。但是成功考研，3年后的就业形势就真能好点吗？到时候就真能找到好工作吗？从本例中，我们可以看出主人公，高佳成存在逃避就业的思想，其实，她可以退而求其次，先找一个小公司工作一段时间，多积攒点职场工作的经验，说不定以后的发展前景会比在大公司更好。

四、自主创业

自主创业指大学生毕业后不是"寻求"工作，而是选择自己或与他人合作创办公司。自主创业已成为目前大学毕业生一种新的就业途径。它将大学生从一个雇员提升到雇主的位置，同时也对大学毕业生的知识、能力和综合素质等方面提出了更高的要求。

> 主动创业可以使人赢在起跑线上

相对来说，要实现自主创业，大学生应首先自我认知并培养科学规划、团队管理、谈判、处理突发事件、学习、社会交往等多种能力。

为支持大学生自主创业，国家各级政府出台了很多优惠政策，涉及融资、开业、税收、创业培训、创业指导等诸多方面。根据国家有关规定，应届大学毕业生创业可享受免费风险评估、免费政策培训、小额担保贷款及部分税费减免 4 项优惠政策。

阅读材料

为了改变家乡面貌而创业

大学四年，刘向前靠勤工俭学和助学贷款完成了学业。他学的是生物专业，对一些物种的改良及资源的利用有着独特的见解。毕业的时候，他认识到，如果想改变自己的生活环境，以及家乡的贫穷面貌，仅仅在城市里谋一个职位是不行的。

刘向前从高中时就立志要改变家乡的面貌，因为家乡太穷，他上高中不得不徒步走20多里山路，到另外一个乡去读书。为乡乡致富寻找出路，在家乡建所好学校，这个想法如山一般压在他的心头。

大学毕业的他回到了家乡，把自己的想法告诉了县里和乡里的领导，他的想法得到了县里和乡里的大力支持。为了节省他的创业基金，乡里免费拨了一块山头给他做养殖中心，条件是有经济收入后每年将年收入的5%用于改善乡里的教学环境。县里面还特批了5万元创业资金，让他无息使用。家乡的乡亲听说他要搞生态种植和养殖，纷纷联系在外面打工的亲属，让他们回来帮忙。他感受到这番浓浓的情意，对创业越来越有自信，虽然肩头的担子更重了。

他先是化验了家乡的泥土，研究了当地天气情况和水利情况，然后从国外进口了一些抗旱的经济作物品种，并且自己研发了一些常规蔬菜的抗旱品种。他首先从种植开始做起，仅一年的时间就收回了一部分投资款，第二年他培育的优质肉羊及肉牛品种也开始大量养殖，不到5年时间，原本杂木丛生的山头变成了蔬果飘香的"金山"。他还实现了一种新的养殖方法，即将自己养殖中心的牛羊免费送给附近的乡亲喂养，并且对他们进行养殖培训，然后免费提供种牛、种羊，只要求在繁育后还给养殖中心一对幼仔。这些方法实施后，不仅他自己家中的经济条件开始变好，附近的乡亲们都跟着致富了。

经历了最原始的资金积累，刘向前又花重金修了路，在路修通的那一天，好多村民都哭了，这是他们几辈人都盼望的。交通问题解决后，刘向前又成立了生物制品有限公司，将山里无污染的山珍、药材制成成品，远销欧美。就这样，他一步一步带领乡亲们走上了致富路。

刘向前少年时期的苦难生活令他立下了雄心壮志，他明白自己需要的不仅仅是一碗温饱饭，更需要的是一份事业，一份能改善自己和家乡生活条件的事业。他非常懂得利用自己的专业所长，创造特殊的价值，这些特殊的价值使得刘向前的创业项目有了市场。

自主创业也是大学生重要的就业途径，但是不能盲目创业，要懂得选择合适的创业项目和途径，这是刘向前成功的重要原因。他因地制宜，专门研究了家乡的环境，走生态种植和养殖路线，引进进口抗旱作物，以及培育优质牛羊肉，而且在当地的创业政策和乡亲们的帮助下，他的创业项目最后取得成功。

五、升学深造

升学深造主要包括参加研究生考试、普通高校专升本考试、成人高考、对口升学考试、高等教育自学考试等。大学生通过深造，一方面可以提高自身学历层次；另一方面也能缓解社会就业压力。但是无论是就业还是升学，都要理性选择，不可盲目跟风。每个大学生的学习、身体、经济等方面的条件都是不同的，关键是要结合自己的情况，以及未来职业规划，做出适合自己的选择。不管选择就业还是升学，都必须要摆正位置，调整心态，只有这样才有利于自身的发展。

六、国家项目就业

国家项目就业指大学生通过参加国家、地方就业项目来完成就业的一种方式。如大学生服务西部志愿者、"三支一扶"计划、选聘毕业生到村任职等。这些项目不仅可以解决当前就业的难题，而且还可以让"高知阶层"深入农村，成为发展边远地区、缩小城乡差别和区域差别、促进社会全面协调发展的长远战略。

（一）大学生志愿服务西部计划

从 2003 年开始，按照公开招募、自愿报名、组织选拔、集中派遣的方式，每年招募一定数量的普通高等学校应届毕业生，到西部地区从事 1～3 年的教育、卫生、农技、扶贫及青年中心建设和管理等方面的志愿服务工作。

志愿者服务期满后，鼓励其扎根基层，或者自主择业和流动就业。参加的志愿者完成工作后有很多政策的优惠。

（1）服务期间，中央财政给予必要的生活补贴（含交通补贴和人身意外伤害、住院医疗保险）。

（2）服务期间，计算工龄，党团关系转至服务单位。本人要求户口和档案保留在学校的，服务期间，可兼职或专职担任所在乡镇团委副书记、学校及其他服务单位的管理职务，在此期间，档案管理机构对保管其档案免收服务费用；本人要求将户口转回入学前户籍所在地的，公安机关按照规定为其办理落户手续，人事、教育部门所属人才交流机构负责办理相关手续，人事部门所属人才交流服务机构免费提供人事代理服务。服务期满落实工作单位后，公安机关按有关规定办理户口迁移手续。

（3）服务期满考核合格，在服务期满后 3 年内报考硕士研究生，可享受初试总分加 10 分的政策；在同等条件下招生单位优先录取。在报考时须出具全国大学生志愿服务西部计划项目管理办公室统一制作颁发的《大学生志愿服务西部计划志愿服务证》《志愿服务鉴定书》和服务单位证明。

（4）志愿者服务期至少满1年且考核合格的，可以应届高校毕业生身份报考公务员。报考中央机关和东、中部地区公务员的，同等条件下，优先录取；报考西部地区公务员的，笔试总分加5分，同等条件下优先录取。

（5）服务期为1年，服务期满考核合格的，授予中国青年志愿者铜奖奖章；服务期为2年，服务期满考核合格的，授予中国青年志愿者银奖奖章，表现优秀的授予中国青年志愿者金奖奖章。表现特别优秀的推荐参加中国青年志愿五四奖章、中国十大杰出青年、中国十大杰出青年志愿者、国际青少年消除贫困奖等评选。

2011年西部计划设置基础教育、农业科技、医疗卫生、基层青年工作、新疆专项、西藏专项和基层社会管理7个专项。其中，基础教育、农业科技、医疗卫生分别为原"支教""支农""支医"专项的更名，并将团中央、教育部组织实施的"青年志愿者扶贫接力计划研究生支教团"项目纳入基础教育专项实施，保留基层青年工作专项；根据中央关于援疆、援藏工作的要求及新疆、西藏经济社会发展的实际要求，新设服务新疆、服务西藏专项。新设基层社会管理专项，围绕西部基层社会公益、社会保障、社会福利、法律援助、扶贫开发、金融开发等公共服务需求及党政、司法、综治等工作需要开展服务。

（1）基础教育：在县乡中小学从事教学及教学管理工作。本专项包括研究生支教团。

（2）农业科技：在县乡农业（林业、牧业、水利）技术单位从事农业科技工作。

（3）医疗卫生：在乡镇卫生院及部分县级医院、防疫站从事医疗卫生工作。

（4）基层青年工作：在县级团委从事加强团的基层组织建设、促进青年就业创业、预防青少年违法犯罪、维护青少年合法权益等工作。

（5）服务新疆：围绕新疆和兵团经济社会发展需要，在基层单位从事基础教育、农业科技、医疗卫生等服务。

（6）服务西藏：围绕西藏经济社会发展需要，在基层单位从事基础教育、农业科技、医疗卫生等服务。

（7）基层社会管理：围绕西部基层社会公益、社会保障、社会福利、法律援助、扶贫开发、金融开发等公共服务需求及党政、司法、综治等工作需要开展服务。

2018年继续稳步实施基础教育、农业科技、医疗卫生、基层青年工作、基层社会管理、服务新疆、服务西藏7个专项；巩固服务新疆、西藏专项成果，深化研究生支教团工作和扩大基础教育专项规模，提升支教扶贫实效。

（二）"三支一扶"计划

"三支一扶"计划是人社部会同中组部、教育部、财政部等10个部门共同组织实施的高校毕业生基层服务项目。自2006年实施以来，已累计选派51万名高校毕业生到基层从事支教、支农、支医和帮扶乡村振兴服务等，在促进基层事业发展、优化基层人才结构等方面取得了积极成效，对于引导树立科学的就业观、成才观发挥了示范作用。

该计划的招募原则和程序如下。

（1）汇总计划。每年4月底，省级工作协调管理办公室收集、汇总乡镇一级教育、农业、卫生、扶贫等基层岗位需求信息，并上报全国"三支一扶"工作协调管理办公室，同时面向社会公开发布。

（2）组织招募。每年5月底，各地根据下达的招募计划和实际情况，采取考核或考试的方式进行招募。

（3）人选确定。经审核、体检确定人选后，省级工作协调管理办公室要组织"三支一扶"大学生签署《高校毕业生"三支一扶"计划申请书》，并于每年 6 月底将"三支一扶"大学生名单上报全国"三支一扶"工作协调管理办公室备案。

（4）培训上岗。各地要组织"三支一扶"大学生进行上岗前的集中培训，培训内容主要是党和国家有关基层工作特别是农业、教育、卫生、扶贫方面的方针政策、本地区基层工作的现状、拟服务单位和岗位的基本情况、乡镇共青团有关工作业务等。每年 7 月底前派遣"三支一扶"大学生到服务单位报到。

同时，针对参加该计划的志愿者可以享受以下优惠政策。

（1）各级人事、教育、财政、农业、卫生、扶贫、团委等部门要积极制定优惠政策，鼓励服务期满的"三支一扶"大学生扎根基层。原服务单位有职位空缺需补充人员时，应优先考虑接收服务期满考核合格的"三支一扶"大学生。县、乡各类事业单位，有职位空缺需补充人员时，也应拿出一定职位专门吸纳这部分毕业生。服务期满自主创业的，可享受行政事业性收费减免、小额担保贷款和贴息等有关政策。应届毕业生自愿到国家需要的艰苦地区、艰苦行业基层工作，服务达到国家规定年限，并符合相应条件的，可享受国家助学贷款代偿政策，具体办法另行制定。

（2）服务期满考核合格的"三支一扶"大学生，报考党政机关公务员的，可以通过适当增加分数及其他优惠政策，优先录用。到西部地区和艰苦边远地区服务 2 年以上，服务期满后 3 年内报考硕士研究生的，初试总分加 10 分，同等条件下优先录取。对于已被录取为研究生的应届高校毕业生参加"三支一扶"项目的，学校应为其保留学籍。

（3）各级人事、教育、农业、卫生、扶贫等部门要制定切实有效措施，采取多种手段，充分挖掘本系统就业岗位，积极吸纳"三支一扶"大学生进入本系统工作。各级人事部门要为"三支一扶"大学生建立专门的人才库，广泛收集各类用人单位的岗位需求信息，动员各类用人单位接收"三支一扶"大学生，有针对性地提供就业指导和推荐，帮助其落实就业单位。

（4）服务期满考核合格的"三支一扶"大学生，根据本人意愿可以回到原籍或到其他地区工作，凡落实接收单位的，接收单位所在地区应准予落户。进入国有企事业单位的，由接收单位按照所任职务比照同等条件人员确定其职务工资标准；其服务期限，计算为工龄。在今后晋升中高级职称时，同等条件下优先评定。

（三）选聘毕业生到村任职

选聘高校毕业生到村任职工作对象为 30 岁以下应届和往届毕业的全日制普通高校专科以上学历的毕业生，重点是应届毕业和毕业 1～2 年的本科生、研究生，原则上为中共党员，非中共党员的优秀团干部、优秀学生干部也可以选聘。

除了国家和地方的政策支持外，各高校和社会各方面，也为参加项目的高校毕业生的工作、生活、学习、就业和创业提供广泛的帮助和支持。通过项目实现就业，不但成为大学生就业的重要途径，而且也是目前青年学生成长、成才的重要渠道之一。

七、灵活就业

灵活就业包括自由职业、意向就业、自主创业等，如作家、自由撰稿人、翻译工作者、某些艺术工作者等。与传统的就业模式相比，灵活就业具有灵活性强、自由度大、适用范围广、劳动关系比较松散等特点。

灵活就业在一定程度上不同于正规的全日制工作，当事人与用人单位之间也没有稳定的劳动法律关系，它的工作内容与收入相对不稳定。同时由于这类工作的"非强制性"，也要求当事人有很强的自觉性。

> **提醒**　对于那些倾向于稳定、正式工作的学生而言，在就业压力巨大、短时间内又找不到理想就业单位的情况下，灵活就业无疑是一种很好的过渡性选择。

八、出国留学与就业

"出国"包含留学与就业。出国留学，指大学毕业生毕业后去其他国家继续学习。要想出国留学，必须参加对应的出国留学考试，如托福、雅思、美国大学入学考试（ACT）等，考试通过后申请就读的大学与专业。出国留学不是一种"时尚"，它不仅对于当事人家庭的经济条件是一个考验，而且是对个人生活、生存能力的一种考验。

出国就业，一般指劳务出口国（输出国）向劳务进口国（输入国）提供劳动力或者服务。劳务输入国主要以发达国家为多，如美国、德国、法国、瑞士、加拿大等；劳务输出国以发展中国家居多，如巴基斯坦、印度、菲律宾等。

一般情况下，大学生可以从电视、报纸、网络等媒体获得各种招收出国劳务人员的信息。申请出国就业（出国劳务）必须具备如下条件。

（1）符合进口国需要的专业技术技能。

（2）良好的道德修养，遵守进口国的法律和劳动纪律。

（3）健康的身体，能够适应进口国的气候条件和劳动环境。

（4）必要的语言能力，尤其是直接和对方打交道的外语水平。

第二节　大学生求职方式

毕业生最常见的求职方式就是自荐。自荐方式包括参加人才招聘会、网上求职、亲自登门自荐等。除此之外，还有实习就业、他人推荐、中介服务等常用方法。

一、实习就业

实习是大学生走向工作岗位的重要阶段，也是毕业生求职的有效途径之一。实践、实习阶段的工作，既可以让用人单位了解毕业生，毕业生也可以较详细地了解用人单位的生产、经营、福利待遇等各方面情况。通过一段时间的相互了解，建立联系，为以后的求职择业打下良好的基础。

因此，毕业生在选择实习岗位时，注意要以谋求职业为目标，利用实习加深对所学知识的理解，从而提高技能。即使实习期满后不能被录用，但由于有了这段实习经历，在求职的竞争中也会处于优势地位。

阅读材料

善于抓住实习机会

有一位护士专业的毕业生小汪在一家大医院进行护士毕业实习。实习期满后，如果能让院方满意，就可留下当正式护士。

一天，急诊室来了一位生命垂危的病人，急需马上进行手术。当时，所有医生助理全都排满了，只有实习护士小汪一人闲着。此时，她被安排做主刀医生的助手。手术从清晨一直做到黄昏，整整持续了8个小时，眼看进入收尾阶段，正准备缝合患者的伤口。忽然，实习护士小汪严肃地盯着主刀医生说："我们用的是14块纱布，可您只取出来了13块。""我已经全部取出来了，一切顺利，马上缝合！"主刀医生头也不抬，不屑一顾地回答"不，不行！"实习护士小汪高声抗议道："我记得清清楚楚，术前准备时我认真数了3遍纱布，确实是14块。手术中我们用了全部的纱布，可现在才取出13块纱布，肯定还有一块没取出来！"主刀医生没有理睬她，命令道："听我的，准备缝合！"这名实习护士毫不示弱，大声叫了起来："您是医生，您不能这样做！"直到此时，主刀医生严肃的脸上才浮起了一副欣慰的笑容。他举起右手心握着的第14块纱布，向在场的人宣布："这是我最满意的助手！"于是，这名实习生成了这家大医院的正式护士。

这名实习护士的举动，绝不仅仅是实习期间的认真，还体现了她作为一个医务工作者强烈的职业意识，正是因为她工作上的认真和强烈的职业意识，才帮助她从一名小小的实习人员一跃成为这家大医院的正式护士，由此可见，实习期间的每一个举动都是至关重要的。

二、他人推荐

他人推荐也是一种比较常见的求职方式，可以扩大职业选择余地。他人推荐最直接的办法是求助于亲戚、朋友、同学等熟悉的人，如学长、老师、同乡等。

由于与对口用人单位的领导或业务骨干有较为密切的关系，他们的推荐容易引起用人单位领导的重视和信任。那么，应该如何请熟人推荐呢？

（一）推荐人和自己的关系

假如，推荐人是自己的大学同学或者是某一位跟家人关系较好的朋友，那么，你可要谨慎行事。虽然有个好朋友或者家人能帮你做个人担保是很好的，但人事经理更在乎的是你的职业技能。

如果你找的推荐人连你在做什么工作都说不出来，这种推荐就会变得非常弱。最好的推荐者应该是了解你目前的职业发展和成就的那个人。

（二）推荐人目前所在职位

如果你的梦想工作是销售，而你的推荐人却在公司里的技术部任职。在小公司里，这层关系或许已经足以保证你能参加面试了，但不能总是指望着他。最好的推荐人，应该是对空缺职位需要的人才有足够了解的人。

（三）正式提出请求

当已经确认和自己联系的人，是个很不错的推荐人之后，最好以书面的形式正式提出推荐请求。这样，才能让推荐人有足够的时间，充分考虑是否方便在回应你的要求前做些介绍。而且也能给推荐人一个机会，快速地研究一下有关的工作需求和人事经理的相关信息。

（四）等待回复

当要求别人推荐自己时，还要问问推荐人是否方便替你做推荐。虽然你也急于想开门见山地得到对方的支持，但一个模棱两可、态度模糊的推荐人，甚至比完全没有推荐人更糟糕。

（五）提前约见

即使推荐人已经同意把你介绍给人事经理，你还是应该提前约他见一次面，这样你就可以给他提供一些你自己的相关信息，让推荐人深入了解。如描述一下你所学专业、本人技能特长等。

通过向推荐人提供他所需的信息后，你不但能提高得到面试机会的可能性，而且他推荐你的时候，也会显得更了解被推荐人。

（六）表示感谢

在你还不知道你是否能得到面试机会之前，就要给你的推荐人发一条感谢的信息。你要让他知道不管结果如何，你都非常感谢他付出的时间和精力。

即使这次这个职位并不适合你，你的感谢也会让对方在下次有合适的工作时，第一时间想到你。

三、网络应聘

互联网时代，利用网络招聘平台求职是一种常见的求职方式，大学生不仅可以在网络招聘平台上查看招聘信息，主动联系企业求职，而且可以在招聘平台上注册登记自己的简历信息，留下自己的联系方式，有意向的企业将主动联系求职者。

有的网络招聘平台专门为毕业生开辟就业服务的栏目，可以进行就业推荐、毕业生展示或刊登求职广告，这给毕业生求职又提供了一种选择。毕业生在求职过程中应结合自身的特点，选择更为适用的求职方式，从而达到事半功倍的效果。

四、电话求职

主动寻求一些自己比较心仪的公司，然后主动打电话过去咨询，这也是一种比较主动的求职方式，会让对方觉得你很迫切地在找工作，或许会考虑给你个机会试试看。

如果公司正好急需这个岗位的工作人员，而你的专业又刚好对口，那么你将很容易获得面试机会。

五、人才委托

人才委托推荐是现代人事工作的重要内容，是人事代理服务的主要实现形式之一，是一种新型的服务方式，适用于用人单位和各类人才的双向选择，特别有利于提高中、高级人才的择业成功率。

求职应聘者可通过委托的方式向具有资质的人才服务机构提供有效的证件和业绩材料，明确择业方向和职位要求，提出相应薪酬和工作环境。人才服务机构一旦接受委托，就会在约定的期限内，完成向用人单位的推荐，并使求职者得到专门组织的面试机会，这种委托推荐方式能给求职者提供更多的便利。

提醒

　　猎头服务也是一种求职方式，但猎头服务一般针对高级人才，如工作经验在10年以上的高级技工（工作经验也会视不同行业而有所不同）、年薪在20万元以上的高层管理人员等。对于大学生来说，猎头服务似乎有点遥远。不过，随着近年来的发展，许多招聘网站也纷纷设立高级人才简历库，开始提供猎头服务，大大降低了服务门槛，为更多的中级人才提供求职渠道。

第三节　大学生求职陷阱

　　随着大学毕业生数量的不断攀升，就业压力的不断增大，大学生的就业焦虑也越来越严重，求职心情更是迫切。

　　许多毕业生为了找到一份满意的工作，广搜信息，遍投简历，只要是符合自己意愿的招聘信息，就积极行动，绝不放过。这也导致许多学生误入求职陷阱，给大学生再次求职蒙上难以抹去的阴影。

一、常见的求职陷阱

　　每到毕业季，大学生就面临着找工作的问题。随着社会资源的整合，大学生在求职过程中也面临着诸多的陷阱。

（一）虚假广告陷阱

　　一些用人单位在招聘会上为了招到条件较好的毕业生，往往会夸大或隐瞒自己的某些情况。比如：在发布招聘信息时，故意扩大用人单位的规模和岗位数量，进行虚假宣传；又或者把招聘职位写得冠冕堂皇，不是"经理"就是"总监"，但实际上却只是"办事员""业务员"，根本没有广告上写得那么诱人。

阅读材料

误信招聘信息

　　24岁的小刘，去年毕业于某财经大学的经贸管理系，同年7月，他在一家公司应聘"销售经理"成功。第一天上班，公司老板就让他这个"经理"去推销产品，美其名曰"了解市场"。这样的工作状态持续了整整1个月。

　　有一天，小刘实在是忍不住了，决定找老板问清楚，到底我是经理还是推销员，就在这时，一个平时关系与他不错的员工偷偷告诉他"我在这儿工作了快3个月，天天出去推销。"公司最初招聘时就是要招推销员，怕招不来人，故意说成是"销售经理"，小刘这才恍然大悟，发现自己被骗了。

很多招聘单位，因担心招不来业务员、推销员等，往往会把职位"美化"成"销售经理"等，以此来诱惑大学生。这类招聘信息一般很简单，涉及细节方面的东西都不明确，比如没有岗位职责和应聘条件等。因此，求职者应聘时要提前了解职位的具体内容，询问工作细节，认真考虑后再做打算。

（二）高薪陷阱

刚参加工作，薪酬不高是正常的。相反，如果出现一个不熟悉的单位提供高薪酬时，毕业生一定要警惕，因为不少不法人员企图利用高薪待遇的幌子，骗取毕业生的押金、培训费、服装费等。

在当前的就业形势下，毕业生千万不要轻信高薪诱惑，要清楚自身实力，从基础做起，逐渐展现自己的才华。对于某些应聘单位提出的所谓押金、培训费、服装费要敢于说"不"。

阅读材料

服装费还能退吗

大学毕业生郑春，在贵阳一家商贸公司面试通过后，被要求交500元服装费，然后才能签订合同，进入培训服务。交费后，小郑同该公司签了劳动合同，上面还特别注明：如因个人原因辞职或自动离职，公司不予退还，服装费由自己承担。

上班都快一周了，但公司却一直未给郑春安排具体的工作，整天就是看资料，这让小郑很无奈，于是就要求辞职并退还服装费。但被对方以签有协议为由，拒绝向涉世不深的小郑退还收取的服装费，一直没有被安排工作的小郑，被迫主动辞职。

凡应聘时，招聘单位提出收取服装费、押金，或以其他方式变相收钱的行为，都是违法的，求职者应向劳动监察部门举报。另外，当毕业生遭遇诈骗后，要及时报案，否则不仅本人的损失难以挽回，而且会让更多人上当。

（三）传销陷阱

传销已受到国家的严令禁止。

传销者的首选对象往往是急于挣钱的求职者，尤其是刚刚毕业的学生。他们通过各种渠道得到欺诈对象的电话后，便打着同乡、同学、亲戚等幌子，以帮忙找工作为由，以高薪为诱饵，投其所好，骗求职者去进行非法传销活动。求职者一旦进入陷阱，便限制其人身自由，被迫从事传销活动。

此外，传销组织者还会采取扣留身份证、控制通信工具、监视等手段不让受骗者离开，强迫他们联系亲友前来，或者寄钱、寄物从中牟利。

阅读材料

以招聘之名诱人犯罪

小霜是某高校的应届毕业生，找了近2个月的工作都没有结果，心理失望至极。一天她忽然接到同乡的电话，说在山东济南有个好工作，做人事专员，不仅工资高，而且各方面待遇都很好。小霜听后立刻心动了，连夜坐大巴车就赶了过去。

到了济南后，那个同乡早早地就等在了车站，接过行李后，把小霜领到了一个很偏僻的宿舍，里面还住着男男女女十多个"同事"。其中几个同事特别热情地向小霜招手，并嘘寒问暖道："路上辛苦了。一路上怎么样？有没有吃过饭……"。等把小霜的东西安顿好后，对小霜说："借你的手机玩一下嘛"，就这样，对方拿走了小霜的手机，然后告诉她："我们是做传销的，不是什么人事专员，产品是3 880元一套，现在交钱吧。"小霜身上没有这么多钱，他们就要求小霜以在这边学驾驶为名，从家里骗钱，或者骗同学或朋友过来。

某些大学生因被骗而涉足非法传销，到头来后悔不已。因此，毕业生在求职的过程中如遇到非正规单位对你非常主动，并把加盟后的前景说得天花乱坠，同时提醒你介绍朋友和同学一起加入时，那你一定要小心了，这很可能是传销陷阱。

（四）中介陷阱

通过人才中介公司寻找就业单位不失为一种有效的求职途径，但是一定要选择政府主办的或社会信誉好的大型人才中介机构。

一些不知名的人才中介，其场地往往设施简陋，无正规的人员机构，很可能是没有资源共享资格的"黑中介"。当求职者缴纳数目不菲的中介费后，中介方就会列出种种理由来推辞，从而骗取求职者的中介费。

（五）试用期陷阱

试用期陷阱也是初出校门的大学生可能会遇到的就业陷阱之一，它主要有以下几种形式。

（1）只试用不录用，即毕业生熬到试用期满时，用人单位随意找个理由就将其辞退。

（2）试用期不签订劳动合同，使用合格后才签订劳动合同。法律规定，劳动合同必须是劳动者开始工作时签订，劳动合同可以约定试用期。因此，毕业生被用人单位录用后就应该签订劳动合同，然后再约定试用期。

（3）随意延长试用期。《中华人民共和国劳动合同法》对试用期限有明确规定，试用期的时间与劳动合同签订的就业服务年限有关，不能随意延长试用期。

（4）混淆试用期与实习期、见习期的概念。实习期是在校大学生到单位进行实践活动的时间，属于教学过程；见习期是用人单位对应届毕业生进行业务适应考核的时间；试用期是劳动法规定的员工工作的尝试时间。

阅读材料

警惕"见习"陷阱

小姜刚毕业于某高校计算机系，近日应聘了某广告公司的网络管理员。该岗位的招聘信息中明确表示月薪3000~4500元，且工作性质为合同制，小姜便欣然前往应聘。小姜被录用后与单位签订了一份见习协议，在之后的两个月时间内，该单位每个月均仅支付给他420元的见习补贴，小姜察觉到其中可能有问题，便立即到劳动部门进行核实，原来该广告公司并非见习基地，原则上不允许招收见习学员，它仅仅是想利用见习名义使用廉价劳动力。

见习期内，见习学员与见习单位不建立劳动关系。发布"见习"岗位的用人单位必须具有见习基地资质，其他任何单位发布所谓"见习"岗位都不合法。求职者与用人单位签订工作合同时要清楚"合同"与"见习协议"的区别，不要被用人单位的一面之词所误导。求职者在签订"见习协议"时要留心这家用人单位是不是具有见习基地资质。如果出现案例中的情况，可及时向劳动保障部门咨询或反映。

由于就业形势比较严峻，大学生在求职过程中处于弱势地位，因此一些不正规的公司提出了一些不合理条款，如违约金、服务期等。对于毕业生来讲，虽然知道这些附加条款是有失公平的，但也不敢明确表示异议。

在职场上把"试用期"当成"免费用工"已经成了一些无良老板逃避法定义务的惯用伎俩，大学毕业生一定要擦亮自己的双眼，不要让用人单位榨取自己的劳动果实。

（六）合同陷阱

合同陷阱即毕业生与用人单位签订的劳动合同可能存在与劳动法相违背的地方，用人单位通过合同陷阱以达到侵害毕业生合法权益的目的。合同陷阱一般有以下几种形式。

（1）口头合同。用人单位与毕业生就权利、义务达成口头约定，不签订书面正式协议。

> **阅读材料**
>
> ## 落入口头约定陷阱
>
> 毕业生沈明试用期满后，发现公司并没有按之前的约定给自己转正。考虑到自己工作期间未曾出错，更没有给公司带来任何的损失。他决定向领导一探究竟，哪知道领导竟然说："我们并未签订任何合同，所有的安排都是为了公司更合理的发展"。沈明一听，整个都蒙了，这不是骗人吗？

毕业生正式被单位录用，正式开始上班后，一定要与用人单位签订《就业协议书》。正式转正后，还应立即与用人单位签订劳动合同，只有这样才能更好地维护我们自身的权益。

（2）单方合同。用人单位在劳动合同里只约定毕业生的义务和用人单位的权利，而很少甚至没有约定毕业生的权利和用人单位的义务。

（3）真假两份合同。用人单位与毕业生签订真假合同。假合同按照劳动部门的要求签订，真合同则是从用人单位利益出发签订的合同。

（4）模糊合同。用人单位与毕业生签订的合同内容含糊不清。合同内容表面上看不出有什么问题，但具体文字却表述不清，甚至可以有多种解释。

（七）"皮包公司"陷阱

如果大学毕业生接到一些自己并不熟知或者并未投放简历的公司的面试通知，应该事先向有关部门查询、核实该公司的真实情况，并通过互联网搜索该公司的网站或相关信息，确定其规模与用人需求，然后再去进行面试。

> **阅读材料**
>
> ## 凡事要多留一个心眼
>
> 某一天，毕业生小程收到一家餐饮公司的电子邮件，被通知去面试。小程觉得很奇怪，自己并未向该公司投递过简历，怎么会收到面试通知呢？他心想不会是骗子吧，为了安全起见，小程决定先上网查一下该公司的相关信息。
>
> 不看不知道，一看吓一跳，小程发现这家让他面试的公司居然是一家"皮包公司"。

小程通过上网搜索后发现，该公司居然用同一个电话、地址注册了4个公司，涉及餐饮、医疗、保险等不同领域。该公司提出的给求职毕业生的待遇异常优厚，而招聘信息中对于学历的要求竟然是中专以上即可。这种以低学历招聘求职毕业生，却支付高工资的现象，值得怀疑。

毕业生在求职时，一定要留一个心眼。凡事要从实事求是出发，对于一些太离谱，不切实际的现象一定要认真辨别，不要相信低要求、高待遇的招聘信息。对于本案例中所提的公司，以这么低的标准将毕业生招进来为公司干活，其承诺的高工资往往是不会兑现的。

（八）协议陷阱

《就业协议书》是明确毕业生、用人单位在毕业生就业择业过程中，权利和义务的书面协议。《就业协议书》一经签订，对双方都具有约束力。

按照有关规定，《就业协议书》不能代替劳动合同或聘用合同，这样就可能在毕业生和用人单位之间产生纠纷。常见的毕业生签订《就业协议书》的过程中，遇到的陷阱有以下几种。

（1）用人单位不与毕业生签订《就业协议书》。

（2）用人单位不跟应聘者签订劳动合同。

（3）用人单位不将承诺写入合同。

（4）用人单位与毕业生签订"霸王合同"。

（九）地点陷阱

很多大企业在全国各地有分部，而参加招聘会的往往是总部的人力资源部门。因此，毕业生在应聘时就容易产生错觉，误以为工作地点就在总部所在的大城市。

用人单位在选聘毕业生时故意不予以说明，结果毕业生上岗后被分到其他地方，对此，毕业生在面谈时一定要咨询清楚。

（十）智力陷阱

智力陷阱指以招聘为名，无偿占有应聘者广告设计、策划方案等创意，甚至知识产权等无形资产的现象。

例如，某些单位按程序对前来应聘的毕业生进行面试，再进行笔试。在面试、笔试时，故意把本单位遇到的问题，以考察的形式要求前来的应聘者作答或设计，待毕业生利用自己的专业优势完成其承担的项目后，再找出各种理由拒绝录用。

此时，用人单位就理所当然地将毕业生的劳动果实据为己有，使毕业生陷入智力陷阱。

阅读材料

是面试考核还是"免费劳动"

某软件公司招聘一些程序员、美工等岗位，公司经营状况良好，工作环境整洁，招聘流程正常，岗位提供的薪酬符合市场价位，一切看似都在常理。应届毕业生小张，初试合格后进入笔试阶段。笔试内容：上机编写一段程序，使用规定的编程语言，时间不限，可以上网查询相关资料，但不能相互交流。在一个教室里，8位求职者，每个人的试题不同，几个求职者无意中发现，看似8段程序，其实恰巧能整合成一个项目……结果是8位求职者无一被该公司录用。

毕业生在应聘一些需要专业技术或是创意领域的岗位时，一定要注意智力陷阱。当遇到用人单位提出的一些类似于提案策划案的考核项目时，毕业生应该在提交劳动成果时准备两份，一份提交，并附上"版权声明"；另一份自己留存，并在留存份上要求招聘单位签字确认，以便将来能够证明劳动成果内容。

二、求职安全防范意识

求职大潮风起浪涌，既蕴涵着无数机遇，又隐藏着险滩暗礁，毕业生要不断增强安全防范意识，才能够做到一帆风顺。

（一）层层过滤就业信息

学校就业信息网上发布的就业信息，都是经过严格核实的，包括核实用人单位的工商许可证、营业执照等，基本上确保了就业信息的真实性、准确性和安全性。

如果毕业生通过其他渠道获得了就业信息，那么就一定要想方设法，通过各种途径进行核实后再决定是否使用。

（二）时刻保持警惕性

在求职过程中，毕业生一定要保持高度的安全警惕性，擦亮眼睛，识别就业陷阱的迷惑。

（1）前往面试的第一天或职前训练的前几天，要留意该单位是否继续隐瞒工作性质及业务性质。

（2）面试地点太过偏僻、隐秘或是转换面试地点的状况，或是要求夜间面试者，皆应加倍小心。面谈地点不宜太隐秘，过于隐秘地点最好不要去。

（3）面试时，如果面试官所提工作内容空泛不具体时，不要被夸大言辞所迷惑。如果面试时，自己感觉有不安全或不正常的状况，要以某种借口迅速离开该单位为宜；及时拒绝不合理的邀约及要求。

（4）面试过程中，如果遇到用人单位要求交保证金或其他培训费用（如报名费、训练费等）时，一定要慎重，千万不要为了保住工作而盲目交费。

（5）面试最好有同学陪同前往，并备有适当的防范器物。尤其是女性，要避免夜间到荒僻的地点面试。如果无法结伴而行，至少要将自己的面试时间和地点告知辅导员或同学。

（6）面试前后随时与学校辅导员、同学、家长保持联系，并告知面试地址及电话号码。

（7）要求提供亲友名单，身份证号码（复印件）均可能有诈财之患，要注意避免。

（三）谨慎行事

在找到合适的工作单位，双方达成就业意向后，毕业生需要签订《就业协议书》。《就业协议书》的签订在形式上宣告了就业工作尘埃落定。

但近来，《就业协议书》引发的纠纷屡有发生。有的毕业生正式到单位报到后，单位却擅自降低劳动报酬，变更原来双方约定的工作岗位；更有甚者以"试用期"（或见习期）为由不签订劳动合同，使得毕业生长期处于"试用期"，做最累的工作拿最低的报酬。所以，在签订《就业协议书》前，一定要反复斟酌，多方面考察，三思而后行，面试后认真核查。

（1）上网或通过其他途径查看，该单位（特别是企业单位、公司）登载的营业项目、刊登的项目、面试现场所见，三者是否相符。

（2）登录有关部门的网站查看，或与亲友交谈，看看该公司是否被列入黑名单。

（3）问问自己，面试的职务内容是否与自己找工作时的初衷相符，并且所获得的待遇是否合乎自己的期望值。

（4）面试当天或初进该单位的数天内，是否被要求付给该单位一笔钱，若有，则要特别注意。

CHAPTER 11

第十一章 大学生求职技巧与礼仪

学习目标

掌握大学生面试的相关知识
掌握大学生笔试的相关知识
熟悉大学生求职的相关礼仪

本章导读

　　面试是求职者求职过程中非常重要的一关，有些聘任单位为了考验求职者的应变能力，往往会为难求职者，此时，求职者要从容不迫、不卑不亢。不同的职位，面试题目、形式、考察的内容也不相同。但不管是什么职位，如果在面试时，特别是遇到主考官提出刁钻问题时，镇定自若的态度、机敏的应变能力将会为面试加分不少。本章将详细介绍大学生面试、笔试和求职礼仪的相关知识。

第 一 节 大学生面试攻略

　　面试是大学生求职过程中必经的一关，大学生需要对面试进行一个全面的了解，例如面试的常见形式，面试有哪些内容、哪些种类？只有这样，才能在面试前做好相关准备，在面试时充满自信，才有可能获取面试成功的机会。

一、面试概述

　　面试不同于日常的观察和考察，也不同于一般的口试和面谈。大学生在面试前要做好充分的准备工作，以最好的状态应对面试。

（一）面试的含义

　　面试是用人单位在规定的时间和空间内通过与求职者当面交流来考核求职者的一种招聘测试。通过面试，用人单位不仅可以直接了解求职者的面貌和言谈举止，而且可以了解求职者的总体素质和各方面的才能。

对于毕业生来讲，面试是一种综合性极强，集多种知识、能力于一体的多方面考核方式，是对毕业生多年学习、实践成果的一次检验。

面试给用人单位和求职者提供了双向交流的机会，使用人单位和求职者相互了解，从而使双方都能更准确地做出决定。

（二）面试的特点

与求职资格审查、笔试、工作演示、试用等人员甄选方式相比，面试具有以下 3 个显著特点。

❶ 以谈话和交流为主要手段

谈话是面试过程中一个非常重要的手段。在面试过程中，主考官精心设计谈话题目与求职者交谈，在交谈过程中，主考官会运用自己的感官，特别是视觉和听觉，观察求职者的非语言行为，进而通过表象考察求职者的深层心理。

❷ 互动性

面试过程中，主考官和求职者面对面交流，双方即时交流和反馈，因此，求职者的语言及行为表现与主考官的评判直接相连。

面试的互动性提高了主考官与求职者之间相互沟通的效果与面试的真实性，面试是主考官和求职者之间双向沟通的过程。在面试过程中，求职者切忌成为完全被动的角色。在面试过程中，主考官可以通过谈话和观察来评价求职者，求职者也可通过主考官的行为来判断其价值观、态度偏好、对自己表现的满意度等，从而调节自己在面试过程中的表现。同时，求职者也可以借此机会了解自己想要知道的信息，以此决定是否接受这一工作。

❸ 灵活性

面试的灵活性主要包括两方面，一是由于不同职位有不同的要求，面试也可以根据职位特点灵活地采用不同方式；二是面试内容也应根据双方现场的表现灵活把握。

（三）面试的形式

面试的形式包括问题式、压力式、随意式、情景式。在实际面试过程中，用人单位可使用一种面试形式，也可使用几种形式的组合。下面分别讲解几种面试形式的特点。

（1）问题式。这是一种最常规的面试形式，由招聘者按照事先拟订的提纲对求职者进行发问，由求职者予以回答。目的在于观察求职者在特殊环境中的表现，考核知识与业务能力。

阅读材料

真诚的态度更能打动人

小王面试经历有限，大学里参加的活动也不多。小王去一家外企面试时，在主考官面前显得有些紧张，小王压根儿没想到主考官会问"你觉得人为什么会紧张？"这样的问题。

沉思几秒钟后，小王回答道："我觉得紧张有两种原因，一是不够自信，而另一种是因为把自己当演员，总觉得别人都在看着自己，需要掩饰自己真实的一面而让自己变得不真实，成为一名演员。"

"那你觉得你的紧张属于哪一种？"主考官追问到。

小王答道："严格说我的紧张都不是因为那两种情况。我可能是太在乎这份工作了，所以显得格外慎重和认真，我从来不当演员，我就喜欢做真实的自己。"待小王回答完这个问题后，主考官会意地笑了，随后几个问题的交流也很顺利。

主考官说："我们喜欢真诚的求职者，你明天就可以来报到了。"就这样，小王被这家外企录用了。

首先介绍一下自己吧？你为什么会选择我们公司？你的薪酬要求是怎样的？……类似这些问题在面试场合我们经常都能遇到。在面对这些常见问题时，面试者可以预先模拟答案，也可以准备各种应答技巧，但切记保持真诚的态度。有时候，比起技巧，真诚的态度更能打动人，用人单位也非常渴望看到面试真的真实摸样。

（2）压力式。由主考官对求职者施加压力，就某一问题或某一事件对求职者连续发问，追根问底直至无以对答。目的在于观察求职者在压力下的思维敏捷程度及应变能力。

阅读材料

勇于面对压力面试

刘先生已工作几年，对于销售颇有心得，不久前他接到一家跨国公司的面试邀请，准备去参加面试。在面试现场，坐着一个年龄30多岁的主考官。刘先生凭着几年的社会经验，向主考官微微一笑，算打招呼，谁知主考官就当没看到，从桌上拿起一张纸，两个拇指拎着，左右晃晃，然后有些傲慢地说："这是你的简历？"刘先生一愣，礼貌地回答："是的，您需要我现场介绍一下我自己吗？"主考官听后，松开手指，让简历飘落到桌上，然后很凶地盯着刘先生说："你无法胜任这个工作，你既不是广州人，又不会说广州话，将来怎样开展工作？"有过社会经验的刘先生想："说不定他是想先给我个下马威，看我扛不扛得住压力。"想到这里，他冷静地回答："广州是个国际大都市，我想不懂方言应该不会对工作造成影响。如果工作确实需要，我会马上学。"

主考官又傲慢地拿起他的简历，突然发问："你是独子？如果现在公司有项紧急任务交给你去做，但你又接到电话说母亲住院了，你准备怎么办？"刘先生沉默了一会儿，说："我先找个同事帮忙把工作处理一下，自己马上赶到医院，如果母亲情况不严重，再立刻赶回来处理公司的事。"谁知主考官听后却更加严厉地说："工作是没有办法找人代替的，怎么能抛给别人？"刘先生忍无可忍，最后说："如果一定要选择，我也只能先赶去医院，事业重要，母亲更重要！"

主考官得意地说："我对你的表现非常失望。"刘先生不置可否，没有再与主考官正面交锋。几天后，刘先生接到了这家公司的入职通知书。理由很简单，因为他"面对强大的压力"，还能"充分保持冷静"。

上面的案例是压力面试的一种通用技法，压力面试在一些销售类职位面试中使用较多。在实际面试过程中，主考官可能不仅仅使用一种面试形式，而是将多种面试形式综合使用。其实不管何种形式的面试，求职者面对压力面试时，首先要保持自信，因为面试的目的不仅仅看求职者回答的内容，更多的是考察求职者面对压力表现出来的冷静，因此主考官在提出问题的时候，更留意你当时的自信，而不是你回答的有多完美。无论碰到了什么问题，要记得冷静和信心，直视着主考官来回答问题。其次，调整心态，控制情绪。不必将面试过程中的问题，看作对自己的不尊重，在用人单位看来，只有击溃求职者的最后心理防线，才能筛选出一些心理承受能力比较强的人，找到能从容面对压力的优秀人才。

（3）随意式。主考官与求职者随意交谈，气氛相比前两种方式更加轻松活跃，主考官与求职者可以自由发表言论，各抒己见。目的在于观察求职者的综合素质。

（4）情景式。由主考官事先设定一个情景，提出一个问题或一项计划，请求职者进入角色模拟完成该问题或该项计划，目的在于考察求职者分析问题、解决问题的能力。

阅读材料

不要误入面试"圈套"

　　小熊是师范学院汉语言文学专业的本科毕业生。当得知一家大型出版社需要招一名编辑后，她立即向该单位发送了求职信息。小熊也如愿参加了企业的面试，并顺利通过。今天，是笔试环节，题目非常简单：一篇早已打印的稿子，谁修改得最令人满意就聘用谁，时间为60分钟。小熊拿过稿子，首先将几个明显的错别字改过来，再通读一遍，略作思考，便大刀阔斧地删改起来。时间一分一秒地过去了，看着被修改得满纸鲜红的稿子，她大大地松了一口气，从头到尾地认真检查一遍后，环顾了一下四周。这时，她突然发现其他的求职者并不像她这般紧张和忙碌，他们桌面上的稿子基本上见不到红颜色，而且大家都似乎在用一种嘲讽的目光看着她面前那篇修改得"满目疮痍"的稿子。小熊心里一惊：难道我做错了？她忙拿起稿子又仔仔细细地看了一遍，终于在稿纸的背面看见一行不起眼的小字：此稿选自老舍先生的《四世同堂》。小熊不禁呆住了，难怪……可这篇文章确实有一些令人不满意的地方。到底是怎么回事呀？正当小熊举棋不定、忐忑不安时，主考官说："时间到了，请各位停笔。"随后就将稿子都收起来，进了主编办公室。小熊在外默默地等待，正当她胡思乱想时，女秘书出来对他说："主编请你进来面谈。"主编对小熊微微一笑，说："你被录用了！"看到小熊有些迷惑，主任解释道："其实，这次笔试是我让打字员跟大家开了个小玩笑，故意把一些与文稿内容不相关的内容打印在了稿纸的背面。"

　　在招聘过程中，用人单位往往会采用不同的方式来测试求职者，很明显上述案例就是用人单位故意设置"圈套"，目的在于考察求职者的自信心和判断能力。求职者要善于识破用人单位的"诡计"，该坚定时一定要相信自己的判断，不要拘泥于有误导倾向的条条框框的限制。如此，才有望"脱颖而出"。

（四）面试的内容

　　面试可以测评求职者的各项综合能力和素质，如知识水平、表达能力、应变能力、心理素质等。因此，在人员甄选实践中，考察者可通过面试测评来加深对应试者的考察，从而判断出应试者是否适合他们的需要。面试测评的主要内容有以下几个方面。

❶ 仪表风度

　　仪表风度指求职者的相貌服饰、谈吐举止、精神状态等。像教师、公关人员、职业经理人等职位，对仪表风度的要求较高。一般仪表端庄、衣着整洁、举止文明的人，做事有规律、注意自我约束且责任心强。衣冠不整的人往往作风不严谨，思维不缜密，没有责任心。

❷ 专业知识

　　了解求职者掌握专业知识的深度和广度，一般包括所学专业的特点、课程设置、学习成绩、外语水平等，尤其是对空缺岗位所需专业知识的考察定会更加深入。

❸ 工作能力

　　一般会根据查阅求职者的个人简历或求职登记表，做出相关的提问。查询求职者有关背景及过去工作的情况，通过工作经历与实践经验的了解，还可以考察求职者的责任感、逻辑思维能力、口头表达能力等。

❹ 应变能力

　　应变能力考核是考察求职者对主考官所提问题是否准确理解并迅速作答，对于突发问题的反应是否机智敏捷、回答恰当，对于意外事情的处理是否得当等的测评方式。

⑤ 自我控制能力

自我控制能力在各行各业中的作用显得尤为重要。一方面，在遇到上级领导的批评指责、承受工作压力或是个人利益受到冲击时，能够克制、容忍、理智地对待，不会因情绪波动而影响工作；另一方面，工作要有耐心和韧劲。

⑥ 工作态度

工作态度的考察主要是通过对求职者过去学习、工作态度的了解，来判断其在新的工作岗位上，是否能够做到勤勤恳恳、认真负责。

⑦ 求职动机

求职动机的考察是为了了解求职者为何希望来本单位工作，在工作中追求什么，判断本单位所能提供的职位或工作条件等能否满足其工作要求和期望。

> **提醒**　面试是一种经过组织者精心策划的招聘活动。面试的内容也会随着招聘单位和招聘岗位的不同而有所差异，有的公司可能强调个人的潜在能力；有的公司则可能强调个人的协调能力或团队合作能力等。求职者一定要根据实际的应聘情况来灵活应对面试过程中可能出现的各种面试内容。

（五）面试的种类

随着科技发展，面试也由以前单一的真实面对面方式，发展到视频面试等多种面试形式。下面分别讲解现在流行的多种面试类型。

（1）单人面试。指由用人单位对求职者单独进行的面试。

（2）视频面试。包括在线面试和异步视频面试。其中在线视频面试指通过即时视频聊天软件进行在线同步的面试方式；异步视频面试指利用异步视频面试系统，用人单位主考官只需要用短信或者邮件将面试问题发给求职者，求职者可以通过智能手机、摄像头等设备录制并上传面试视频，然后用人单位主考官通过观看、评价、分享和比较视频，完成求职者的筛选。

视频面试

（3）集体面试。指由很多求职者在一起进行的面试。就招聘者来讲，这样可以在专业、地域及其他各方面都有较大的选择余地。

二、面试前的准备

面试不同于日常的观察和考察，也不同于一般的口试和面谈。求职者在面试前要做好充分的准备工作，以最好的状态应对面试。

（一）深入了解用人单位

古人说："知己知彼，百战不殆。"面试和打仗有着同样的道理，因此，在面试前深入了解用人单位的情况非常重要。一般来说，求职者可通过用人单位的官方网站、自媒体平台（如微信）、广告宣传手册和新闻媒体报道等渠道来进行了解。求职者通过这些渠道可对用人单位的以下内容进行仔细了解。

（1）用人单位的性质、规模、特色、组织机构、金融状况、发展前景、企业信誉等情况。

（2）用人单位对员工的工作要求、职责及给予员工的报酬、培训等情况。

（3）用人单位所招聘职位的性质、工作内容、所需知识和技能等。

若求职者对这些情况一无所知或知之甚少，则在面试时容易处于被动境地，也容易给用人单位招聘人员造成"你不关心我单位"的不良印象，从而影响面试成绩。

（二）充分准备材料

求职者参加面试要带好个人简历、自荐信及有关证书等面试需要的材料。如果应聘外资企业，最好将自荐信、个人简历等材料准备为中英文对照格式。即使求职者给用人单位曾经发过求职信和个人简历，在参加面试时也应该再带上一份材料，以备用人单位查看。

另外，求职者应当熟记自己的求职简历内容，用人单位可能会根据求职者的简历内容进行提问，如果求职者的回答与简历有所差距，这必定会让用人单位对求职者的诚信度及过去的经历产生质疑。

（三）面试训练准备

刚毕业的大学生缺乏求职面试经验，因此在面试前有必要进行一些面试技巧训练。面试技巧训练包括学习聆听、敏捷反应、沉着应对、说话具有条理性、得体的举止、面试礼仪等。大学毕业生可以通过学校就业指导课讲座、查阅有关面试的指导书籍或模拟面试等途径进行训练。

（四）调整面试状态

用人单位对求职者最重要的印象是面试时的状态，求职者面试状态的好与坏，与最终是否被录用有非常密切的关系。

❶ 调整心情

面试时一定要精神饱满，在参加面试前要适当放松，搞好个人卫生，调节生活规律，保证充分的休息时间，以饱满的精神状态面对主考官。

❷ 准备面试服装和物品

面试的前一天，准备好面试的服装、公文包、皮鞋、笔、记事本等。

❸ 独自前往

在各类面试及咨询中，一定不要让自己的父母或亲戚朋友陪同，要独自前往；这样可以避免用人单位怀疑个人的独立能力和自信心。

❹ 遵守约定的时间

参加面试，求职者最好比约定时间提前到达面试地点（一般提前 10 分钟到达），以稳定自己的情绪和做好面试准备。到达用人单位后礼貌对待前台接待，在规定的地方等候，不可随意走动。如果有意外情况，最好能够在面试前通知用人单位并说明理由，告之自己不能准时到达面试地点。

机会，不会留给没做准备的人

即将步入社会的大四学生李露，口才甚佳，并且还在学校多次拿过演讲比赛的冠军。对于面试时要做自我介绍，她自认为不在话下，所以也就没做准备。毕业求职期间，李露结合自己的兴趣，于当年1月底向自己心仪的一家知名企业投递了求职信。很快，她就接到该企业的面试通知。面试是在一个下午，李露走进办公大厅，看见已经有很多面试者在紧张地走来走去。而她却镇定自若，慢慢走向面试办公室，并在门口的椅子上等候。进入面试室后，主考官对她很客气，并让她首先做个3分钟左右的自我介绍。在自我介绍时，李露一改脸上轻松自若的模样，用略带紧张的语气简短地介绍一下自己的姓名、身份，其后还磕磕巴巴地补充一些有关自己的学历、工作经历等情况，大约1分钟就结束了自我介绍，然后望着主考官，等待下面的提问。主考官询问李露是否还有需要补充的内容，李露立马说"没有了"。这次面试只得草草收场。

上面的案例是由于李露没有在面试前做好充分的准备，才导致最终的失败。如果面试前她能够充分了解用人单位信息、调整好自己的心态，就可以在面试时，抓住重点，并且通过短短几分钟的自我介绍来"秀"出自己，从而给用人单位留下深刻的印象。

三　面试的技巧

成功的面试是求职者能够得到一份工作的关键。为了能在较短的时间内成功地营销自我，求职者除了要以自己的专业知识、能力和才华打动主考官外，还应在求职面试过程中适当应用一些技巧。

（一）取得面试成功的要则

想要面试成功，除了做好必要的求职前的准备工作外，还应掌握取得面试成功的相关要则，这样将会取得事半功倍的效果。

（1）肢体语言的重要性。保持良好的仪态，不要显示出拘谨的样子。

（2）讲话要坦率自信。重点介绍自己所取得的重大成绩，但也要避免自吹自擂或夸大其词。

（3）坚持真我本色。不要刻意伪装自己，不要做作，因为这样做是很难成功的。

（4）保持积极热情的态度。在主考官介绍公司、求职岗位的情况，将面临的挑战以及存在的问题时，要表现出极大的热情，这是非常重要的。

（5）不要怕停顿。当碰到一个需要经过认真思考才能回答的问题时，不要急着很快给予答复，仔细地想一想自己应该怎么回答。这样的停顿表示你对主考官提出的问题很重视，这也同样可以在某种程度上表明你的自信和成熟。

（6）敢作敢当。敢于承认自己工作经历中负面的东西，不要否认，而是勇于承认不足并想办法将其转变成有利于自己的东西。这样能表明你是如何因为这一不足而促使自己去做出积极的改变或努力去弥补的。

（7）将面试的压力最小化。有些主考官认为，了解求职者如何应付压力，将有助于全面了解一个人，因此他们往往会在面试中故意给求职者制造一些压力。

（二）语言表达技巧

面试场上求职者的语言表达艺术，标志着他的综合素养和成熟程度。对求职者来说，掌握语言表达的技巧无疑是很重要的。准确、灵活、恰当的口语表达，是面试成功的关键。因此，要掌握以下语言表达技巧的运用。

（1）口齿清晰，语言流利。交谈时要注意发音准确，吐字清晰，还要注意控制说话的语速。为了增添语言的魅力，应注意修辞，忌用口头禅。

（2）语气平和，音量适中。面试时要注意语言、语调、语气的正确运用。打招呼时宜用上语调，加重语气并带拖音，以引起对方的注意；自我介绍时，最好多用平缓的陈述语气，声音过大令人厌烦，声音过小则难以听清。音量的大小要根据面试现场情况而定。

（3）语言要含蓄、机智、幽默。说话时除了表达清晰外，适当穿插一些幽默的语言，可使谈话气氛愉悦，也能展示自己的优越气质和从容风度。尤其是遇到难以回答的问题时，机智幽默的语言会显示自己的聪明智慧，有助于化险为夷，并给主考官留下良好印象。

（4）注意听者的反应。求职面试不同于演讲，交谈中应随时注意听者的反应。比如，听者心不在焉，表示可能对你的表达没有兴趣，你得设法转移话题；侧耳倾听，可能说明自己音量过小使对方难于听清；皱眉、摆头可能表示自己言语有不当之处。根据对方的这些反应，要适时地调整自己的语言、语调、音量和陈述内容等。

阅读材料

机智、幽默让她脱颖而出

　　去年夏天，一家地方性质的杂志社要招聘采编人员。在入围面试的20人中，无论从学历，还是所学专业来看，林小青均处于劣势，她唯一的优势就是有从业经验——在大学的3年时间里每一学期的校刊都是她主办的。接到面试通知后，林小青将收集到的该杂志社厚厚一沓杂志认真翻了一遍，仔细琢磨着杂志社的办刊风格、特色、定位及主要专栏等，做到心中有数。甚至，她还将一些常在杂志上出现的主编、编辑和记者的名字都记了下来。

　　参加面试时，林小青惊讶地发现评委中，竟然有3个是她曾经记下的编辑和记者的名字。林小青首先做了常规性的自我介绍后，主考官问："你经常看我们的杂志吗？你对我们的杂志是否了解？"这时，小林便把自己对这本杂志的认识娓娓道来，包括风格、定位、特色等。同时，也将杂志的不足等全部说了出来。最后林小青灵机一动，采用诙谐、幽默的语言补充道："我还了解咱们杂志许多编辑、记者的写作风格。如，某某老师文笔简洁明了，某某老师善于写作，某某老师的思维缜密流畅……虽然我与他们并不相识，但文如其人，我经常读他们的文章，也算与他们相识了。"这时，许多评委露出了会心的微笑。最后，主考官让林小青"谈谈你应聘的优势与不足"。林小青说："我的优势是有过办校刊的经验。随意拿起一本杂志总是不自觉地给人家挑错。例如，题目显得累赘，哪个词用得不合适，某些版面设计不合理，甚至有时连杂志里附赠的刊物我都不会放过……"听到这里。评委们不约而同地笑了。最终，林小青被幸运地录用了。

　　本案例中的主人公在面试前做了充足的准备，同时还拥有相应的办刊经验，除此之外，她的灵活与幽默也是评委们认为她能胜任采编这一岗位的重要原因之一。于是，她最终取得了成功。

（三）倾听技巧

注意倾听是一种重要的交流信息技巧。面试的实质就是主考官与求职者进行信息交流从而获得全面评价的过程，形式上充分体现在"说"和"听"上。正确有效的倾听不仅仅是听清主考官说什么，更重要的是要听懂主考官说什么。只有做到了听懂，才能根据主考官的意思给出满意的答案。那么求职者该怎样倾听，才能做到有效的倾听呢？

❶ 耐心倾听

一些求职者在面试中表现得过于积极，当主考官提到一些自己非常熟悉且简单的话题时，没等主考官说完，求职者就打断主考官的话，断章取义地进行解读。这是非常不礼貌的行为，是对主考官的不尊重。打断主考官的话，就说明你不愿意继续听他说话，对于这种行为，主考官是很难容忍的。

还有一些求职者小心翼翼地通过了专业知识的问答环节，在面试接近尾声时，得到了主考官的正面评价，心理就暗自窃喜，于是开始憧憬未来的打算，一不小心就分了神，主考官再说什么也就没注意到。这被主考官看在眼里，往往会让他觉得很不舒服，也对求职者有了不好的印象，最后的评分会大打折扣。

❷ 仔细倾听

体现求职者专心致志地倾听的最好办法就是积极与主考官配合，对主考官所提出的观点表示赞同或是提出自己的意见，还可以就主考官提出的问题进行提问。从求职者这样的举动中，主考官可以清楚地知道你在仔细听他说的话，没有漏掉任何一句。

❸ 用心倾听

用心倾听是听懂主考官问题的最好方法。在听主考官提问的时候，要始终全神贯注，保持饱满的精神状态，专心致志地注视着对方。同时，将主考官所说的每一句话都仔细在脑海中回放一遍，善于从中发现和提炼出问题的实质。

除了上述 3 种倾听时的态度外，还应注意在倾听过程中的一些细节问题。

◆ 不仅要倾听主考官所说的事实内容，还要留意他所表现的情绪，并加以捕捉。

◆ 注意对方尽量避而不谈的某些方面，这些方面可能正是问题的关键所在。

◆ 在谈话中间，避免直接的质疑和反驳，让对方畅所欲言，即使有问题，留到稍后再来查证。此时重要的是，获知对方的真实想法。

◆ 遇到你确实想多知道的一些事情时，不妨重复对方所说的要点，请他做进一步的解释。

◆ 关注中心问题，不要思维混乱。

◆ 不要过早做出结论和判断。

◆ 尽量忽视周围环境中让你不舒服的东西。

◆ 注意说话者的非语言信息，如肢体、表情等。

◆ 听到困难而复杂的信息时不要害怕。面试录用的原则是优胜劣汰，对你来说复杂困难的信息对别人来讲可能更为复杂困难。面对困难，是考验你的时刻，也是你脱颖而出的时刻，一定要保持镇静和自信，尽自己的努力去想办法。

（四）问答技巧

问答技巧包括提问技巧和应答技巧两方面。面试中求职者主要是以回答主考官的提问来接受测评的，同时，有时也会主动向主考官提出一些问题，来体现求职者的整体素质。

❶ 应答的技巧

面试过程中，主考官会向求职者提出各种问题，而求职者的回答将成为主考官考虑是否接受他的重要依据。下面总结了几点应答技巧，帮助求职者从这些技巧中"悟"出面试的规律及回答问题的思维方式，达到"活学活用"的效果。

（1）先说论点后说依据。求职者在回答问题时，要考虑自己所说内容的结构，用尽可能短的时间组织好说话的顺序。一般来说，回答一个问题时，首先提出你对问题的基本观点，然后再逐一用资料来论证、解释。

（2）扬长避短。每个人都有自己的优势与不足，如何在有限的时间内使你的优势充分体现，扬长避短、显示潜力，是一种艺术。当然，扬长避短，既不是瞒天过海，更不是弄虚作假，而是一项灵活性与掩饰性技巧的体现。

（3）举例。在实际面试中，可以适当举些例子，在做到语言美的基础上，运用语言表达的技巧对主考官的问题进一步作答，这在整个面试过程中具有决定性的作用。有道是"事实胜于雄辩"，适当举例会使自己的观点得到更加充分的论证。

阅读材料

实事求是，万不可弄虚作假

赵华自从进入大学后就完全松懈了，成天忙着社交和网络游戏，成绩已经到了快补考的边缘，不过他一点儿都没有在意。转眼就到了找工作的毕业季了，看着其他同学整天为求职忙碌着，他也不得不紧张起来了。可是赵华连英语四级都没过，要想找到一份好工作是非常困难的，不过他这时候却动起了"歪脑筋"。首先在自己的简历上大吹特吹，说自己成绩优秀，并且在校期间担任过学生会主席，还曾经有过相关的工作经验。然后又伪造了成绩单，还有英语六级证书，赵华在网上投递简历后，不久就接到了面试通知，此时他自信满满，觉得自己求职成功是水到渠成的事，而事实并非如此。

主考官见到赵华之后，直接用英文与他交流，这下，赵华可慌了，虽然能简单地听懂几个单词，但对方说的是什么意思，他完全不理解。不停地请求对方重复，然后道歉。主考官拿着他的简历跟他说："你成绩非常好，英语也过六级了，为什么听不懂刚提的问题，这些信息是真实的吗？"赵华支支吾吾，答不上来。然后主考官并没有当场拆穿他，只是委婉地告诉他，非常感谢他能前来面试，如果公司有意向，会给他发邮件通知。自然，赵华是不可能接到任何回复的。

用人单位最反感的就是大学生弄虚作假，即便能力有限，成绩不突出，只要是实事求是的求职者，经过专业培训，都是可造之材。反之，如果还没有进公司就瞒天过海，要鬼心眼，怎么可能被用人单位录用呢。

❷ 提问的技巧

面试过程中，除了要回答主考官的问题外，求职者向主考官提问也是必不可少的环节。当然，在提问这一环节上也应注意方式方法，否则很有可能将所有的努力付之东流。

（1）提出的问题要视主考官的身份而定。如果想了解求职单位共有多少人、组织架构、主要业务方面等问题，就不要向一般工作人员提问，而要向单位负责人提问。

（2）把握提问的时间。要把不同的问题安排在谈话进程的不同阶段提出，有的问题可在谈话一开始就提出，有的可以在谈话过程中提出，有的则应放在快结束时再提。

（3）注意提问的方式、语气。有些问题，可以直截了当地提出来，如求职单位岗位设置。有些问题，则要婉转且含蓄一点，如了解求职单位职工收入情况和自己应聘成功后每月收入多少等问题。此外，在询问时，一定要注意语气，要给人一种诚挚、谦逊的感觉，千万不可用质问的语气，这样会引起反感。

（4）不提模棱两可、似是而非的问题。特别是涉及职业、专业有关的问题，一定要确切，不能不懂装懂，提出幼稚可笑的问题。在求职者提问的过程中，主考官可以看出提问者的知识水平、思维方式、个人价值观等。

（5）面试后的事项

面试结束后，当不知道结果时，一味地等待有时可能会错失许多机会，此时，可以通过写感谢信、实地考察等方式来争取求职成功。如果没被录用，也不用气馁，收拾好心情，找出失败的原因，为下一次成功做准备。

❶ 写感谢信

为加深招聘人员的印象，增加求职成功的可能性，求职者可以在面试结束几天后，写封简短的感谢信，感谢用人单位提供的面试机会，同时重申一下自己的优点和对应聘职位的兴趣等，这样既显得礼貌，又让用人单位觉得你做事考虑周到、仔细。即使此次求职未成功，由于给用人单位留下了良好的印象，可能会为你推荐其他的用人单位或在将来出现职位空缺时，第一时间想到你，这样就为自己创造了一个潜在的机会。

❷ 变被动为主动

面试结束后，一般用人单位都要求求职者等候通知。此时，求职者往往觉得只有静静地等待，似乎没有什么事可做。其实，对于求职者来说，直到结果出来之前都不能放弃努力，应时刻保持积极主动的姿态，主动创造机会。比如，用短信方式给对方一个问候或一声祝福，以不断加深用人单位对你的印象；也可以主动和用人单位取得联系，询问自己是否被录用。在询问过程中，一定要注意个人的语气和表达方式，不能显得十分冒昧。

❸ 实地考察，争取试用

利用多种渠道，想办法参观现场，参加岗位实习。在实习中展示自我，不仅能够得到了解用人单位、熟悉工作岗位的有利机会，而且还有利于用人单位对你进一步了解。以此获得对方的信任，争取试用以至录用。

❹ 做好再冲刺的准备

应聘不可能个个都是成功者，肯定会有失败者。如果自己不小心落入了失败的行列，一定要牢记两句话："胜败乃兵家常事""失败是成功之母"。千万不要心灰意冷，就业机会不止一次，要及时调整好自己的心态，认真总结、分析失误的原因，继续增加自身知识的积累，不断增强自信心，从而实现下一次的成功。

四、面试的难点及应对

尽管大学生在面试前做了大量的准备工作，但还是有可能出现一些意想不到的情况，若处理不好会直接影响面试的结果。这里介绍几种常见情况及应对方法，以利于毕业生有针对性地加以准备。

（一）精神紧张及应对方法

经过调查，几乎 95%以上的毕业生都承认自己在面试时精神紧张，精神紧张已经成为大学毕业生面试时需要战胜的最大敌人。在陌生的环境，被陌生的人提问，事关自己今后一段时间的发展前途，在这种情况下产生紧张的情绪是正常的。

紧张并不就是"坏"的，适度的紧张可以促使毕业生更加集中注意力投入面试，但紧张过度则对面试极为不利，不仅能使求职者注意力不集中，甚至可能使求职者将事先准备的内容忘得干干净净，头脑一片空白。

下面的 3 种方法可以帮助求职者克服过度紧张的情绪。

1 做 30 次深呼吸

做深呼吸（腹部呼吸）是消除紧张情绪很好的一个办法，能让求职者消除紧张，冷静思考问题。方法是：整个身体尽可能放松，把手放在腹部，用鼻孔轻轻吸气到腹部。这时会感觉到腹部慢慢胀起来，然后轻轻通过鼻孔把腹部的气呼出去，呼气的最后稍微用点力，能够感觉到腹部贴着背后的脊骨。每次呼吸要饱满，反复 30 次，同时在心里数着呼吸的次数。通过深呼吸，可以调节求职大学生不知所措、对未来恐慌的精神状态，使其回到放松的状态。

2 自问可以接受面试不成功吗

人的大脑是很复杂的，总喜欢回顾过去或展望将来，并推断可能发生的后果，但实际上发生的事情并不如大脑想象的那么严重。这时，深刻认识自己大脑想象的这个"复杂的事情"，不去反抗与评论它。然后问自己：这次面试最坏的结果就是不被录取，可以接受吗？人们其实都可以接受不成功的面试。

求职者应保持积极向上的心态，想象事情正在按照预想的方向发展。虽然想象可能并不是实际存在的，但是通过这种方法，求职者能够得到更舒缓的心情，同时阻止内心消极想法的滋生。这是心理学上一个惯用的手法，不仅是应用于面试，对于后期的工作和生活都有很大的帮助。

3 不要急着回答问题

当主考官问完问题后，求职者可以考虑一下再作回答。在思考的过程中，不仅可以组织问题的回答思路，而且可以稳定自己的情绪。如果对方问到一些难以回答的问题，可用比较委婉的语气避开，这也是一种诚实机智的表现。

（二）遇到不清楚的问题及应对方法

如果毕业生在面试时不知如何回答主考官提出的问题，可以婉转地问对方是否指向某一方面，但不可胡乱猜测、信口开河。如果真的一点儿也不清楚怎么回答，就应实事求是地告诉主考官，这个方面的知识未接触过。

（三）说错话及应对方法

人在紧张时很容易说错话。若说错的话无关大局，就不要太在意，继续专心回答下一个提问，若感觉说错的话比较严重，则应该及时道歉，并说出心中原本要表达的意思。

阅读材料

变困难为优势，灵活应对面试提问

一家公司准备招聘一名公共关系部部长。面试时限定每人在两分钟内对提问做出回答，其实提问只有一个，主考官说："请您把大衣放好，在我面前坐下！"但是考场内除了主考官使用的一桌一椅外，什么也没有。

现场面试时有5名考生，其中两名考生不知所措，一人急得掉泪，另外一人脱下大衣，放在主考官的桌上，然后说："还有什么问题吗？"这两名考生立即被淘汰了。

剩下的3名考生中，有一名考生环顾室内，先是一愣，然后脱下大衣，往右手上一搭，躬身施礼，轻轻说："这里没有椅子，我可以站在您面前，等待回答下一个问题吗？"主考官的评语："有一定应变能力，但创新、开拓不足。能适应严格的管理制度，可用于财会、秘书部门。"另一名考生的回答是："既然没有椅子，就不用坐了，谢谢您的关心，我愿听候下一个问题。"考官评论说："守中略有攻，可以培养使用。"最后一位考生的表现是把自己坐的椅子搬进来，放在距主考官一米处，然后脱下大衣，折好放在椅背上，自己端坐在椅子上，当"时间到"的铃声响起时，他即站起施礼，再道声"谢谢"，便退出室外，并且把门关上。主考官的评语是："巧妙回答试题，性格富于开拓精神。"最终第5位考生以笔试成绩和面试成绩均优秀的综合评分，被录用为公关部部长。

（四）几位主考官同时提问的回答方法

如果一场面试有几位主考官，当他们同时提问时，一些经验不足的求职者会胡乱地选择其中问题之一或部分加以回答，结果自然不能让所有主考官都满意。在这种情况下，求职者既要逐一回答，又要显得有礼貌。

你可以说："对不起，请让我先回答甲领导的提问，然后再谈乙领导的问题，可以吗？"选择的顺序可以视主考官提问的先后顺序进行。

> **提醒**　总之，面试时不论遇到什么情况，求职者都应沉着冷静，镇定自若地加以处理，千万不能惊慌失措。

五、面试的禁忌

面试是一次展示大学生综合能力的机会，在面试的过程中求职者需要注意的事情很多。有些事情虽无伤大雅，但却可能成为面试成败的关键因素。下面具体讲解面试过程中的禁忌，大学生在面试过程中应尽量避免。

（一）忌不良用语

面试过程中最多的就是交谈，毕业生在与用人单位交谈时，应注意语言的使用。

❶ 问待遇

待遇是每个求职者都非常关心的问题，但在实际面试过程中，千万不要急于询问对方"你们的待遇如何？"这会给用人单位留下"工作还没干，就先提条件"的印象。谈论报酬待遇无可厚非，但是要看准时机，一般在双方已有初步意向时，再委婉地提出。

❷ 报有熟人

在求职面试过程中，有些求职者为了拉近自己与用人单位、主考官的距离，可能会说："我认识你们单位的某某""我和某某是同学，关系很不错"等。这种话主考官听了可能会对求职者留下"走关系"的印象，如果主考官与你提及的那个人关系不太好，甚至有矛盾，那么这些话所起的作用就会更糟。

❸ 不合逻辑

在面试过程中，如果用人单位问："请你告诉我一次失败的经历。"有些毕业生为了体现自己的优秀，可能会说："我想不起我曾经失败过。"或者用人单位问："你有何优缺点？"求职者回答："我可以胜任一切工作"等，这样的回答都是非常不科学的，不但不能增加用人单位的好感，还可能带给人不可靠、不诚实的印象。

❹ 关于公司的说法

面试不同于闲聊，说话不能张嘴就来，应对语言和遣词用字有所选择。如在面试过程中，有时用人单位会让毕业生自行提问，一些不太注意的毕业生往往会问："你们公司怎么样"，这种说法肯定会引起用人单位的反感。其实既然选择到该公司面试，那证明是对这个公司有好感的，这时可以十分礼貌客气地说"贵公司"，为了拉近自己与公司之间的亲近感，还可以说"咱们公司"。

❺ 本末倒置

在一些面试过程中，有些大学毕业生自恃清高，或为了故意表现自己的专业性，会提出一些让用人单位难堪的问题，如"请问你们单位有多大？竞聘比例有多少？"等，这是由于毕业生没有将自己的位置摆正。

或者有时主考官问："关于工资，你的期望值是多少？"此时的回答可正面，也可稍显礼貌地说："我相信公司都有一套自己的薪资体系，这个体系已经运行很成熟了，会根据每个职位的重要程度及该职位涉及的个人的工作能力而定。多与少与我自己的努力程度也相关。"切忌反问对方："你们打算出多少？"这样的反问就很不礼貌，很容易引起主考官的不快。

（二）忌不良态度

凡参加面试的人，不管能力、水平如何，一定不要忘记自己是在接受用人单位的挑选，所以与主考官谈话的态度应有所注意。下面列出一些面试过程中的不良态度，大学生应聘时应注意避免。

❶ 盛气凌人

有的参加面试的大学毕业生，由于在学校时可能是学生干部，得到老师的好评、同学的尊重，各方面条件也较优越，因此就有可能恃才傲物，在面试中态度傲慢，说话咄咄逼人。这主要表现在以下几个方面。

（1）当主考官对自己的回答不够满意或进行善意引导时，常强词夺理、拼命狡辩、拒不承认错误。

（2）想占据面试的主动地位，反问主考官一些与面试内容无关的问题，如用人单位的福利如何，是否包吃住，自己将担任何种职务。

（3）某些大学毕业生有一些工作经验，在被问及原单位工作情况时，常贬低原单位领导及工作。过分地贬低原单位领导及工作，会让人感觉喜欢背后议论别人，产生合作精神差、没有感恩心态的印象。

❷ 态度冷漠

有的大学毕业生由于自身性格等原因，在面试过程中常表情冷漠，不能积极与主考官配合，缺乏必要的热情和亲切感。但是实际上所有的用人单位都希望自己的工作人员能够在工作中与人为善、使人感到轻松愉快，这样才能提高工作效率。

> **提醒**　面试是考察大学毕业生综合能力的活动。在面试过程中，毕业生态度谦和、诚实大方，不过分拘谨，不夸大自己的能力，也不过分妄自菲薄，并且有技巧地将自己的真实情况告之用人单位。不仅可提高自己成功就职的概率，而且可在就职后，与作为同事的"主考官"更好地相处。

六、面试常见的提问方式

在面试过程中，主考官会通过广泛的话题，从不同方面了解求职者的心理特点、工作动机、能力、素质等。在这一阶段常见的提问方式有如下几种。

（一）封闭型问题

封闭型问题，要求求职者做出最简洁的回答。求职者只需回答"是"或"否"，一个词或一个简单语句。例如，你取得过学士学位吗？你在大学期间谈过恋爱吗？

（二）开放型问题

开放型问题，要求求职者不能只用简单的一个词或一句话来回答，而必须另加解释、论述才行。面试中的提问一般都采用开放型问题，以启发求职者的思路，激发求职者的潜能与素质，从中真实地考察求职者的素质水平。例如，你辞职的原因是什么？

（三）假设型问题

假设型问题，以虚拟式的提问方式了解求职者的应变能力、解决问题能力和思维能力等。例如，如果我录用你，你将怎样开展工作？

（四）压迫型问题

压迫型提问方式常带有某种挑战性，其目的在于创造情景压力，以此考察求职者的应变力与忍耐性。这种提问常常是"找到求职者的痛处或短板"，也可以从求职者的谈话中引出问题。

例如，根据你的简历发现你经历了多次跳槽，可能会提出"你成功入职后，如何让我们相信你工作能够保持稳定"。

（五）情景型问题

情景型问题主要考察求职者的应变能力、情绪稳定性，以及计划、组织和协调能力等。例如，某大型银行的门口排了很长的队伍，旁边施工队不慎将银行的电线挖断，造成突然断电。如果你是银行经理，将如何处理？

> **提醒**　情景型问题是面试中最常遇见的问题。针对该类型的提问，求职者可以通过4个技巧来轻松化解。第一，以平和的心态对待该问题；第二，心中马上拟定多个方案，权衡利弊；第三，灵活应对；第四，总结经验教训。

（六）行为型问题

行为型问题指用于考察求职者行为型技巧和能力的一些问题，如组织协调能力、人际交往能力，特别是解决部门之间矛盾问题的能力，以及与同事建立信任关系等能力。

例如，在工作中如果你的属下违规招聘，与人力资源部门发生了矛盾，此时，你的上级要求由你负责协调这个矛盾，这种情况下你将采取哪些措施？

（七）智能型问题

智能型问题指通过对当前社会比较热门话题的讨论，考察求职者的综合分析能力，也在一定程度上考察求职者对社会的关心程度。这类提问一般不会要求求职者发表专业性的观点，也不是对观点本身的正确与否做出评价，而是看求职者是否能够自圆其说并且合情合理。

（八）意愿型问题

意愿型问题，考察求职者的求职动机与拟任职位的匹配性、求职者的价值取向等。例如，你还有什么问题吗？如果这次应聘你未被录用，你将会有什么打算？

第 二 节　大学生笔试攻略

笔试是一种与面试对应的测试，主要以填写的方法考核求职者学识水平。用人单位通过笔试可以了解求职者多方面的能力。为了更好的应对笔试，大学生应该了解笔试的种类，做好笔试的相关准备，并掌握笔试的方法和技巧。

一、笔试的种类

笔试是目前用人单位常用的考核方法之一，目的在于考核求职者的专业知识水平、文字组织能力及综合素质等。根据考核的方向和内容不同，笔试可以分为专业考试、心理测试、技能测验和命题写作4种类型。

（一）专业考试

专业考试主要是为了检验求职者的专业知识水平和相关能力。一般用人单位从毕业生的成绩单就可以大致了解其知识水平，但有一些专业性要求较高的岗位，需要通过笔试的方式对其专业水平进行考核，这种考核方式已被越来越多的用人单位所采用。例如，外贸外资企业招聘职员要考外语水平，金融单位要考金融专业知识，公检法（公安局、检察院、法院）机关录用干部要考法律常识等。

（二）心理测试

心理测试一般要求求职者完成事先编制好的标准化问卷。通过心理测试，用人单位可了解求职者的态度、兴趣、动机、智力、个性等心理素质，还可以考察求职者的观察能力、综合分析能力、思维反应能力等。

（三）技能测验

技能测验实际是考查求职者的动手能力和实践能力，如考查操作和使用计算机的能力、英语会话和阅读能力，以及财会、法律、驾驶等方面的能力等。

（四）命题写作

有些用人单位通过论文或公文写作考查求职者文字表达能力及分析归纳能力。比如，限时写出一份会议通知、请示报告或某项工作总结；也可能提出一个论点，让求职者予以论证或辨析等。

二、笔试的准备

笔试通常应用于大规模的员工招聘中，可以帮助用人单位在较短的时间内了解求职者的基本情况。了解笔试的相关知识和技巧，可以帮助求职者从容应对笔试，取得好成绩。一般来说，进行笔试的准备时应注意以下几个方面。

（1）平时认真学习。良好的笔试成绩来自于大学期间的努力学习和积累。大学学习的不仅仅是专业课程和基础知识，更多在于平时各方面知识的学习与积累，以及对社会信息的了解。课堂学习只占大学学习的一部分，平时的积累是非常重要的。

（2）进行必要的复习。复习已学过的知识是准备笔试的重要方式。从考试的准备角度讲，知识可以分为靠记忆掌握的知识和靠不断应用掌握的知识，用人单位比较重视考核求职者对所学知识的应用能力。一般来说，笔试都有大体的范围，求职者可围绕这个范围翻阅有关的图书资料，并注意灵活运用知识解决实际问题。

（3）保持良好的身心状态。参加笔试需要良好的心理素质。求职者在临考前，一要正确评价自己，树立自信心，调整好心理状态；二要保持充足的睡眠，可以在笔试前参加一些文体活动，使高度紧张的大脑得到放松和休息，以充沛的精力参加笔试。

提醒

由于笔试内容具有不确定性，因此求职者应深入复习，但是可以在考试前训练自己的答题速度，还可以站在用人单位的角度来思考可能出现的考核内容。如有条件，还可以提前熟悉考场环境，同时检查自己笔试所必须携带的证件，以及考试必备的文具是否准备齐全。

阅读材料

胸有成竹，一气呵成

某化妆品公司招聘营销策划人员，营销与策划专业毕业的小钱已经对该岗位向往已久，看到公司对岗位的描述和要求，小钱心里暗暗自喜，自己不仅专业对口而且有在大公司实习经验，最重要的是她曾在实习期间成功策划过某一品牌口红的广告。她深信，只要进入面试环节，就一定能得到公司的认可。

小钱精心打扮一番并对面试做了充分准备后，兴致勃勃地来到公司，却被告知公司的招聘，首先是从笔试开始的，要想进入面试，笔试必须取得好成绩。为此，小钱研究了该公司的相关产品，如哪些产品占据市场优势，哪些产品应加强广告效果等。临睡前，小钱还听了一些著名的营销案例，第二天早晨，小钱参加笔试时胸有成竹。当看到命题写作是一项如何策划该公司新推出的一款BB霜的策划时，小钱心里长舒了一口气，脑海中立即不断浮现出各种方案和营销技巧，很快她就将自己的策划方案完成了。这一仗小钱打得相当出色，一气呵成，取得了笔试第一名。

俗话说："不打无准备之仗。"一些大学毕业生总认为笔试是检验专业知识的，只要放松心态就行，不需要做任何准备，甚至有的同学还以为事到临头，再抱佛脚也没用，还不如听之任之。其实，人的记忆是有时间性的，虽然，有的知识强记后短时间内不会忘记，但过后若不加强记忆时间一长就会忘记。因此，在笔试前进行适当的复习和强记，会有锦上添花的功效。

三　笔试的方法和技巧

求职大学生在进行笔试时，可采用一些方法和技巧，提高自己回答问题的正确率，并消除紧张情绪。

（一）增强自信心

缺乏自信心往往会导致求职者怯场。求职者应客观冷静地对自己进行正确评估，克服自卑心理，增强自信心。其实笔试与高考不同，高考就像"一锤定音"，而参加笔试则会有多次机会。因此，没有必要过分紧张，而是要适当放松心情，调整好精神状态去应试。

缺乏信心，只能失败收场

某医学院临床医学系的陈某，在参加儿科医院笔试考试时，因为太过紧张，将题目中的新生儿凝血症错看成了新生儿溶血症，结果所答非所问，导致自己失去了下一轮面试的机会。用人单位的笔试对于大学生来说相当重要，紧张也在所难免，求职者在笔试前，不妨将其看成是一个小测试，放松心态。取得好成绩，说明之前准备得很充分；没考好，权当是一场体验，汲取教训下次重来就行了。

（二）掌握科学的答卷方法

笔试与在校期间进行的考试一样，有一定的方法，掌握科学的答卷方法，可帮助提高笔试成绩，总体说来答卷的方法如下。

（1）通览试卷。求职者在拿到试卷后，首先应通览一遍，了解题目的多少和难易程度，以便掌握答题进度，合理安排答题时间；然后按照先易后难的原则安排答题顺序。

（2）难题及易错题的处理方法。不要被难题所困而耽误时间，最后要尽可能留出时间对易错的地方进行复查，注意不要漏题。

（3）卷面效果。答题时行距和字迹不宜太小，卷面字迹要力求认真、清晰。

（4）答题态度端正。笔试不同于其他专业考试，有时招聘单位并不仅仅在意求职者考分的高低，其认真的态度、细致的作风、新颖的观点也会大大增加被录用的可能性。

> **提醒**　求职笔试不等于其他专业考试，招聘单位往往会从卷面上联想求职者的思想、品质和作风等。求职者卷面整洁、字迹清晰，答题一丝不苟，会使用人单位产生"愉悦感"，从而不知不觉送上"心理印象分"。认真的态度、细致的作风，往往会增加被录用的概率。

四、参加笔试应注意的细节问题

大学生在参加笔试的过程中，不仅要掌握科学的答卷方法，而且应注意一些细节问题，让笔试更加顺利。

（1）听从安排

应当在监考人员的安排下就坐，而不要选择座位，更不要抢座位。如果因特殊情况，座位确实有碍自己考试需要调整时，一定要有礼貌地向监考人员讲清楚并求得其谅解，若实在不能调换，也应理解监考人员工作上的难处。

（2）遵守规则

在落笔之前，一定要听清楚监考人员对试卷的说明，不要仓促作答，不要跑题、漏题或文不对题，更不能有不顾考场纪律，我行我素的行为，比如未经许可携带手机等通信工具，擅自翻阅字典等。

（3）写好姓名

做题前一定要先将自己的姓名等要求填写的个人情况写清楚，以免百密一疏，因细节问题错失就业机会。

（4）卷面整洁

答卷时应注意卷面整洁、字迹清晰、行距有序、段落齐整、顺面适度（即从对方阅卷装订方便出发，试卷上下左右边缘应该留出些空隙）。求职过程中的笔试不同于在校时的考试，有时用人单位并不特别在意求职者考分的稍许高低，而是从试卷中观察求职者是否具有认真的态度、细致的作风，从而决定录用意向。

五、世界 500 强公司经典笔试试题

下面是世界 500 强公司经典笔试试题，题目设置得很巧妙，对于个人的逻辑能力、思维能力都是很大的挑战。

（1）有 10 筐苹果，每个筐里有 10 个，共 100 个。其中 9 筐每个苹果的重量都是 0.5kg，另一筐中每个苹果的重量都是 0.4kg，但是外表完全一样，用眼睛或手无法分辨。试问如何用一台普通的大秤一次把重量轻的一筐苹果找出来？

答案：从第 1 筐中拿出 1 个，第 2 筐中拿出 2 个，第 10 筐拿出 10 个……一起放在大秤上称。如果每个苹果重 0.5kg，就应该是 27.5kg。假设称出是 27.4kg，则说明，从第 1 筐中拿出的苹果是 0.4kg 的，也就是说第 1 筐的苹果是 0.4kg 的。如果称出是 27.3kg，也就是说差 0.2kg，而又只有一筐苹果中的每个都是 0.4kg 的，所以一定是第 2 筐中拿出的两个是 0.4kg，也就是说第 2 筐的苹果是 0.4kg 的。按这样推理下去即可找出重量轻的那筐苹果。

（2）有一堆绳子，这些绳子之间粗细长短各不相同，每一条绳子本身各处的粗细长短也各不相同。但是每条绳子的燃烧时间都是 60 秒，试问如何测量 15 秒的时间？

答案：要实现这一目标，必须采用 3 个步骤：第 1 步，同时点燃任意两根绳子，第 1 根绳子点两头，第 2 根绳子点一头；第 2 步，第 1 根绳子烧完后，点燃第 2 根绳子的另一头，让两头同时燃烧，并开始计时；第 3 步，在第 2 根绳子烧尽时停止计时，即可得到 15 秒的时间。

（3）有一堆垃圾，规定要由张户、王户、李户 3 户人家清理。张户因外出没能参加，留下 9 元钱做代劳费。王户上午起早干了 5 小时，李户下午接着干了 4 小时刚好干完。试问王户和李户应怎样分配这 9 元钱？

答案：不能简单地认为王户应得 5 元，李户应得 4 元。不加分析而想当然办事往往会出现错误。应该知道，王户、李户两户所做的工作中，除帮张户外，还有他们自己的任务。很明显，每户的工作量为 3 小时。王户帮张户干了 2 小时，李户帮张户干了 1 小时，王户帮张户的工作量是李户帮张户的 2 倍，得到的报酬当然也应该是李户的 2 倍。因此，王户应得 6 元，李户应得 3 元。

（4）一天，有个年轻人来到王老板的店里买了一件礼物，这件礼物成本是 18 元，标价是 21 元，这个年轻人掏出 100 元买这件礼物。王老板当时没有零钱，用那 100 元向街坊换了 100 元的零钱，找给年轻人 79 元。但是街坊后来发现那 100 元是假钞，王老板无奈还给街坊 100 元。试问王老板在这次交易中到底损失了多少钱？

答案：年轻人掏出 100 元假钞买这件礼物，王老板进 0 元。王老板当时没有零钱，用那 100 元假钞向街坊换了 100 元的零钱，王老板进 100 元。街坊后来发现那 100 元是假钞，王老板无奈还了街坊 100 元，王老板出 100 元。找给年轻人 79 元，王老板出 79 元。年轻人到王老板的店里买了一件礼物成本是 18 元，王老板出 18 元。

总计损失：$0+100-100-79-18=-97$（元），损失 97 元。

（5）有 13 个零件，外表完全一样，质量也相同，但其中有一个是不合格品，重量和其他零件不同，且不知道具体的重量。请你用天平称 3 次，把不合格品找出来。

答案：先在天平的两边各放4个零件。

① 如果天平平衡，说明不合格品在另外的5个里。拿出3个好的放在天平左端，再从不合格品的5个中拿出3个，放在天平右端（如果不平衡，此时要记住右端是高是低，高说明坏的零件比好的轻，反之相反）。

◆ 如果天平平衡，则不合格品在剩下的两个中，任意拿1个和合格品放在天平两端，即可得出答案。

◆ 如果天平不平衡，则不合格品在天平右端那3个里面，任意拿出2个，分别放到天平两端。如果平衡，那么第3个即为不合格品。如果不平衡，则可以根据天平两端的高低判断出不合格品。

② 如果天平不平衡，说明不合格品在这8个中，此时要记住哪端是轻的，哪端是重的。然后把5个合格品放在天平的左端，取2个轻端的和3个重端的放在右端。

◆ 如果天平平衡，则拿剩下的2个轻端的，放到天平两端，如果平衡，答案很明显。如果不平衡，则说明不合格品在这2个里面，而且不合格品是较轻的，因为它们是从轻端取出来的。

◆ 如果右端低，说明不合格品在重端的3个里面，而且合格品零件较重，再称一次就知道答案。如果右端高，说明不合格品在轻的2个里面，而且不合格品较轻，再称一次答案很明显。

（6）一位死刑犯就要被行刑。行刑官对死刑犯说："你知道我将怎样处决你吗？猜对了，我可以让你死得好受些，给你执行枪决；要是你猜错了，那就对不起了，请你尝尝绞刑架的滋味。"行刑官想："反正我说了算，说你对你就对，说你错你就错。"没想到死刑犯的回答，使行刑官无法执行死刑，这个死刑犯绝处逢生。这个死刑犯是怎样回答的？

答案：死刑犯说："我将要上绞刑架。"这是一个不对不错的答案。如行刑官说错了，那犯人将上绞刑架，那犯人就说对了；行刑官要是说对了，那犯人要被执行枪决，那犯人就说错了。

（7）从前，有个很有钱的人家。正当全家为新的小生命即将降临而欢喜之际，丈夫却突然得了不治之症。临终前留下遗嘱："如果生的是男孩，妻子和儿子各分家产的一半。如果是女孩，女孩分得家产的三分之一，其余归妻子。"丈夫死后不久，妻子就临产了。出乎意料的是，妻子生下一男一女双胞胎！这下妻子为难了，这笔财产该怎样分呢？

答案：按法律的规定继承。丈夫的遗嘱是附条件的，但其条件并没有实现，所以不按遗嘱继承，而应当按照法律的规定继承：家产先分给妻子一半（夫妻共同财产），剩余的一半，由妻子和一双子女平均继承。即妻子得家产的三分之二，子女各得家产的六分之一。

（8）有两个封闭式的小火车站，每天从甲站开到乙站的车次总是比从乙站开到甲站的车次多，时间长了，火车会不会都集中到乙站呢？

答案：不会，因为从乙站开出的车的车厢比甲站开出的车的车厢要多！

（9）小明一家过一座桥，过桥的时候是黑夜，所以必须有灯。现在小明过桥要1分钟，小明的弟弟要3分钟，小明的爸爸要6分钟，小明的妈妈要8分钟，小明的爷爷要12分钟。每次过桥最多可过两人，过去后，对岸要有一人再把灯送过来，而过桥的速度依过桥最慢者而定，而且灯在点燃后30分钟就会熄灭。问小明一家如何过桥？

答案：第1步，小明与弟弟过桥，小明回来，耗时4分钟；第2步，小明与爸爸过桥，弟弟回来，耗时9分钟；第3步，妈妈与爷爷过桥，小明回来，耗时13分钟；第4步，小明与弟弟过桥，耗时4分钟，总共耗时30分钟，多么惊险！

（10）3个年轻人去一家旅店投宿，每人拿出10元交给老板。老板由于喜得贵子，决定少收5元，于是让服务员将5元转交给3个年轻人。服务员从中扣下了2元，将剩余3元还给3个年轻人，每人分得1元。现在3个年轻人每人相当于拿出9元，3×9=27（元），加上服务员扣下的

2 元，27+2=29（元）。与 3 人最初拿出的 30 元相差 1 元。问这 1 元到哪儿去了？

答案：这个问题的逻辑是错误的。准确的描述是，3 个人各出了 10 元钱，后又还回 3 元钱，因此共出钱 27 元。这 27 元中，2 元被服务员扣下，25 元为房费。因此，不存在 27+2=29（元）的说法。

第三节　大学生求职礼仪

穿着打扮和行为举止可反映出一个人的修养和生活风格。在面试中，给主考官留下良好印象的关键，除了穿着打扮和行为举止外，恰到好处的表情和举止，也会有助于求职者过关斩将。

一、面试礼仪

面试是主考官与求职者比较正式的接触，求职者应该懂得初次见面礼仪的重要性，它可能直接影响主考官对求职者印象的好坏，进而决定是否录用。

（一）准时赴约

守时是职业道德的基本要求，准时赶到指定地点参加面试，这是最基本的礼节。因其关系到用人单位对求职者的第一印象，对于这一点，求职者切不可掉以轻心。参加面试最好提前十分钟到达现场，这样既不失礼貌，又可以稳定情绪，稍做准备，避免手忙脚乱、仓促上阵。

若未去过面试地点，应事先将交通路线中可能出现的不利因素考虑在内，如堵车。早点出发，以保证万无一失。总之，一定要重承诺、守信誉，不能违约，即使临时发生了不可抗拒的意外情况导致不能按时参加面试，也应及时告诉用人单位并表示歉意，这样一般都会得到用人单位的谅解，说不定还能得到补试的机会。

（二）敲门进入面试室

面试时，应在面试室外轻轻敲门（面试室的门一般是关着的），得到许可后方可进入面试室。注意敲门不可用力太大，也不可未进门时先将头伸进去张望一下再进门，更不可直接推门而入。进门后，应轻轻地转过身去关上门。

（三）主动与主考官打招呼

进入办公室后，首先面临的是如何与主考官打招呼的问题，也可以说真正的面试就从此刻开始，从现在起求职者应当立即进入角色。进入面试室后可对主考官微笑点头，也可进行问候（如上午好、下午好、各位领导好等），要有礼貌地告诉主考官自己是谁，做到举止大方、态度热情。需要注意的是，面试时不宜与主考官握手，除非主考官主动伸手与你握手。

（四）微笑待人

微笑是世界上最美的语言，它表示欣赏对方的盛情，并可表示领略、歉意或赞同等含义。面对主考官，求职者的微微一笑可以使他解除戒备心理，使双方的心理距离迅速缩短。所以，面试时面带微笑会提高成功率。

（五）回答问题时精神集中

面试时，回答问题要集中精神，力求给对方以诚恳、沉稳、自信的印象。根据主考官的反应适时调整自己的语言表达方式，并且冷静地保持不卑不亢的态度。

在谈吐方面，谈话的内容和说话的方式同等重要。说话要和蔼可亲，不要随意打断对方的话，必要时，先道歉再插话。与此同时，讲话应当条理清楚，并通过表情、语调、声音等诸方面的配合，传达出真诚、乐观、热情、大方的态度，就会收到良好的效果。

二、着装礼仪

常言道："三分容貌，七分打扮。"在求职过程中，恰当的服饰会给人留下良好的第一印象。大学生求职面试处于一个庄重的场合，在服饰方面要注意朴素大方、庄重整洁，着重突出职业特点。

在应聘不同岗位时，衣着应与之搭配。根据所应聘的工作性质和类型来确定穿着，是一种较稳妥的做法。不同职业对人的要求是有差异的，而这种差异同样体现在穿着上。尽管没有成文的规定来划分某种职业的穿着标准，但人们心理上存在着各种各样模式化的思维。

例如，应聘车间安装之类的具体操作岗位，穿着应当朴素一点；去广告公司应聘，则不应穿古板落俗的衣服。若从事比较活泼的行业，如营销，则上衣与搭配的裙子或长裤未必同色，也可以有些图案。总体来说，应试者的衣着服饰要注意以下几个方面。

（1）女性忌讳上衣与裙子太过花哨，颜色不宜太过鲜艳，应避开大红、橙色或粉红、紫色等颜色。

（2）男性穿深色西装，领带、衬衣袖口要注意清洁。

（3）男、女都应减少佩戴首饰。

三、仪态礼仪

仪态指人们在交际活动中的举止所表现出的姿态和风度。主考官对求职者的评价，往往开始于对求职者的仪态表现、言行举止的观察和概括。因此，在面试时，文明规范的行为举止是十分重要的。

（一）表情

在面试时，最常用和最富有表现力的表情就是目光和微笑。

（1）目光。在面试中，正确的注视方式应该望着对方额头的上方，只有在双方谈到共同话题时才有自然的视线接触，目光要自然、柔和、亲切、真诚。

（2）微笑。首先微笑必须真诚、自然；其次，微笑要适度、得体。适度是指微笑要有分寸、不出声，含而不露；得体就是要恰到好处，当笑则笑，不当笑就不笑。否则，会适得其反，给对方留下不好的印象。

（二）手势

在揭示人的内心活动方面，手势极富表现力，如紧张时，双手相交；愤怒时，紧握拳头；疑问时，手摸后脑勺等。求职者在面试时运用手势一定要注意以下几项。

（1）适合。所谓适合主要体现在两个方面，第一，说的意思要与手势所表示的意义符合；第二，手势的量要适中。

（2）简练。每做一个手势，都力求简单、精练、清楚、明了。

（3）自然。手势贵在自然，动作要舒展、大方，令人赏心悦目，切忌呆板、僵硬。

（4）协调。手势要和声音、姿态、表情等密切配合进行，这样的动作才是优美和谐的。

（三）体姿

体姿指通过身体的肢体语言来表达情感、传递信息的体态语，主要包括坐姿、站姿和行姿3种。

1 坐姿

站有站相，坐有坐姿，求职者进入面试室落座后的姿势也非常重要。正确的坐姿如下。

全身放松，两腿自然并拢，手放在膝上，挺直腰板，身体微向前倾，既不可坐得太浅，也不能坐得太深。坐浅了容易使自己紧张，导致注意力不集中，坐深了斜倚在靠背上，会给人以懒散感。正确的坐姿让人看见后会感觉到求职者精神振奋，朝气蓬勃。

面试的过程中注意不要有小动作，以防给人不耐烦、不自信的印象，下面列出常见的一些不正确的小动作。

（1）下意识地看手表。

（2）坐着时双腿叉开，摇晃不停。

（3）跷二郎腿，或不住地抖动。

（4）讲话时摇头晃脑。

（5）用手掩口。

（6）用手挠后脑勺、摸头发等。

（7）不停地玩弄随身携带的小物件等。

阅读材料

习惯性小动作导致错失工作

王珊今年大学毕业，凭借优异的学习成绩，对于即将到来的面试她胸有成竹，面试当天她几乎没怎么准备。到了现场时，已经有几个求职者在等候，他们都经过细心打扮，而且一个个嘴里念念有词，显然是在温习自己的简历或者其他内容。看他们认真的样子，王珊这时才有了竞争的真实感。

轮到她面试时，主考官有两位，表情很严肃，现场气氛有些紧张，这时王珊突然发现自己事先准备的说辞全忘了，脑子里一片空白。其中一个主考官让她做自我介绍，王珊机械性地把自己的简历背了一遍，声音有些发虚，手下意识地去摸头发。她知道自己表现得很差。

另一个主考官问："你应聘这个岗位的优势在哪里？"本来应聘的岗位是文秘，王珊的专业正好对口，而且她还辅修了法律，对于这个岗位来说是再合适不过的了。但是偏偏她一紧张，平时的小动作全出来了，一会儿摸头发、摸耳朵、擦鼻子……然后她发现自己手脚都不知道该往哪儿放了。最后的结果可想而知，王珊因为轻视面试，导致面试时紧张，出现太多小动作，让主考官对其专业度和自信心产生了怀疑，最终导致面试失败。

2 站姿

站姿是体态语的有机组成部分，在求职面试中同样能反映求职者的外在形象和礼貌修养。正确的站姿应该是：站立要端正、双目平视前方、嘴唇微闭、面带微笑；双肩放松，使身体有向上的感觉；躯干挺直，身体重心应在两腿的中央，做到挺胸、收腹、立腰。男士站立时，一般应双脚平行，大致与肩同宽，双手半握拳状垂放于大腿两侧；女士则应双腿并拢，脚跟靠近，脚掌分开成"V"形，双手自然垂放或叠放成心形放在腹前。

此外，求职者需要注意：站立时双手不可叉在腰间，也不可抱在胸前；站立时身体不能东倒西歪，也不能倚门或靠墙；站累时，一只脚可以向后撤半步，但上肢仍须保持正直，不可把脚向前或向后伸得过多。

❸ 行姿

从步入面试室，到走出面试室，整个过程都在主考官的观察范围之内。每个细节都会反映在自己的评分表上，潇洒和优雅的走路姿势能够体现一个人的风度和魅力，给自己赢得良好的印象分。

正确的行姿应当身体直立、收腹直腰、两眼平视前方，双臂放松在身体两侧自然摆动，脚尖向正前方或微向外伸出，跨步均匀，两脚之间相距约一只脚到一只半脚，步伐稳健，步履自然。女性在穿裙装时步幅应小一些，穿裤装则可稍大一些，以显示出自身的干练；男士则按照平时习惯的步幅即可。

> **提醒**
>
> 面试过程中的行姿也是比较重要的，求职者切忌在行走时身体前俯、后仰，或两个脚尖同时向里侧或外侧呈八字形走步，步子太小或太大；双手反背于背后或身体乱晃乱摆。

四、仪容礼仪

仪容，主要指面部，广义上还包括头发、腿部等。一个人的仪容仪表最能反映出他的精神状态，主考官对求职者的第一印象也来源于对求职者外在形象的观察。因此，求职者一定要注意自身仪容的修饰，特别是女性，适当地化淡妆，会让自己与众不同，神采奕奕，还可以表现出自己对这次面试的重视。

（一）杜绝饰物

女士尽量不要佩戴耳环、项链、手镯等各类饰品，尤其是金光闪闪的饰物；男士不佩戴饰品。一身珠光宝气可能会给主考官留下热衷打扮、虚荣心强的负面印象。

（二）化妆与发型

在面试时，化妆与发型也很重要。在面试前，应整理仪容，头发清洗干净，梳理整齐，不要染夸张的发色。

男性不要留小胡子，不要留长发。女士不要浓妆艳抹，不要用浓烈的香水，适宜化淡妆。若女性求职者参加面试时妆容及服饰太过浓艳，会显得不够庄重，给主考官留下不好印象，从而影响面试成绩。

（三）腿部

求职者参加面试时，不仅要注意衣着得体，而且要注意腿部的细节。女士穿裙装不能光腿，要穿丝袜；袜子有"腿部时装"之称，不能出现残破；袜子要高过裙子的长度。男士穿西装时要穿黑色棉质袜子，长及小腿中部，袜口要有松紧带。

五、面试后的礼仪

许多毕业生只注重应聘面试时的礼仪，而忽略了面试结束后的善后工作。其实，这些善后工作同样能加深主考官对求职者的印象，下面就来看看面试后需要注意的礼仪。

（一）感谢

当用人单位表示面试结束时，不论结果如何，都要轻声起身表示感谢，并将自己坐的椅子扶正，摆放在进门时候的位置，再次表示感谢后，再轻推门离开。

（二）不可贸然打听面试结果

面试结束后，不可贸然地打电话询问相关情况，可以通过感谢信函的方式再次加深用人单位对你的印象。若是一周内没有接到任何回音，此时，可以给用人单位打个电话，询问面试结果；表示你对这个工作的兴趣和热情，同时从用人单位的语气中听出自己是否有被录用的希望。

第十二章　大学生就业权益与保障

熟悉大学生就业权益的内容

掌握大学生就业权益的自我保护和法

律保障

熟悉常见的就业侵权行为

掌握违约责任与劳动争议的解决方法

本章导读

　　当今大学生社会经验不足，在求职的过程中，可能面对各种各样的就业"陷阱"及侵权行为。作为就业市场中的弱势群体，大学生应提高警惕，加强自我保护的意识。了解熟知就业的相关政策法规，培养起自己的维权意识和自我保护能力，从而使自己在就业时学会用政策法规保护自己，免受不合理的侵犯，成功就业。下面我们将介绍大学生就业权益和保障的相关知识，以增强大学生在就业中的自我保护和维权意识，帮助大学生更好地走向社会。

第 一 节　大学生就业权益与自我保护

　　学校不同于社会，大学生从踏出学校大门的那一天起，就跨入了社会的大门。在就业市场中，大学毕业生属于弱势群体，要想做到顺利就业，在择业中就必须明确自己享有的权利，同时还要建立起自我保护意识，维护自己的权利不受侵害。

一、大学生就业的基本权益

　　大学生作为就业市场的一个重要主体，在就业过程中除了普通劳动者所享有的劳动报酬权、休息休假权等一般权利外，还享有许多其他特殊权利，下面分别进行讲解。

（一）就业信息知情权

充分了解就业信息能提高大学毕业生的就业成功率，越了解就业招聘信息，大学毕业生越可能结合自身情况找到适合自身发展的职业和用人单位。就业信息知情权是指大学毕业生拥有及时全面地获取应该公开的各种就业信息的权利。它包括3个方面的含义。

（1）信息公开。用人信息应向所有毕业生公开，任何团体、组织和个人都不得隐瞒、截留用人信息。

（2）信息及时。就业信息有很强的时效性，所以就业信息应及时、有效地向毕业生公布，以免失去利用价值，影响毕业生就业。

（3）信息全面。就业信息应当全面、完整，以便大学毕业生对用人单位有全面的了解，从而做出符合自身要求的选择。

（二）就业指导权

就业指导工作直接影响大学毕业生的职业生涯规划、就业方向及求职择业等，它是大学毕业生就业成功非常关键的一步。

《中华人民共和国高等教育法》第五十九条规定："高等学校应当为毕业生、结业生提供就业指导和服务。"由此可以看出，接受来自国家、社会和学校的就业指导与服务，是大学毕业生的一项重要权利。由于学校在毕业生就业指导中占据重要位置，所以各高校应成立专门机构，开设专门课程，安排专门人员对毕业生进行全方位的就业指导与服务，其中包括宣传国家关于毕业生就业的方针、政策；对毕业生进行求职技巧指导；引导毕业生根据实际情况择业。毕业生通过接受就业指导，可以对自身准确定位，合理择业。

（三）被推荐权

学校在就业指导工作中的一个重要职责就是向用人单位推荐毕业生。实践证明，学校推荐与否会在一定程度上影响用人单位对毕业生的录用。毕业生在被学校推荐的过程中享有如实推荐、公正推荐、择优推荐的权利，下面分别进行讲解。

（1）如实推荐。如实推荐指学校在对毕业生进行推荐时，应实事求是，根据毕业生本人的实际情况向用人单位进行介绍，不能故意贬低或随意拔高毕业生的在校表现。

（2）公正推荐。公正推荐指学校对毕业生的推荐应做到公平、公正，应给每一位毕业生就业推荐的机会，不能厚此薄彼。

（3）择优推荐。择优推荐指学校在公正、公开的基础上，还应择优推荐，真正体现优生优待，人尽其才。这样才能调动广大毕业生的就业积极性。

（四）就业选择自主权

根据国家有关规定，现代的高校毕业生可以在国家就业方针、政策指导下"双向选择，自主择业"，即毕业生可以按照自己的兴趣、爱好和能力选择自己喜欢和擅长的职业，同时毕业生还有权决定自己何时就业、何地就业等。家长、学校和用人单位，可以为初出校门、缺乏工作经验的毕业生提供建议和引导，但不能强迫或限制他们选择职业。

（五）平等就业权

毕业生在就业过程中享有平等的就业权利。所谓平等，即毕业生有公平的机会去竞争工作岗位，要反对就业中的各种歧视行为。目前，社会上存在着一些不良的就业歧视，如性别歧视、学历歧视、地域歧视、身体条件歧视和经验歧视等。

（六）违约及补偿权

用人单位、学校、毕业生三方签订《就业协议书》后，任何一方不得擅自毁约。如任何一方无故要求解约，都必须承担相应的违约责任。总体来说，违约一般有如下两种情况。

（1）用人单位违约。用人单位由于单位改制、经营不善等原因，有可能主动向毕业生提出解除协议，而此时毕业生有权要求用人单位严格履行就业协议，否则用人单位将承担违约责任，支付违约金。

（2）毕业生违约。在现实就业过程中，毕业生出于谋求更好的就业机会等原因，向用人单位主动提出解除协议的情况较多，这时毕业生应承担违约责任。

阅读材料

就业没有"双保险"

　　小张是某高校的应届毕业生，像所有高校一样，他所在的学校在每年的10月就开始有不少公司来进行招聘。小张一直想当一名公务员，但由于国家公务员的录取结果要在第二年的5月才公布，为了上个"双保险"，小张在学校双选会上与一家公司签订了《就业协议书》。第二年5月，国家公务员录取结果公布，小张如愿以偿考上了公务员，于是小张决定与原先签订了《就业协议书》的公司解除协议，该公司要求小王按照《就业协议书》约定缴纳3 000元的违约金。

　　《中华人民共和国合同法》第一百零七条规定：当事人一方不履行合同义务或者履行合同义务不符合约定的，应当承担继续履行、采取补救措施或者赔偿损失等违约责任。因此，小张应当按照《就业协议书》中的约定承担违约责任。同时，根据法律规定，用人单位需要证明小张的违约行为给单位带来的损失及损失程度，以支持自己对违约金的金额主张。作为当事人的小张也可以据此依法向劳动保障部门提出劳动仲裁，或者直接诉于法律来维护自身的合法权益。其实不管最终裁决如何，对于小张来说，都为自己增加了不少麻烦。

　　《全国普通高等学校毕业生就业协议书》管理办法中规定，毕业生在协议书上签署个人意见之后，用人单位或学校两方之中只要有一方在协议书上签字，毕业生就不得单方面终止协议。毕业生违约时，必须办理完毕与原签约单位的解约手续，然后将原协议书交还学校招生就业工作处，并领取新的协议书。

阅读材料

大学生就业的基本义务

　　权利和义务是相对的，大学生在享有多项就业权利的同时，也应该履行一定的义务。

　　1. 回报国家，服务社会的义务

　　国家宪法规定，劳动对于公民来说，既是权利又是义务，是权利和义务的结合与统一。对毕业生而言，毕业生有自主择业的权利，但也有服从国家需要的义务。毕业生应从大局出发，认真执行国家的方针、政策，根据需要为国家服务。

　　按照"得之于社会、还之于社会、报之于社会"的原则，毕业生应积极地、有责任地依托自己的职业行为，发挥自己的专业优势，以此来回报国家、社会和家庭，承担起自己应尽的义务。

　　2. 实事求是介绍自己情况的义务

　　毕业生在求职择业过程中应如实向用人单位介绍自己的情况，这既是基本的择业道德要求，也是自己应尽的义务。

　　毕业生在填写就业推荐表、自荐信，与用人单位洽谈介绍自己时，必须实事求是，不得弄虚作假，对于自己的缺点不能回避，有过失也不可隐瞒，应该以诚相见。只有如实介绍自己的情况，才能让人觉得可信、可靠，从而获得用人单位的信任。

如果毕业生提供虚假信息，不仅会耽误用人单位录取优秀人才的机会，也会失去用人单位的信任，甚至会出现被退回或发生争议的风险。

3. 配合学校完成毕业交接的义务

高校毕业生在离校前，学校要根据《普通高等学校学生管理规定》《高等学校学生行为准则》等规定的要求，结合毕业生在校期间各方面的基本情况，实事求是地对毕业生做出鉴定。毕业生应该认真总结，并积极配合学校做好此项工作，切实履行好此项义务。

另外，由于部分毕业生在校期间接触到学校许多科技成果，甚至还直接参与成果的研究与开发，因此，毕业生有保护学校知识产权的义务，不能以此作为与用人单位签约的筹码，否则，将会因侵犯学校的知识产权而承担相应的法律责任。

4. 严格遵守和履行就业协议的义务

毕业生与用人单位，通过双向选择签订协议后，就应严格遵守和履行就业协议，保证工作顺利进行。表里如一、言行一致是做人的基本准则，讲信誉是毕业生应尽的义务。

协议一经签订就不能随便违约，一旦违约，不仅影响学校正常的就业秩序，而且会损害用人单位、学校以及其他同学等各方面的利益。因此，毕业生应该慎重签约，严格履约。

5. 按规定期限到工作单位报到的义务

毕业生办理完离校手续后，应按规定期限到用人单位报到。不去就业单位报到的毕业生，学校不再负责其就业问题。

6. 依照职责完成工作任务的义务

毕业生是受过高等教育的人才，用人单位都会寄予厚望，并赋予重要职责。因此，毕业生有义务遵守劳动纪律，积极努力地将自己的知识和才能充分发挥出来，切实履行工作职责，认真完成所承担的工作任务，为单位的发展做出自己应有的贡献。

7. 保守商业机密的义务

一些用人单位，在录用毕业生之前，为了全方位了解毕业生的情况，会安排毕业生到单位实习。在实习期间，毕业生要严格遵守单位的规章制度，尤其是一些商业机密，更要严加保守，防止侵权行为的发生。

二、大学生就业权益的自我保护

前面介绍了各种侵权行为，如高薪陷阱、合同陷阱等。大学毕业生在就业的过程中必须学会相应的自我保护措施，从而保护自身的合理权益不被侵害。

（一）自觉遵守就业规范

在就业过程中，毕业生应自觉遵循就业规范和相应的规则。据相关规定，当毕业生有下列情形之一时，学校不再负责提供就业服务。

（1）不顾用人单位需要，坚持个人无理要求，经多方教育仍拒不改正的。

（2）已签订《就业协议书》，无正当理由超过3个月不去就业单位报到的。

（3）去就业单位报到后，因不服从安排或提出无理要求被用人单位退回的。

（二）了解政策和法规

了解目前国家关于毕业生就业的相关方针、政策和规范以及它们之间的关系，熟悉毕业生在就业过程中的权利和义务，是毕业生自我保护的前提。只有这样，毕业生才能发现自己在就业过程中可能遭遇的不正当行为，从而依据法规办事，维护自己的合法权益。

（三）预防合法权益受侵害

大学生在就业求职过程中，应本着诚实、信用、平等的原则，以自身的实力参与竞争。同时，要有风险意识，对于一些用人单位使用虚假广告、高薪待遇等欺骗手段招聘的做法，要有提防戒备心理，预防侵害自身合法权益行为的发生。

（四）维护自身合法权益

在就业过程中，大学毕业生不可避免会遇到一些不公平现象，侵害自身的正当权益。此时，大学生要敢于拿起法律武器据理力争，使自己处在与用人单位平等的地位，自己的合法权益才能得到保障。在实际维护自身合法权益的过程中，大学毕业生除了个人的力量之外，还可以依靠学校、向国家行政机关投诉、借助新闻媒体和寻求法律援助等方式来维护自己的合法权益。

阅读材料

新型求职陷阱列举

招而不聘

小张即将大学毕业，最近他奔波在各个招聘会上，递出了很多份简历，也陆续参加了一些面试，可还是没有找到合适的工作。小张说："很多参加招聘会的公司只是借机宣传自己，并不招人。我参加了很多场招聘会，经常能在招聘的公司中看到一些熟悉的面孔，每场招聘会都有很多人投递简历，公司不会一直招不到人。"

虚设岗位

小李大学读的专业是会计，毕业前她如愿应聘到某房地产公司任会计，经过面试后她被录用了。但当她毕业后去报到时，却被告知："按照公司规定，所有员工必须在一线锻炼一段时间，熟悉整个公司的运作流程后方可回到本职岗位。"于是小李被分派做业务员，这不是小李的强项，但想到"先苦后甜"，她一直忍受着，但是两个月后，公司还是无法确定何时让她回到会计工作岗位上，一段时间之后，她只好提出辞职。这时公司却以违反合约为由，要求她支付违约金。

第二节　大学生就业的法律保障

大学毕业生是一个特殊的社会团体，在就业过程中受到相应的法律保障。法律保障主要有两个方面：一是《就业协议书》，二是劳动合同。

一、《就业协议书》的作用

《就业协议书》是为了明确毕业生、用人单位、学校三方，在毕业生就业工作中的权利和义务，经协商签订的协议。在相当长的一段时间里，毕业生就业需要按《就业协议书》来办理。

（1）学校是凭《就业协议书》来派遣毕业生的。学校依据《就业协议书》的内容开出《毕业生就业报到证》和《户口迁移证》，同时转移学生档案。一般学校会要求学生在规定的日期（如每年6月底）上交《就业协议书》，学校再以《就业协议书》为依据进行派遣。如果超过这一时限，学校会把学生的关系和档案一并派回原籍。

（2）毕业生一旦办理了《就业协议书》，则说明该公司或人事局决定接收你的档案，准备正式录用你。

二、《就业协议书》的法律性质

《就业协议书》具有合同的某些法律属性，但它与劳动合同又有明显的不同。

（一）《就业协议书》的法律属性

《中华人民共和国合同法》第二条规定："合同是平等主体的自然人、法人、其他组织之间设立、变更、终止民事权利义务关系的协议。"其第三条规定："合同当事人的法律地位平等，一方不得将自己的意志强加给另一方。"

通过对比可发现《就业协议书》具有合同的属性，主要表现在三个方面：一是签订《就业协议书》的主体是毕业生（自然人）和用人单位（法人、其他组织），他们在签订就业协议时的法律地位是平等的；二是《就业协议书》是双方意见的协商，任何一方都不能将自己的意志强加给另一方；三是《就业协议书》所涉及的权利义务均属于我国民事法律管辖的范围。

（二）《就业协议书》不能取代劳动合同

虽然说《就业协议书》具有劳动合同的部分特征，但它不能等同于劳动合同，更不能取代劳动合同。《就业协议书》只是一份简单的文件，很多劳动合同应有的内容并没有包含在内，如工作岗位、工作条件、薪酬待遇等，因此，仅凭《就业协议书》，毕业生就业后的劳动权利无法得到保障。

> **提醒**
>
> 河南省委组织部、河南省人力资源和社会保障厅、河南省教育厅、河南省公安厅、河南省政府国资委联合印发《关于做好取消普通高等学校毕业生就业报到证有关衔接工作的通知》，提出7项举措，更加便利高校毕业生求职就业，优化求职就业手续。通知提出，2023年起，不再发放《全国普通高等学校本专科毕业生就业报到证》和《全国毕业研究生就业报到证》（以下统称"就业报到证"），取消就业报到证补办、改派手续，高校毕业生办理招聘录用、落户、档案接收转递等手续时不需提供就业报到证。

阅读材料

是否需要缴纳5万元的违约金？

高校毕业生王梅在毕业前夕与某公司签订了《就业协议书》，并且毕业后按照协议约定到该公司上班。现已按规定签订劳动合同，合同期限为5年，劳动合同中没有规定违约金。但是《就业协议书》中要求服务未满5年时辞职需缴纳违约金5万元。后来王梅在这家公司工作的过程中，发现自己并不适合这份工作，于是提交了辞职书，但该公司要求她支付5万元的违约金。这时生效的是就业协议书，还是劳动合同？王梅是否需要缴纳5万元的违约金？

《就业协议书》仅在应届毕业生求职阶段有法律效力，其有效期为毕业生取得毕业证以前。如果用人单位与应届毕业生签订了正式的劳动合同，则就业协议书的效力自动解除。

三、劳动合同概述

劳动合同是用人单位与劳动者之间明确权利与义务的协议，所有劳动合同都必须依据《中华人民共和国劳动合同法》制定，而不能依据用人单位的单方面意愿来制定。

（一）现行的《劳动合同法》来由

现行的《中华人民共和国劳动合同法》（简称《劳动合同法》）于 2007 年 6 月 29 日，由第十届全国人民代表大会常务委员会第二十八次会议修订通过，自 2008 年 1 月 1 日起施行。2012 年 12 月 28 日，第十一届全国人民代表大会常务委员会第三十次会议通过了《劳动合同法》的修订决定，2013 年 7 月 1 日起施行修订后的《劳动合同法》。

为了更好地保护自身的合法权益，大学毕业生可在"中国人大网"学习现在施行的《劳动合同法》的全部内容。

（二）有效劳动合同应具备的要素

劳动合同既具有合同的一般特征和相应的法律约束力，同时作为一种特殊的合同类型，又具有自己的特色，其特点主要包括以下几点。

主体资格合法。劳动者的主体资格合法，指劳动者必须是年满 16 周岁、具备劳动权利能力和劳动行为能力的公民。未满 16 周岁的未成年人不能作为主体与用人单位签订劳动合同。用人单位的主体资格合法，指用人单位须经主管部门批准依法从事生产经营和其他相应的业务，享有法律赋予的用人资格或能力。

合同内容合法。主要指劳动合同的内容不得违反法律、行政法规的强制性规定。如《劳动法》第二十一条明确规定：劳动合同可以约定试用期。试用期最长不得超过 6 个月。在这里"最长不得超过 6 个月"，就是法律关于劳动合同试用期的强制性规定。假若某劳动者与用人单位签订的劳动合同约定的试用期为 10 个月，由于违背了上述"最长不得超过 6 个月"的强制性法律规定，因此是无效的。

当事人意思表示真实。根据《劳动法》第十八条第（二）款的规定，采取欺诈、威胁等手段订立的劳动合同，因为违背了当事人的真实意愿，所以是无效的。另外，如果有证据证明当事人对合同内容有重大误解，这样的劳动合同也应无效。

合同订立的形式合法。《劳动法》第十九条明确规定，劳动合同应当以书面形式订立。对于以口头、录音、录像等形式订立的劳动合同，均无效。

（三）劳动合同的基本内容

根据《劳动合同法》的规定，劳动合同的内容主要由法定条款和约定条款两类构成。

❶ 法定条款

法定条款，即法律规定劳动合同必须具备的条款，只有具备了这些条款的劳动合同才能依法成立。一般法定条款包含 7 个方面的内容。

（1）合同期限。除依法允许订立不定期合同的情况以外，合同都应当规定有效期限。其中应包括合同的生效日期和终止日期，或者决定合同有效期限的工作（工程）项目。如某毕业生 2017 年 3 月 1 日被录用开始工作，工作时间为 6 个月，那么合同的期限规定为：本劳动合同从 2017 年 3 月 1 日生效，到 2017 年 9 月 1

日结束。

（2）工作内容。即关于劳动者的劳动岗位、劳动任务条款。

（3）劳动保护和劳动条件。即关于用人单位，应当为劳动者提供劳动安全、卫生条件和生产资料条件的条款。如建筑工人应该发放安全帽。

（4）劳动报酬。即关于劳动报酬的形式、构成、标准等条款。

（5）劳动纪律。即关于劳动者应当遵守劳动纪律的条款。如上班时间不得私自外出，如何请假等。

（6）合同终止条件。即关于劳动合同在法定终止条件之外的哪些情况下可以或应当终止的条款。如合同到期终止，或就业单位出现破产、停业等情况终止合同等。

（7）违约责任。即关于违反劳动合同的劳动者和用人单位，各自应如何承担责任的条款。

> **提醒**　由于某些劳动合同自身的特殊性，立法特别要求，除一般法定必备条款外，还必须规定一定的特有条款，例如外商投资企业劳动合同和私营企业劳动合同中，应包括工时和休假条款。

❷ 约定条款

约定条款，即劳动关系当事人或其代表约定劳动合同必须具备的条款。它是法定条款的必要补充，其具备与否，对劳动合同可否依法成立，在一定程度上有决定性意义。

我国《劳动合同法》规定，劳动合同除法定必备条款外，当事人还可以协商约定其他内容。通常有：试用期条款、保密条款和禁止同业竞争条款等，但是，补充条款的约定不能与国家的法律法规相抵触，不能危害国家、组织或个人的利益。

四、劳动合同的签订

劳动合同的签订，指劳动者和用人单位经过相互选择和平等协商后，就劳动合同条款达成协议，从而确定劳动关系和明确双方相互的权利、义务的法律行为。

（一）劳动合同的订立原则

《劳动合同法》规定，订立劳动合同要遵循合法、平等、自愿、协商一致的原则，不得违反法律和行政法规的规定。

❶ 合法

无论是合同的当事人、内容和形式，还是订立合同的程序，都必须符合有关法律、法规和政策的要求。尤其需要强调的是，凡属于劳动合同有关的强制性法律规范和强制性劳动标准，都必须严格遵守。

因而，在订立合同过程中只能有限制地体现契约自由的精神。

❷ 平等

所谓平等，指订立合同的双方当事人法律地位平等。因此，毕业生应该依据《劳动合同法》的相关规定，理直气壮地要求与用人单位签订劳动合同。在签订合同前，要仔细阅读合同条款，对于模棱两可的条款要坚持改写清楚，对于不合法的内容更要据理力争，以维护自己的合法权益。

阅读材料

劳动关系能不能解除

汤敏刚刚应聘到一家科技公司上班，当初公司正式录用汤敏时，与她签订了为期两年的劳动合同，并在合同中规定，试用期为两个月。可是，从上班的第一周开始，公司就找各种理由要求汤敏等员工经常加班，而且劳动强度非常大。为此，汤敏上班半个月后，就不想继续再干了，谁知，汤敏的辞职请求却被公司拒绝了。汤敏现在很迷茫，不知道公司这种强迫自己继续工作的行为是不是可以作为她解除劳动关系的理由，如果劳动关系解除了，自己需不需要承担相应的法律责任。

根据《劳动合同法》第三十七条规定："劳动者提前 30 日以书面形式通知用人单位，可以解除劳动合同。劳动者在试用期内提前 3 日通知用人单位，可以解除劳动合同。"虽然本案例的主人公汤敏与公司签订了劳动合同，但在试用期内发现用人单位工作不利于自己发展的，可以果断行使解除劳动合同的权利，并且，处于试用期的劳动者不必向用人单位说明任何原因和理由，只要提前 3 天通知用人单位即可。

❸ 自愿

所谓自愿，指合同的订立，应完全出于双方当事人的意愿，任何一方都不得强迫对方接受其意志；除合同管理机关依法监督外，任何第三方都不得干涉合同的订立。

❹ 协商一致

在订立合同过程中，合同订立与否以及合同的具体内容，都只能在双方当事人经过平等协商方式，取得一致意见的基础上来确定。因而，只有协商一致，合同才能成立。

（二）与毕业生关系密切的劳动合同签订事项

《劳动合同法》的颁布给毕业生带来"利好"消息，但由于《劳动合同法》的内容多而全，下面仅列出几项与实际工作息息相关的注意事项。

❶ 必须签订劳动合同

《劳动合同法》第十条规定："建立劳动关系，应当订立书面劳动合同。"实际上，大多数用人单位对于劳动合同有一个错误的认识，即签订劳动合同就会将自己套牢，而没有劳动合同就与职工没有劳动关系，可以规避法律的很多规定。

其实不然，新《劳动合同法》关于劳动合同的签订有如下规定。

（1）用人单位自用工之日起超过一个月但不满一年未与劳动者订立书面劳动合同的，应当向劳动者每月支付 2 倍工资。

（2）用人单位自用工之日起超过一年未与劳动者订立书面劳动合同的，视为用人单位与劳动者已订立无固定期限劳动合同。一旦订立无固定期限的劳动合同，如果没有发生法律规定的可以解除劳动合同的情形，用人单位无法辞退劳动者，否则，要支付 2 倍的经济补偿金。

由此可见，用人单位不与劳动者签订书面劳动合同，将面临更大的法律风险。

事实劳动关系的成立

劳动和社会保障部在2005年颁布的《关于确立劳动关系有关事项的通知》中指出，即使用人单位未与劳动者签订劳动合同，如劳动者有可参照的凭证仍可将其认定为事实劳动关系，这些凭证主要有以下内容。

（1）工资支付凭证或记录（职工工资发放花名册）、缴纳各项社会保险费的记录。

（2）用人单位向劳动者发放的"工作证""服务证"等能够证明身份的证件。

（3）劳动者填写的用人单位招工招聘"登记表""报名表"等招用记录。

（4）考勤记录。

（5）其他劳动者的证言等。

《关于确立劳动关系有关事项的通知》还规定，若用人单位终止事实劳动关系也需要向劳动者支付经济补偿金。

❷ 个人隐私保护

为了保护劳动者的隐私，《劳动合同法》第八条规定："用人单位招用劳动者时，应当如实告知劳动者工作内容、工作条件、工作地点、职业危害、安全生产状况、劳动报酬，以及劳动者要求了解的其他情况；用人单位有权了解劳动者与劳动合同直接相关的基本情况，劳动者应当如实说明。"这句话背后的含义是指不属于"与劳动合同直接相关的基本情况"，用人单位无权过问，劳动者也有权拒绝回答。

另外，《就业服务与就业管理规定》也规定，用人单位在招用人员时，除国家规定的不适合妇女从事的工种或者岗位外，不得以性别为由拒绝录用妇女或者提高对妇女的录用标准。用人单位录用女职工，不得在劳动合同中规定限制女职工结婚、生育的内容。

❸ 不得要求提供担保或收取财物

某些不正规的用人单位在招聘或录用过程中，为了谋取钱财，利用招聘向求职者收取招聘费、培训费、押金或服装费，要求必须扣押证件等行为，在《劳动合同法》中这些行为都是被禁止的。

同时，《劳动合同法》第八十四条规定："用人单位违反本规定，扣押劳动者居民身份证等证件的，由劳动行政部门责令限期退还劳动者本人，并依照有关法律规定给予处罚。用人单位违反规定，以担保或者其他名义向劳动者收取财物的，由劳动行政部门责令限期退还劳动者本人，并以每人500元人民币以上、2 000元人民币以下的标准处以罚款；给劳动者造成损害的，应当承担赔偿责任。"

❹ 同工同酬

《劳动合同法》第六十三条规定："被派遣劳动者享有与用工单位的劳动者同工同酬的权利。用工单位应当按照同工同酬原则，对被派遣劳动者与本单位同类岗位的劳动者实行相同的劳动报酬分配办法。用工单位无同类岗位劳动者的，参照用工单位所在地相同或者相近岗位劳动者的劳动报酬确定。"同工同酬是指技术和劳动熟练程度相同的劳动者在从事同种工作时，不分性别、年龄、身份、民族、区域等差别，只要提供相同的劳动量，就应获得相同的劳动报酬。同工同酬最重要的贡献之一，就是规定了同一工种

不再有合同工与正式工的差别，在同一企业工作的只要是相同工种，就应得到相同报酬。

在实际施行过程中，同工同酬作为一项分配原则也有其相对性：即使相同岗位的劳动者之间也有资历、能力、经验等方面的差异，因此劳动报酬只要大体相同就不违反同工同酬原则。

5 关于试用期

试用期指用人单位和劳动者为相互了解和选择，在劳动合同中约定的不超过6个月的考察期。《劳动合同法》第二十一条规定：劳动合同期限3个月以上不满1年的，试用期不得超过1个月；劳动合同期限1年以上不满3年的，试用期不得超过2个月；3年以上固定期限和无固定期限的劳动合同，试用期不得超过6个月。劳动合同中约定试用期不是必备条款，而是协商条款，是否约定由劳动者和用人单位协商确定。但是，如果双方约定试用期，就必须遵守有关规定。在劳动合同中约定试用期要遵守以下6项规定。

（1）劳动合同中的试用期应由用人单位和劳动者双方平等协商约定，不得由用人单位一方强行规定。

（2）试用期最长不得超过6个月。

（3）以完成一定工作任务为期限的劳动合同或者劳动合同期限不满3个月的，不得约定试用期。试用期包含在劳动合同期限内。劳动合同仅约定试用期的，试用期不成立，该期限为劳动合同期限。

（4）同一用人单位与同一劳动者只能约定一次试用期。试用期适用于初次就业、改变岗位或工种的劳动者，工作岗位没有发生变化的劳动者只有一次试用期。

（5）试用期不得延长。用人单位在试用期内发现劳动者不符合录用条件，可以解除劳动合同，而不能延长试用期继续进行考察；同样，劳动者在试用期内对用人单位不满意或认为自己不适合该工作，可以解除劳动合同。

（6）试用期的工资不得低于本单位相同岗位最低档工资或者劳动合同约定工资的80%，且不得低于用人单位所在地的最低工资标准。

6 关于违约金

《劳动合同法》对违约金条款给予严格的限制，明确规定只有以下两种情形可以在劳动合同中约定违约金。

（1）在培训服务期中约定违约金。用人单位为劳动者提供专项培训，对其进行专业技术培训的，可以与该劳动者订立协议，约定服务期。

如果劳动者违反服务期约定，应当按照约定向用人单位支付违约金，但违约金数额不得超过用人单位提供的培训费用。

（2）在竞业限制中约定违约金。用人单位与劳动者可以在劳动合同中约定保守用人单位的商业秘密和与知识产权相关的保密事项，对负有保守商业秘密和知识产权义务的高级管理人员、高级技术人员和其他负有保密义务的人员，可以约定竞业限制，如劳动者违反竞业限制的约定，应当支付违约金。

除以上两种情况外，用人单位要求劳动者支付违约金都是不合法行为。

> **提醒**　竞业限制的约定不得违反法律、法规的规定。在解除或者终止劳动合同后，受竞业限制的人员到与本单位生产或者经营同类产品、从事同类业务的有竞争关系的其他用人单位就业，或者自己开业生产经营同类产品、从事同类业务的竞业限制期限，不得超过两年。

7 关于辞退

《劳动合同法》中关于用人单位辞退劳动者的情形分为 3 种类型：即时通知解除、预告通知解除和经济性裁员。为了更好地保护劳动者的合法权益，《劳动合同法》对每一类辞退员工的情形都有条件限制，如即时通知解除劳动合同的，用人单位需要承担举证责任，即劳动者在试用期内不符合录用条件，或严重违纪、营私舞弊给单位造成重大损失，或劳动合同无效，或员工兼职给单位工作造成严重影响，或被追究刑事责任等；预告通知解除劳动合同的，需要符合法定情形，并且履行法定程序；经济性裁员也要符合裁员的条件并履行法定程序等。下面分别介绍用人单位解除劳动合同的具体内容。

（1）用人单位可解除劳动合同的情况。《劳动合同法》第四十条规定，劳动者有下列情形之一的，用人单位提前 30 日以书面形式通知劳动者本人或者额外支付劳动者一个月工资后，可以解除劳动合同。

◆ 劳动者患病或者非因工负伤，在医疗期满后不能从事原工作，也无法从事由用人单位另行安排工作的；

◆ 劳动者不能胜任工作，经过培训或者调整工作岗位，仍不能胜任工作的；

◆ 劳动合同订立时所依据的客观情况发生重大变化，致使劳动合同无法履行，经用人单位与劳动者协商，未能就变更劳动合同内容达成协议的。

（2）用人单位不可解除劳动合同的情况。《劳动合同法》第四十二条规定，劳动者有下列情形之一的，用人单位不得依照第四十条的规定解除劳动合同。

◆ 从事接触职业病危害作业的劳动者未进行离岗前职业健康检查，或者疑似职业病病人在诊断或者医学观察期间的；

◆ 在本单位患职业病或者因工负伤并被确认丧失或者部分丧失劳动能力的；

◆ 患病或者非因工负伤，在规定的医疗期内的；

◆ 女职工在孕期、产期、哺乳期的；

◆ 在本单位连续工作满 15 年，且距法定退休年龄不足 5 年的；

◆ 法律、行政法规规定的其他情形。

（3）用人单位应支付经济补偿的情况。《劳动合同法》规定，有下列情形之一的，用人单位应当向劳动者支付经济补偿。

◆ 劳动者依照本法第三十八条规定解除劳动合同的；

◆ 用人单位依照本法第三十六条规定向劳动者提出解除劳动合同并与劳动者协商一致解除劳动合同的；

◆ 用人单位依照本法第四十条规定解除劳动合同的；

◆ 用人单位依照本法第四十一条第一项规定解除劳动合同的；

◆ 除用人单位维持或者提高劳动合同约定条件续订劳动合同，劳动者不同意续订的情形外，用人单位依照本法第四十四条第一项规定终止固定期限劳动合同的；

◆ 用人单位依照本法第四十四条第四项、第五项规定终止劳动合同的；

◆ 法律、行政法规规定的其他情形。

总体来说，除了劳动者个人原因主动辞职，或个人不满足岗位需求、违法乱纪外，因用人单位的情况，如经营不善倒闭、用人单位不按劳动法办事等原因解除劳动合同的，用人单位都应支付经济补偿。经济补偿的金额按劳动者在本单位工作的年限而定，主要有 3 种情况：（1）每满 1 年支付 1 个月工资的标准；（2）6 个月以上不满 1 年的，按 1 年计算；（3）不满 6 个月的，支付半个月工资的经济补偿。支付经济补偿的年限最高不超过 12 年。

阅读材料

非全日制用工的法律规定

某些毕业生在就业时由于各种原因，考虑先兼职，以非全日制的形式到一个用人单位上班。在这种情况下也应了解非全日制用工的相关法律规定，以保护自己的合法权益。

（1）非全日制劳动者在同一用人单位一般平均每日工作时间不超过4小时。每周工作时间累计不得超过24小时。

（2）非全日制用工双方当事人不得约定试用期。

（3）非全日制用工小时计酬标准不得低于用人单位所在地人民政府规定的最低小时工资标准。

（4）非全日制用工劳动报酬结算支付周期最长不得超过15日。

（5）用人单位必须为劳动者缴纳工伤保险，否则发生工伤事故要承担相关责任。

第 三 节　违约责任与劳动争议

在大学毕业生就业过程中会涉及两份与就业相关的协议、合同，即《就业协议书》和劳动合同。下面分别讲解《就业协议书》和劳动合同产生违约情况的责任划分，以及争议解决办法。

一、《就业协议书》争议解决办法

目前，关于大学毕业生《就业协议书》争议问题时有发生，一般情况下是大学毕业生最初草草与一家单位签订了《就业协议书》，但后来发现了更适合自己的岗位，想解除与原单位的就业协议，从而引起纠纷。

国家还没有明确的关于解决《就业协议书》争议的法律规定。但在实践中解决《就业协议书》争议的主要办法有以下 3 种。

（1）毕业生与用人单位协商解决。这种办法适用于因毕业生引起的就业协议争议，毕业生可出面向用人单位赔礼道歉，并说明情况，赢得用人单位的理解，必要时需支付违约金，经双方协商达成新的意向。

（2）学校或当地省级毕业生就业主管部门与用人单位协调解决。这种办法大多适用于因用人单位引起的就业协议争议，由学校或行政部门介入，针对纠纷予以调解，使双方达成和解。

（3）通过法律途径。对协商调解不成的，可向人民法院起诉，由人民法院依法裁决。

提醒　如毕业生单方面希望解除就业协议，除了可与用人单位协商解决之外，也可根据违约金的金额，分析利弊，找出最有利于自己的方式。另外，毕业生也可考虑到原单位的其他岗位就业，在工作的过程中可能会发现工作的乐趣，如果仍然不合适，再向用人单位提出辞职。

二、劳动合同争议解决办法

劳动合同争议是指用人单位与劳动者之间由于劳动合同发生的争议，一般包括如下4类。

（1）因企业开除、除名、辞退职工和职工辞职、自动离职发生的争议。

（2）因执行国家有关工资、保险、福利、培训、劳动保护的规定发生的争议。

（3）因履行劳动合同发生的争议。

（4）法律、法规规定应当依照"企业劳动争议处理条例"处理的其他劳动争议。

劳动合同争议发生后，当事人可向相关部门申请调解；调解不成的，当事人可向当地的劳动争议仲裁委员会申请仲裁。由此可见，劳动合同争议发生时，可根据不同情况采取不同的解决方法。劳动合同争议的解决办法主要有以下3种。

（一）协商和调解

劳动争议发生后，首先双方本着互谅互让的积极态度，自行协商解决，也可以请第三方（即双方信任的个人或组织）帮助协商，达成和解协议。如果双方不愿协商、协商不成或者达成和解协议后不履行的，可向本单位劳动争议调解委员会、地方劳动争议调解组织申请调解。

为确保调解协议的顺利履行，可以从调解协议生效之日起15日内，共同向劳动争议仲裁委员会提出审查确认，经审查确认后制定出具有法律效力的仲裁调解书。

使用协商和调解方式解决劳动合同争议，具有简单方便、灵活快捷等优势，能够及时有效地维护当事人的合法权益，是解决劳动合同争议的最佳方式。

（二）仲裁

劳动争议发生后，当事人的任何一方都可在争议发生之日起60日内向劳动争议仲裁委员会申请仲裁，并提出书面申请。劳动争议仲裁委员会应当自接到仲裁申请之日起7日内做出是否受理的决定。劳动争议仲裁委员会决定受理的，应当自收到仲裁申请之日起60日内做出仲裁裁决。

劳动争议仲裁委员会可依法进行调解，经调解达成协议的，制定仲裁调解书。仲裁调解书具有法律效力，当事人必须自觉履行，如一方当事人不履行，另一方可向人民法院申请强制执行。

（三）诉讼

诉讼是解决劳动争议的最后一道程序。如当事人对劳动争议仲裁委员会做出的仲裁裁决不服，可自收到仲裁裁决书之日起15日内向人民法院提起诉讼。逾期不起诉的，仲裁裁决将产生法律效力。

人民法院审理劳动争议案件有相应条件，具体有以下5点。

（1）起诉人必须是劳动争议的当事人。当事人因故不能亲自起诉的，可以直接委托代理人起诉；未经委托无权起诉。

（2）起诉事项必须是不服劳动争议仲裁委员会仲裁结果而向人民法院起诉，未经仲裁程序的劳动争议不得直接向人民法院起诉。

（3）必须有明确的被告、诉讼请求和事实根据。当事人不得将仲裁委员会作为被告向人民法院起诉。

（4）起诉的时间必须在劳动法律规定的时效内，即在当事人收到仲裁裁决书之日起15日内向人民法院提起诉讼，否则不予受理。

（5）起诉必须向有管辖权的人民法院提出，一般应向仲裁委员会所在地人民法院起诉。人民法院处理劳动争议案件和处理一般民事纠纷一样，主要程序有一审程序、二审程序、审判监督程序等。

参考文献

［1］　马于军. 大学生就业问题研究［M］. 长沙：湖南人民出版社，2007.

［2］　黄赤兵，黄永权. 大学生就业指导［M］. 2 版. 厦门：厦门大学出版社，2015.

［3］　杨邦勇. 大学生职业发展与就业指导［M］. 2 版. 上海：同济大学出版社，2012.

［4］　通识教育规划教材编写组. 大学生就业指导［M］. 北京：人民邮电出版社，2016.

［5］　白涛. 学生就业指导与创业教育［M］. 哈尔滨：哈尔滨工程大学出版社，2010.

［6］　麦可思研究院. 2010 年中国大学生就业报告［M］. 北京：社会科学文献出版社，2010.

［7］　李绍勋，范建荣. 大学生职业生涯规划与创业就业指导［M］. 北京：人民邮电出版社，2015.

［8］　文厚润，张斌. 大学生就业实用教程——大学生职业发展与就业指导［M］. 2 版. 北京：高等教育出版社，2013.

［9］　吴克明. 中国大学生就业问题研究［M］. 济南：山东人民出版社，2015.

［10］　庞开山. 大学生就业与创业法律实务［M］. 合肥：中国科学技术大学出版社，2011.

［11］　刘清亮，陈玲，王吉祥. 就业指导与职业规划［M］. 北京：人民邮电出版社，2009.

［12］　王德炎，刘义，阮敏，秦莉红. 大学生就业指导案例［M］. 成都：西南交通大学出版社，2010.

［13］　肖建中. 职业规划与就业指导［M］. 北京：北京大学出版社，2006.

［14］　王宝生. 大学生就业与创业指导教程［M］. 3 版. 北京：机械工业出版社，2014.

［15］　林永和. 毕业生就业指导［M］. 北京：经济管理出版社，2006.

［16］　就业与创业课题研究组. 大学生就业与创业指导教程［M］. 北京：人民军医出版社，2008.

［17］　周宏岩，苏文平. 大学生职业生涯规划与就业指导［M］. 北京：化学工业出版社，2009.

［18］　劳动和社会保障部培训就业司　中国就业培训技术指导中心. 360 职业生涯——职业指导教学训练指导手册［M］. 北京：中国劳动社会保障出版社，2006.

［19］　朱俊德. 不可不知的 1000 个职场常识［M］. 北京：中国法制出版社，2009.

［20］　路军. 世界著名公司面试题［M］. 北京：企业管理出版社，2009.

［21］　张帆. 职业指导案例［M］. 北京：化学工业出版社，2008.

［22］　苏珊·霍奇森. 面试中的 248 个问题及回答技巧［M］. 张晓林，等译. 北京：中国市场出版社，2009.

［23］　胡开鲜. 就业指导案例教程［M］. 北京：化学工业出版社，2009.

［24］　伍祥伦，何东. 大学生就业［M］. 北京：科学出版社，2011.

［25］　孙玉贤．大学生职业生涯发展规划［M］．兰州：甘肃人民出版社，2008.

［26］　黄希庭．心理学导论［M］．北京：人民教育出版社，2001.

［27］　全国高等学校学生信息咨询与就业指导中心．大学生职业发展与就业指导［M］．北京：高等教育出版社，2009.

［28］　王晓红．大学生创业准备的指导策略［M］．武汉：湖北社会科学，2011.

［29］　赵峻波．MBTI性格类型方法在大学生职业规划中的应用［M］．北京：中国电力教育，2009.

［30］　未来之舟．求职礼仪手册［M］．北京：中国海洋出版社，2005.

［31］　北京高校学生心理素质教育工作研究中心．大学生职业生涯辅导［M］．北京：经济管理出版社，2008.

［32］　刘磊．初涉职场，18个细节决定成败［M］．中国大学生就业，2005（9）.

［33］　赵麟斌．大学生职业生涯规划与就业指导［M］．北京：北京大学出版社，2008.

［34］　张文勇，马树强．大学生职业规划与就业指导［M］．北京：科学出版社，2006.

［35］　高桥，王辉．大学生职业发展与就业指导教学指南［M］．北京：现代教育出版社，2008.

［36］　高桥．大学生就业指导［M］．北京：清华大学出版社，2006.

［37］　高校教材编委会．大学生就业指导［M］．长春：吉林大学出版社，2005.

［38］　罗萤．大学生职业发展与就业指导［M］．福州：福建人民出版社，2012.

［39］　丁振宇．现代礼仪全书［M］．北京：光明日报出版社，2002.

［40］　张文．求职礼仪［M］．广州：华南理工大学出版社，2000.

［41］　赵慧娟．大学生职业生涯规划［M］．北京：北京大学出版社，2014.

［42］　朱爱胜，鲁鸿志．大学生职业生涯规划［M］．北京：机械工业出版社，2015.

［43］　刘万韬，那菊华，等．大学生职业生涯规划［M］．西安：西安电子科技大学出版社，2015.

［44］　宁远，於军．职业能力培养——大学生的必修课程［M］．青年学报，2007.

［45］　张建政，张博，崔兴凯，等．加强大学生综合素质培养　提高就业竞争力［J］．河北农业大学学报（农业教育版），2007（3）.

［46］　杨元超．大学生如何建立正确的就业观［J］．佳木斯职业学院学报，2015（11）.

［47］　徐喜前，徐喜庆．浅谈职业管理［J］．科技资讯，2006（25）.

［48］　周瑜弘．试谈大学生职业生涯规划的反馈修正与调整［J］．现代农业科学，2008（6）.

［49］　陈传德．大学生职业发展与就业指导［M］．北京：人民出版社，2008.

［50］　李成森，单庆新．职业生涯规划原理与实务［M］．2版．大连：东北财经大学出版社，2011.

［51］　金国砥．职业与就业指导——迈好职业生涯的第一步［M］．北京：清华大学出版社，2010.

［52］　赵北平．大学生职业生涯规划教程［M］．武汉：武汉大学出版社，2005.

［53］　黄天中. 生涯规划［M］. 北京：中国财政经济出版社，2001.

［54］　李家宏，韩咏梅. 大学生职业生涯发展与规划［M］. 长春：吉林人民出版社，2011.

［55］　张艳. 大学生职业指导实训手册［M］. 北京：高等教育出版社，2008.

［56］　谢宝国，李冬梅. 大学生涯规划与职业发展［M］. 北京：电子工业出版社，2011.

［57］　周文霞. 职业生涯管理［M］. 上海：复旦大学出版社，2006.

［58］　施恩. 职业的有效管理［M］. 北京：生活·读书·新知三联书店，1992.

［59］　龙立荣. 职业生涯管理的结构及其关系研究［M］. 武汉：华中师范大学出版社，2002.

［60］　高桥，葛海燕. 大学生涯与职业规划［M］. 北京：清华大学出版社，2007.

［61］　罗明辉，龙健飞. 大学毕业生就业指南［M］. 武汉：华中师范大学出版社，2005.

［62］　朱应举. 完善大学生职业生涯规划的建议［J］. 决策探索（下半月），2014（3）.

［63］　马德峰，唐文跃，马琴芬. 大学生社会实践的现状及问题——对494篇大学生社会实践报告的内容分析［J］. 青少年研究（山东省团校学报），2004（4）.

［64］　马奇柯. 国外大学生社会实践的经验和启示［J］. 中国青年研究，2003（3）.

［65］　李璞，杨德祥. 提升大学生就业竞争力的培养体系研究［J］. 东南大学学报（哲学社会科学版），2010（2）.

［66］　李冰封. 自我认识与大学生职业生涯规划［J］. 西南科技大学高教研究，2011（3）.

［67］　牛进社. 大学生综合素质提高措施分析［J］. 山东省青年管理干部学院学报，2007（5）.

［68］　徐盛林. 培养大学生实践工作能力的探索［J］. 机械工业高教研究，2001（4）.

［69］　丁萍芳. 论大学生团队精神现状及其培养途径［J］. 武汉商业服务学院学报，2010（5）.